AF216751

Tobias Daniel Wabbel

DIE TEMPLERKATHEDRALE

Natürlich wieder eine alte Handschrift –
gewidmet Christian Brachthäuser
in großer freundschaftlicher Verbundenheit

© Anja Gerilken

Tobias Daniel Wabbel (Jahrgang 1973) ist freier Schriftsteller. Er erlernte zunächst den Beruf des Typografen, studierte anschließend Journalismus und später kreatives Schreiben. Wabbel veröffentlichte zunächst als Herausgeber vier Anthologien zu theologisch-philosophischen Themen mit Beiträgen von Autoren wie Hans Küng oder Stephen Hawking. Die Recherchen zu seinem Buch „Der Templerschatz" führten ihn anschließend über ein Jahrzehnt kreuz und quer durch ganz Europa. Für die „Templerkathedrale" forschte er in Chartres insgesamt über ein Jahr lang. Tobias Daniel Wabbels besonderes Augenmerk gilt dabei der Semiotik und der christlichen Ikonografie von Kathedralen und Kirchen. Er arbeitete mit MDR, WDR und ARTE zusammen.

Tobias Daniel Wabbel

DIE TEMPLER KATHEDRALE

Geheimnisse und Botschaften von Chartres

Bassermann

ISBN 978-3-8094-4797-9

1. Auflage
© 2023 by Bassermann Verlag,
einem Unternehmen der Verlagsgruppe Random House GmbH,
Neumarkter Straße 28, 81673 München

© der Originalausgabe 2012 by Gütersloher Verlagshaus,
einem Unternehmen der Verlagsgruppe Random House GmbH,
Neumarkter Straße 28, 81673 München

Projektleitung dieser Ausgabe: Martha Sprenger
Umschlaggestaltung: Atelier Versen, Bad Aibling
Satz: GGP Media GmbH, Pößneck
Herstellung: Franziska Polenz

Penguin Random House Verlagsgruppe FSC® N001967

Druck und Bindung: GGP Media GmbH, Pößneck

Printed in Germany

023065670112

Inhaltsverzeichnis

Das Labyrinth von Chartres im westlichen Langhaus.
© Tobias Daniel Wabbel

Prolog

Das Kreuz und das Labyrinth

»diz vliegende bîspel
ist tumben liuten gar ze snel,
sine mugens niht erdenken:
wand ez kan vor in wenken
rehte alsam ein schellec hase.«

Wolfram von Eschenbach, *Parzival*, Buch I, 1,15–19

Als ich das westliche Langhaus der Kathedrale von Chartres betrete, bin ich, wie einst Auguste Rodin, »von Glanz geblendet«.[1] Und dann – wie bei Rodin, so verfliegt auch für mich das Zauberhafte und die Steine des Langhauses materialisieren sich vor meinen Augen. Denn das Sonnenlicht durchflutet jetzt die Bleiglasfenster und zaubert blaue, rote, gelbe und grüne Lichttupfer auf den steinernen Kathedralboden. Es ist erstaunlich hell. Jahrhunderte der Düsternis durch den Ruß von Millionen Kerzen und Öllampen der Pilger und Gottesdienstbesucher, sind der Restaurierung mit Pinsel, Staubsaugern, Wattestäbchen, Latex-Filmbildungsmitteln und Farben gewichen.

Manche Architekten haben sich über diese Verschönerung bestürzt geäußert.[2] Der Architekt Adrien Goetz etwa kommentierte, dass ein Besuch in Chartres nun vergleichbar sei mit dem Ansehen eines Kinofilms bei eingeschaltetem Licht. Die farbenprächtigen Bleiglasfenster kämen durch den zu hellen Innenraum nicht zur Geltung.[3] Auch hier liegt mir Rodin in den Ohren, der sich in Chartres entsetzt zeigte, dass die »Pharisäer«, wie er die Restauratoren nannte, vermeintlich »nach den besten Rezepten« arbeiteten. »Wahrlich unfehlbare Rezepte für die Vernichtung«, konstatierte Rodin grimmig.[4]

Wie ich, so versucht auch mein Freund Émile Chmiel, mit dem ich seit Jahren die Kathedralen Nordfrankreichs erkunde, die verschwundene mystische Düsternis, die der Restauration zum Opfer fiel, auszublenden. Wir müssen uns mit dem begnügen, was die Restauratoren hier übrig gelassen haben. Während ich mir nichts aus frommen Gedanken mache, sondern Kathedralen durch die semiotisch-ikonographische Brille betrachte, hat Chmiel als Rektor einer Schule und Physiklehrer einen Hang zur wissenschaftlichen Skepsis, als Katholik aber auch eine ihm eigene Religiosität. Für ihn speichern die Steine der Kathedrale von Chartres Gottes Schöpfungskraft wie ein Akku Elektrizität. Ich komme nicht umhin, einzugestehen, dass die Kathedrale in meinem Bauch ein unerklärliches Kribbeln auslöst. Vielleicht ist es ein Vorzeichen für das, was wir entdecken würden. Vier Augen sehen mehr als zwei. Wir beschließen, die frühen Morgenstunden für unsere Nachforschungen zu nutzen. Die ersten Touristen trudeln in den Osterferien stets sehr früh in der Kathedrale ein. Ab halb zehn Uhr morgens wird es voll.

Chmiel, in schwarzen Nikes, Jeans, mit T-Shirt und dunklem Cardigan unter einer braunen Lederjacke gekleidet, steht am unteren, östlichen Ende des kreisrunden Labyrinths im Kathedralboden und betrachtet es durch seine randlose Brille. Das Sonnenlicht zeichnet seinen Schatten auf den Steinboden. Er hat die Arme vor der Brust verschränkt und tippt mit den Fingerkuppen seiner rechten Hand nachdenklich gegen seine oberen Schneidezähne. Er scheint etwas entdeckt zu haben.

Auch ich versuche mir einen Reim aus diesem erstaunlichen Labyrinth zu machen. Es befindet sich am Westportal hinter der Vorhalle und offenbart sich nur freitags in seiner ganzen Pracht, wenn die Stühle weggeräumt sind. Das Labyrinth besteht aus elfenbeinfarbenen Steinen aus dem benachbarten Steinbruch von Berchères und blau-schwarzem Marmor aus dem Gebiet des Flusses Meuse.[5] Ich umkreise es ehrfürchtig, konzentriere mich und zähle nach. »113 Zähne«, sage ich.

»Es sieht aus wie ein riesiges Zahnrad«, bemerkt Chmiel trocken. Ich hole mein Entfernungsmessgerät aus dem Rucksack, stelle ein kleines gebogenes Stahlblech an den Rand des Labyrinths, gehe auf die andere Seite und messe nach. Der rote Punkt des Laserstrahls trifft auf das Stahlblech. Von mir bis zur Markierung beträgt der Durchmesser 12,885 Meter.[6] Dann messe ich vom Zentrum bis zur Wand der Westfassade. Es sind 31,75 Meter. Das Westrosenfenster ist vom Boden ebenfalls 31,75 Meter entfernt und ist etwa so groß wie das Labyrinth. Ich blättere in meinem Notizbuch zurück. Die Westrose wurde ab 1200 angefertigt, etwa zur gleichen Zeit wie das Labyrinth.[7] Es stellt Szenen aus dem Jüngsten Gericht der Offenbarung des Johannes dar. Offenbarungsszenen sind sehr selten an gotischen Rosenfenstern und erscheinen in dieser Pracht nur an der Westrose der Kathedrale von Laon.[8]

Warum ist die Westrose so groß wie das Labyrinth?, schreibe ich ins Notizbuch.

Der Gesamtweg des Labyrinths beträgt nach der Messung des australischen Architekturhistorikers John James 261,50 Meter.[9]

Der weiße Steinweg ist 34 cm breit und besteht aus elf parallelen Strecken mit 34 Kehren. Die elf steht für die Sünde, denn die Zehn Gebote Gottes wurden überschritten.[10] Die schwarzen Trennungslinien sind 8 cm breit. Die zwölfte Strecke ist der Weg ins Zentrum. Die Zahl Zwölf steht für die zwölf Apostel Christi.[11] Aber die Zwölf steht auch für die zwölf Stämme Israels. Der Weg führt zunächst entlang der inneren linken, dann entlang der inneren rechten Ringe des Labyrinths, um auf die äußeren linken und dann die äußeren rechten Ringe zu gelangen.

»Mich erinnert das Labyrinth an die Worte des Propheten ̅Jeremia«, reißt mich Chmiel aus meinen Gedanken.

»Okay? Warum?«, frage ich.

»Die Juden suchen nach dem Exil in Babylon den Heimweg nach Israel«, sagt Chmiel und fügt mit feierlich klingendem Tonfall hinzu:»In jenen Tagen, spricht der HERR, werden die Leute von Israel samt den Leuten von Juda kommen. Sie werden weinend umherziehen und JHWH suchen. Sie werden nach dem Weg nach Zion fragen und sich dorthin kehren.«[12] Er räuspert sich amüsiert.»So oder so ähnlich heißt es.«

Ich blicke ihn fragend an. »Hä?«

»Na, die Israeliten wenden sich dem Bund mit Gott zu, der auf dem Sinai geschlossen und mit den Gesetzestafeln besiegelt wurde.«

»Verstehe« Ich kratze mich am Kopf. »Wenn es danach geht, dann erinnert das Labyrinth außerdem an die Israeliten, die vierzig Jahre durch die Wüste Negev irrten. Sie brauchen jedoch keine Angst haben, vom Weg abzukommen, denn Gott leitet sie immer zum Ziel: Jerusalem.«[13]

»Nicht schlecht für einen Heiden«, kichert Chmiel.

Ich hebe grinsend und mit gespielter Empörung den rechten Zeigefinger. »Protestantisch getaufter Agnostiker, bitte schön! Das Labyrinth ist nur auf den ersten Blick ein metaphorischer Weg nach Jerusalem, den Pilger beschritten, wenn sie nicht die Reise nach Jerusalem antreten konnten. Denn das ist erst seit dem 18. Jahrhundert so.«[14]

Chmiel blickt mich überrascht an. »Echt jetzt?«

Ich nicke. »Im Mittelalter diente das Labyrinth als Tanzplatz zu Ostern.[15] Der Bischof von Reims sang mit seinen Messdienern am Labyrinth ein Lied über den Auszug der Israeliten aus Ägypten.[16] In der mittelalterlichen Kathedrale von Reims tanzte der Priester durch das Labyrinth und sang dabei: ›Ich bin das Alpha und das Omega.‹[17,18] Der Tanz geschah in Anlehnung an die biblischen Tänze, wie bei David, der um die Bundeslade tanzte.[19] Der Labyrinth-Tanz geht aber auf die hellenische Tradition zurück, die an Theseus' Sieg über den Minotaurus erinnert. Denn Theseus tanzte nach dem Sieg auf dem von Daedalos geschaffenen Tanzplatz neben dem Labyrinth von Knossos.«[20]

»Alpha und Omega?«, sagt Chmiel. »Das steht in der Offenbarung wie auch bei Jesaja: ›Ich bin, der da ist, ich der Erste, ich auch der Letzte.‹«[21]

»Auf den ersten Blick weist das Labyrinth also auf die Offenbarung und die Erlösung durch Jesus Christus hin«, merke ich an. »Jesus ist Theseus, der in die Hölle absteigt und das Böse besiegt.[22] Auf den zweiten Blick ist da aber noch etwas anderes.«

Ich lese einige Fakten aus meinem Notizbuch vor. Hier habe ich vermerkt, dass in Frankreich manche Kathedralen über Bodenlabyrinthe verfügten: Arras, Reims, Amiens, Bayeux, Poitiers, Sens, Saint-Omer sowie Saint-Quentin.[23] Nur das Labyrinth in Sens, der ersten Kathedrale, war rund wie in Chartres, der Rest vier- oder sogar achteckig. Besonderes Interesse weckte das Labyrinth der Abteikirche von Saint-Bertin in Saint-Omer im Département Pas de Calais, denn es stellte im Zentrum den Salomonischen Tempel in Jerusalem dar und war viereckig.[24]

Ein Traktat mit dem Titel *Das Labyrinth des Salomon* aus dem 11. Jahrhundert zeigt ein viergeteiltes Labyrinth und bezieht sich auf die verwinkelten Gänge im Salomonischen Tempel von Jerusalem. Es hat starke Ähnlichkeit mit dem Chartres-Labyrinth.[25] Im Buch der Könige heißt es dementsprechend: ›Eine Tür aber war zur rechten Seite mitten im Hause, dass man durch eine Wendeltreppe hinaufging auf den Mittelgang und vom Mittelgang auf den dritten.‹[26] Ein Hinweis darauf, dass der Salomonische Tempel eine verschachtelte Raumstruktur aufwies. Die Nischen am äußeren Rand des Labyrinths setzen Kunsthistoriker mit den Ellen des Salomonischen Tempels gleich.[27]

»Aber der Salomonische Tempel taucht auch auf Karten der Kreuzritter von Jerusalem auf«, gibt Chmiel zu bedenken. »Die Jerusalem-Karte von 1200, die heute in Den Haag ist, zeigt Jerusalem als viergeteilten Kreis, ähnlich wie das Labyrinth von Chartres. Die Karte zeigt den Heiligen Georg als Tempelritter, der auf einem Pferd Sarazenen verfolgt.«[28]

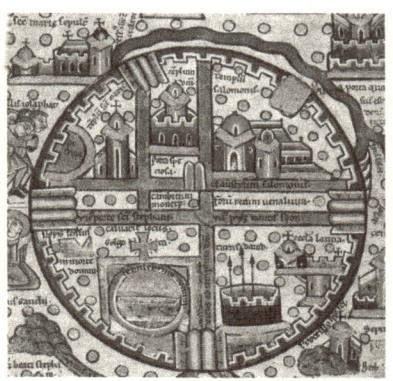

Abb. 1: Das Labyrinth von Chartres ist viergeteilt wie die Jerusalem-Karte aus dem Jahr 1200, die sich in der Koninklijke Bibliotheek in Den Haag befindet.
© *gemeinfrei, unter Verwendung von wikicommons*

Ich stimme Chmiel zu. »Es gibt eindeutige Bezüge zwischen den Kathedral-Labyrinthen wie hier in Chartres und den mittelalterlichen Jerusalemkarten. Das gilt auch für Weltkarten wie die *mappamundi* von Hereford mit Jerusalem im Zentrum, auf der sogar das Labyrinth von Knossos eingezeichnet ist.[29] Das Labyrinth in der Kathedrale von Amiens geht noch einen Schritt weiter. Es hat einen achteckigen Grundriss.«[30]

»Achteckig?«, sagt Chmiel. Er blickt mir an meiner rechten Schulter vorbei ins Notizbuch in meinen Händen. »Klingt nach dem Jerusalemer Felsendom. Der ist auch achteckig. Tatsächlich wird die Altstadt von Jerusalem durch ihre verwinkelten Gassen auch als Labyrinth bezeichnet. Ein echtes Labyrinth befindet sich sogar unter der Jerusalemer Altstadt und ist als *Salomons Steinbruch* bekannt, den schon der römische Geschichtsschreiber Flavius Josephus erwähnte.«[31]

»Auch deswegen achteckig, weil die Zahl acht sich auf Jesus Christus bezieht«, erkläre ich. »Als Katholik müsstest du das wissen. Am achten Tag, nach sechs Schöpfungstagen und dem Sonntag der Ruhe steht Christus am Ostermontag von den Toten auf.«[32]

Chmiel zieht eine Grimasse. »Ja-ja«, nörgelt er. »Klar weiß ich das.«

»Bevor wir uns zu früh auf die Israeliten festlegen, sollten wir doch wohl eher die Griechen konsultieren«, sage ich und lese weiter leise aus meinen Aufzeichnungen vor. Das Labyrinth geht ursprünglich auf die griechische Mythologie des Minotaurus zurück. Minos, ein Sohn des Gottes Zeus, herrschte auf Knossos als erster König auf der Insel Kreta. Aber Minos war kein leiblicher Sohn und hatte daher auch kein Anrecht auf den Königsthron. Aus Angst, dass er nicht König werden könnte, rief er den Meeresgott Poseidon an, Zeus' Bruder. Poseidon sandte Minos als Zeichen dafür, dass er rechtmäßiger König war, einen prächtigen weißen Stier, der aus dem Meer emporstieg.

Zur Bedingung machte Poseidon, dass Minos diesen göttlichen Stier opferte. Aber Minos weigerte sich, denn alle Kreter bewunderten seine Schönheit. Der weiße Stier verwüstete die Stadt Marathon, nachdem er von Sparta nach Arkadien geirrt war. Theseus fing ihn schließlich auf Bitten des attischen Königs Aigeus in Marathon ein, woraufhin er in Athen geopfert wurde.

Aber eine weitere Strafe Poseidons folgte: Pasiphae, die Gemahlin von König Minos, gab sich vor seiner Opferung dem weißen Stier in einer von dem Athener Baumeister und Bildhauer Daedalos geschaffenen hölzernen Kuhattrappe hin. Sie gebar ein Kind mit Namen Minotaurus, halb Mensch, halb Stier. Aus Scham und um Poseidon nicht zu beleidigen, befahl Minos nun Daedalos, ein Labyrinth zu bauen, in dem der Minotaurus für immer umherirren sollte. Da die Athener Minos' Sohn Androgeos töteten, unterwarf er sie nach einem Rachefeldzug.

Als Strafe mussten die Athener alle neun Jahre sieben Jungfrauen und sieben Jünglinge dem Minotaurus zum Opfer darbringen. Theseus, der Sohn des Athener Königs, gewann die Liebe von Minos' Tochter Ariadne. Ariadne stattete Theseus mit einer Garnrolle sowie einem Schwert aus. Theseus schlich sich als Teil der Athener Opfer in das Labyrinth ein und tötete im Zentrum den Minotaurus. Durch den Faden, den er am Eingang festgebunden hatte, fand er aus dem Labyrinth.[33]

»Aber warum taucht das Labyrinth in gotischen Kathedralen auf?«, fragt Chmiel. »Was war davor?«

»Mönche zeichneten Labyrinthe im 9. Jahrhundert auf Pergament«, sage ich. »Oft war das Zentrum der Labyrinthe die Stadt Jericho, mit sieben konzentrischen Kreisen als Hinweis auf sieben Umgänge der Stadt und daher acht Mauern.[34] Mauern spielen in der biblischen Geschichte von Jericho eine wichtige Rolle. Die Bundeslade mit den Gesetzestafeln brachte sie zum Einsturz, nachdem die Priester Jericho siebenmal umrundet hatten.[35] Otfried von Weißenburg verewigte in seiner Evangelienharmonie ein Labyrinth, das sich mit einer vertikalen Mittelachse dem Labyrinth von Chartres annähert.«[36]

Ich zeige Chmiel ein Foto in meinem Notizbuch, das ein Labyrinth auf einem steinernen Flachrelief in einer Säule der Vorhalle der Kathedrale San Martino in Lucca zeigt. »Sieht aus wie in Chartres«, merkt Chmiel an. »Aber der Eingang des Labyrinths ist im Osten, nicht wie hier in Chartres.«

Rechts neben dem Labyrinth von Lucca meißelte der Urheber den Text ein:

Hier ist das kretische Labyrinth, das Daedalos baute. Keiner, der es betrat, konnte entkommen, außer Theseus, Dank des Fadens der Ariadne.[37]

»Der Urheber meinte, dass der Weg *aus* dem Labyrinth wichtiger war, als der Weg hinein«, sage ich. »Für Umberto Eco entsprach das Labyrinth selbst dem Faden. Denn man findet immer heraus.[38] Aber in der Sage entkommt Theseus nicht ohne den Faden der Ariadne aus dem Labyrinth. Daedalos selbst gab der Ariadne den Hinweis, bevor sie den Faden und das Schwert an Theseus weiterreichte.«[39]

»Mir fällt auf«, sagt Chmiel, »dass der Urheber des Labyrinths von Lucca keine christliche Umdeutung der griechischen Mythologie um das Labyrinth betrieb, obwohl es wahrscheinlich zur gleichen Zeit entstand, wie in Chartres.«

»Vielleicht sollten wir das nicht übersehen«, sage ich. »Der griechische Philosoph Platon sieht Daedalos gleich in mehreren seiner Schriften als den genialen Meisterarchitekten an.[40] Daedalos galt als Schöpfer, als Demiurg, der Figuren aus Holz schuf, die so lebensecht waren, dass sie aus seiner Werkstatt zu laufen schienen.[41] Sie hatten offene Augen und bewegliche Glieder. Auch Daedalos' geniale Erfindungen sind so zu interpretieren, wie die Holzkuhattrappe, die er für Minos' Frau Pasiphae schuf. Daedalos' Statuen wirkten so verblüffend mobil, dass Platon sein Erstaunen darüber äußern musste.[42] Der Architekturhistoriker Arthur Perez-Gomez interpretiert den Namen Daedalos als Spiel mit dem griechischen Wort *daidala,* was ›konstruieren‹, ›erschaffen‹, aber auch ›sehen‹ bedeutet. *daidala* gaukeln eine falsche oder andere Wirklichkeit vor, als wir sie wahrnehmen.«[43]

»Kein Wunder, dass Platon sich von Daedalos fasziniert zeigte«, murmelt Chmiel. »Wenn wir an das Höhlengleichnis aus *Politeia* denken.« Er tippt wieder mit den Fingernägeln sachte gegen die Schneidezähne und seine Augen mustern das Labyrinth vor uns. »Das Labyrinth von Chartres weist auf eine zweite Deutungsmöglichkeit hin: Das Labyrinth ist ein heidnisches Symbol in einem christlichen Gotteshaus.[44] Aber das ist tatsächlich nicht alles.«

»Ich glaube, die Erbauer der Kathedrale von Chartres haben sich intensiv mit Daedalos, den Schriften Platons und seines Schülers Aristoteles identifiziert«, sage ich und packe das Stahlblech und das Messgerät in den Rucksack.

Jetzt stelle ich mich ins Zentrum des Labyrinths. Hier sind Metallbolzen in den Boden eingelassen, deren Anordnung auf den ersten Blick willkürlich erscheint. Die Kunstgeschichte neigt zu der Erklärung, dass diese Bolzen die Kupferplatte festhielten, auf denen Theseus und der Minotaurus zu sehen waren, bis Plünderer in den letzten Tagen der Französischen Revolution im Jahre 1792 diese Platten zusammen mit den Glocken der Kathedrale zu Kanonenkugeln einschmolzen.[45] Zwischen den Figuren des Theseus und des Minotaurus war die Kupferplatte vielleicht ausgehöhlt. Ältere Texte erwähnen, dass die Bilddarstellungen auf der Kupferplatte bis zur Unkenntlichkeit abgetragen waren.[46]

Sinnvoll ist es dennoch, anzunehmen, dass die Baumeister der Kathedrale im Labyrinth namentlich erwähnt wurden, wie etwa in Amiens oder Reims.[47]

Ich baue mein Stativ auf, befestige die Digitalkamera, verbinde den Fernauslöser und fertige Fotografien aus allen möglichen Perspektiven an. Das ist schwieriger, als ich gedacht habe, denn nun tauchen Touristen und pubertierende deutsche Teenager auf, die vergnügt kichernd durch das Labyrinth hüpfen.

»Mist!«, brumme ich.

Eine Frau in einem knallbunten Wollkleid schickt sich an, den Weg durch das Labyrinth barfuß trippelnd zu durchqueren. Eine Touristin stellt sich in die Mitte des Labyrinths, schließt die Augen und hebt beide Hände wie bei einer Yoga-Stellung. Sie scheint meinen Unmut gehört zu haben, denn nun schaut sie mich mit verklärten Augen an und fragt auf Deutsch: »Fühlen Sie, wie Sie emporgetragen werden?«

»Nein«, antworte ich. »Ich fühle nichts dergleichen.«

»Aber die Kathedrale ist erfüllt von Kraftfeldern«, widerspricht sie mir.

Chmiel grinst mich verschwörerisch an und verdreht die Augen.

Ich zucke die Achseln. »Sorry, ich werde nicht emporgetragen und spüre auch keine Kraftfelder.«

Sie zieht ein beleidigtes Gesicht und verlässt das Zentrum. »Dann sind Sie halt nicht sensibel genug!«

Ich zucke die Achseln und versuche, mich wieder auf das Labyrinth zu konzentrieren.

»Siehst du das?«, fragt Chmiel plötzlich und zeigt auf die sechs Kreise, die das Zentrum des Labyrinths bilden.

»Nein«, maule ich. »Aber ich hoffe, du wirst mich einweihen.«

»Ein typischer Heide«, spottet Chmiel und zwinkert mir aufmunternd zu. Er zeichnet nun mit den Fingern eine unsichtbare Figur nach. Jetzt verstehe ich, was er meint. Ich nehme eine Kordelspule aus dem Rucksack, schneide mit meinem Schweizer Armeemesser sechs Fäden ab und lege sie auf den Boden. Zu meinem Erstaunen manifestiert sich vor meinen Augen Folgendes:

Abb. 2: Verbinden man die sechs Kreise im Zentrum des Labyrinths, erhält man die Form des Davidsterns, auch „Siegel des Salomon" genannt. Das Siegel bezieht sich auf den Salomonischen Tempel.
© Tobias Daniel Wabbel, Grafik des Labyrinths nach einer Rekonstruktion von Noël Deney

»Ein Davidstern«, flüstere ich.

»Auch *Siegel des Salomon* genannt«, sagt Chmiel. »Flavius Josephus berichtet schon darüber. Oder der babylonische Talmud.«[48,49] Er blickt mich triumphierend an. »Das Labyrinth weist auf den Salomonischen Tempel hin.«

»Du meinst, so wie im Zentrum des Labyrinths der Abteikirche von Saint-Bertin in Saint-Omer der Salomonische Tempel dargestellt war?«

Chmiel nickt und wischt sich nachdenklich die Haare aus der Stirn.

»Interessant«, sage ich mehr zu mir selbst. »Aber wie passt das mit einem Kreuz im Gewölbe zusammen?«

Chmiel sieht mich wieder überrascht an. »Welches Kreuz?«

Ich gehe zum Eingang des Labyrinths, blicke hoch ins Gewölbe und erkläre es Chmiel. Über uns in der Kappe des Kreuzrippengewölbes mit der Bezeichnung W VI entdeckte ein Restaurator 1978 ein in der Nähe des Schlusssteins gemaltes, rotes Kreuz, das stark an das Symbol der Tempelritter erinnerte.[50] Wir suchen vergeblich das Gewölbe ab. Die Restaurierungsarbeiten waren leidlich erfolgreich. »Pharisäer«, hätte wohl Auguste Rodin wieder gebrummt.

»Das Kreuz im Gewölbe beschrieben jedoch schon ältere Chronisten, lange vor der Restaurierung«, sage ich.[51] »Es steht im direkten Bezug zum Labyrinth.«[52] Ich zucke die Achseln. »Was es bedeutet? Keine Ahnung. Vielleicht hat es etwas mit dem Siegel des Salomon zu tun.«

Chmiel zwinkert mir wieder zu. »Absolut nicht schlecht für einen Protestanten-Agnostiker-Ketzer.« Er wirft sich die Lederjacke über die Schulter und packt sein Notizbuch in die Leinentasche. »Was machen wir jetzt?«, fragt Chmiel.

»Wir krempeln die Kathedrale um.« Ich ziehe ein großformatiges Buch aus meinem Rucksack. »Und sehen uns das hier an.«

Das Königsportal der Westfassade der Kathedrale von Chartres.
© gemeinfrei, wikicommons (Patrick)

I. Die Zeichen

»der sprach ›ist ez ein heidensch man,
sô darf er des niht willen hân
daz sîn ougn âns toufes kraft
bejagen die geselleschaft
daz si den grâl beschouwen:
da ist hâmît für gehouwen.‹«

Wolfram von Eschenbach, *Parzival*, Buch XVI, 813,17–22

1. Das Portfolio des Villard de Honnecourt

Während wir auf der anderen Straßenseite auf dem Vorplatz vor dem Westportal der Kathedrale von Chartres auf einer Bank sitzen, scheint die Frühlingssonne auf die Faksimile-Reproduktion eines rätselhaften Manuskripts auf meinen Knien.

»Was ist das für ein Buch?«, fragt Chmiel.

»Das ist die gründlichste Abhandlung über einen Mann namens Villard de Honnecourt, die je veröffentlicht wurde. Er lebte Ende des 12. Jahrhunderts und wirkte bis etwa 1240 in Frankreich.«

»Ein Bauhüttenmeister?«

Ich zucke die Achseln. »Er hinterließ ein Manuskript, dass der Schweizer Kunsthistoriker Hans Hahnloser als Bauhüttenbuch interpretierte. Hahnloser glaubte, dass Villard ein Dombaumeister war, der von Bauhütte zu Bauhütte ging und dort an der Entstehung der nordfranzösischen Kathedralen beteiligt war.«

Ich tippe auf die Seiten des Buches. »Der Kunsthistoriker Carl F. Barnes, Jr., aber auch andere Experten wiesen nach, dass das nicht stimmen kann. Villard war kein Bauhüttenmeister.«

Das Original des Manuskripts lagert in der Pariser Nationalbibliothek von Frankreich, erkläre ich. Es trägt die Bezeichnung Ms. fr. 19093, stammt aus dem ersten Drittel des 13. Jahrhunderts und ist in einen dunkelbraunen, an einigen Stellen abgeschabten Schweinslederumschlag gebunden. Rätselhaft ist es unter anderem deshalb, weil das Manuskript nur noch 33 von wohl ursprünglich 66 Pergamentseiten enthält. Von den 66 Pergamentoberflächen enthalten 37 Zeichnungen mit Texten, 27 von ihnen nur Zeichnungen, zwei hingegen enthalten nur Text. Umberto Eco hatte seine Freude daran gehabt.

Ich blättere die Seiten durch und Chmiel betrachtet sie über seine Brillengläser hinweg. »Was zeichnete Villard?«, fragt er.

»Darauf sind 250 mehr oder weniger versiert ausgeführte Zeichnungen von Grund- und Aufrissen von Kathedralen, Fenstermaßwerken, Konstruktionen von Kirchendachstühlen, Portalfiguren und Chorgestühlen«, antworte ich. »Außerdem enthält es Anweisungen zur Zeichentechnik von Skulpturen und Heiligenfiguren sowie technische Zeichnungen von Erfindungen, wie einer wassergetriebenen Säge, einem Trebuchet-Katapult oder einem Perpetuum Mobile.«

»Honnecourt kommt mir irgendwie bekannt vor. Sind wir da nicht gestern vorbeigefahren?«, sagt Chmiel.

Ich nicke. »Honnecourt-sur-Escaut ist heute eine kleine Ortschaft knapp 18 Kilometer südlich von Cambrai und 26 Kilometer nördlich von Saint-Quentin in der nordfranzösischen Picardie.«

»Da sind Felder bis zum Horizont. Merkwürdig, dass ausgerechnet im Nordosten Frankreichs die ersten Kathedralen entstanden.«

»Vielleicht gibt uns das Manuskript Aufschluss«, sage ich. »Carl F. Barnes, Jr. fand, dass ›Portfolio‹ im Sinne eines Albums die zutreffendste Definition wäre und nicht Bauhüttenbuch«.

»Aber wer war Villard?«, fragt Chmiel.

»Barnes wies darauf hin, dass Villard de Honnecourt ›in keinem Bauvertrag, keiner Grundstein- oder Labyrinth-Inschrift, keinem Zunftregister, keiner Zahlungsquittung, keinem Steuerregister, keinem Grabstein‹ oder anderem Beweisstück erwähnt würde. Niemand wisse, ob Villard Steinbildhauer, Maurer, Zimmermann, Schmied oder sogar Architekt war, der einer Bauhütte vorstand und den Bau einer Kathedrale anleitete. Wir wissen nur, was er *nicht* war.«

Chmiel blättert in den Abbildungen. »Mit Metall hatte er wohl nichts am Hut oder?«, sagt er.

»Interessante Beobachtung. Metallarbeiten ließ er aus. Villard gab zwar keine Berufsbezeichnung in seinem Portfolio an. Die Texte im Manuskript behaupten jedoch, dass er auf Wanderschaft gewesen sei, die ihn sogar zweimal bis zum Zisterzienserkloster Pilis im heutigen Komitat Pest in Ungarn geführt hätten.«

»Aber Ungarn ist von Frankreich viele Monate Fußmarsch entfernt. Das traute man sich nur, wenn man mit mehreren Leuten unterwegs war und Pergamente dabei hatte, die einen als Gesandten von Adelshäusern oder Klöstern auswiesen.«

»Barnes ist sich nicht sicher, dass Villard überhaupt in Ungarn war, findet aber auch keine Argumente, die dagegen sprechen. Wie auch immer, Villard hoffte, dass spätere Bauleute sein ›Buch‹, wie er es nannte, benutzen und sich dadurch an ihn erinnern würden. So was ist durch Manuskriptschenkungen an Klöster dokumentiert. Vieles weist also darauf hin, dass Villard Verbindungen zu einem Zisterzienserkloster unterhielt.«

Chmiel blättert wieder in der Reproduktion von Villards Manuskript und begutachtet die lateinischen Begleittexte. »Sind die Worte von Villard?«

»Die Texte neben den Zeichnungen? Nein, er schrieb sie nicht«, antworte ich. »Sie stammen von unbekannten Schreibern, die sie nachträglich teilweise in Latein einfügten. Die unbekannten Schreiber werden als ›Hand II‹ und ›Hand III‹ bezeichnet. Der Kunsthistoriker Wilhelm Schlink glaubte, dass Villard de Honnecourt ein Analphabet war, der zwar zeichnen konnte, aber den Großteil der Bildlegenden nur Schreibern diktierte. Letztendlich ist das aber nicht nur Spekulation, sondern unwahrscheinlich.«

Chmiel schüttelt den Kopf. »Das halte ich auch für Blödsinn. Die zeichnerische Fertigkeit lässt auf einen gebildeten Hintergrund schließen, der mit grundlegenden Prinzipien der Zeichenkunst und der Geometrie vertraut war.«

»Das stimmt. Umberto Eco wies anhand der Zeichnung von einem Löwen nach, dass Villards Darstellungskunst durch die heraldischen Konventionen jener Zeit geprägt war. Die Wahrnehmung war durch die ikonographischen Codes beeinflusst.[53] Also wird Villard wohl seine Bildung im benachbarten Zisterzienserkloster Vaucelles erhalten haben. Barnes ging davon aus, dass Villard als 16-jähriger Geselle um 1200 täglich die Baustelle von Vaucelles besuchte und dort theoretisch und praktisch lernte. Villard zeichnete anscheinend mit Einsicht in die dortigen Bauunterlagen einen Grundriss des Chors der Abteikirche.«

Vor uns sehen wir einen behelmten Soldaten, der über seinem Kettenhemd einen Stoffüberwurf trägt, ähnlich einem Mönchshabit. Die rechte Hand hebt er zu einem Segen an. Ein Kommentar ergänzt: »Villard de Honnecourt, so wie er in Ungarn gewesen ist.«

Abb. 3: Fol. 2r des Portfolios von Villard de Honnecourt zeigt einen Soldaten mit Schild und Waffen in Kettenhemd und Habit gekleidet, der seine Hand segnend hebt. Es gilt als sein Selbstportrait.
© gemeinfrei, unter Verwendung von wikicommons

»Aber wer war jetzt Villard, muss ich wieder fragen«, beharrt Chmiel.

»Spannende Frage, oder? Kunsthistoriker Barnes ging davon aus, dass Villard de Honnecourt kein Kathedralbaumeister wie Robert du Luzarches oder Pierre de Montreuil war, deren Namen in den Kathedralen Amiens und Notre-Dame de Paris verewigt wurden.«

»Kathedralbaumeister trugen auch keine Kettenhemden mit Habit«, kichert Chmiel. Er räuspert sich und sagt dann ernst: »Wir sehen vielmehr einen Soldaten mit Schild und Waffen. Wir sehen architektonische, technische und figurative Zeichnungen. Sie muten allesamt wie Dokumentations- oder Kontrollzeichnungen an, die Villard mehr oder weniger exakt und schnell anfertigte.«

»Wenn ich das Manuskript durchblättere«, sage ich, »dann stellen sich mir Fragen wie: Warum zeichnete Villard de Honnecourt die Ochsen an den Türmen der Kathedrale von Laon? Sie hat mit ihrem viereckigen Chorabschluss einen zisterziensischen Grundriss. Sie hat keine Krypta. Sie hat kein Labyrinth. Warum das alles? Und warum zeichnete er in minimal angewandelter Form das westliche Rosenfenster der Kathedrale von Chartres und das Labyrinth im Boden?«

Chmiel fixiert das große Rosenfenster am Westportal, dreht sich dann zu mir und sagt: »Hatte Villard etwas mit den Tempelrittern in seinem Umfeld zu tun? Zumindest sieht seine Kleidung so aus. Seine Nähe zum Zisterzienserorden deutet an, dass er mit den Templern verkehrte. Die Kathedrale von Cambrai stand auf dem Land der Grafen von Flandern und um Cambrai herum befanden sich erstaunlich viele Templerhöfe und -häuser und auch Kommandanturen. Sollte er prüfen, dass in Laon und Chartres alles wie geplant ablief? Wenn ja, was sollte nach Plan ablaufen? Nur der Bau der Kathedralen oder noch etwas anderes?«

Ich schlage Villard de Honnecourts Portfolio zu. »Zeit, nach Antworten zu suchen«, sage ich und packe das Buch in den Rucksack. »Lass uns mit dem Westportal anfangen. Offensichtlich scheint Villard daran ein besonderes Interesse gehabt zu haben.«

2. Eine höhere Wirklichkeit

»Die *Porta regia,* das dreigliedrige Königsportal an der Westfassade«, sage ich, »wird bereits in einer Chartreser Gebetbuchschrift aus dem Jahre 1135 genannt und ist romanischen Ursprungs.[54] Es heißt deswegen Königsportal, weil hier biblische Könige dargestellt sind. Die Kunsthistoriker wissen bis heute nicht genau, wer genau diese Gestalten sind, wann sie erschaffen wurden und welche Bedeutung sie haben.«[55]

»Das ist bemerkenswert«, sagt Chmiel. »Eine dieser Gestalten im rechten Gewände des linken Portals der Westfassade ist auf jeden Fall Moses.« Er zeigt auf die Gesetzestafel, die Moses in den Händen hält.

Eine andere Skulptur könnte König Salomon mit einer Schriftrolle in seinen Händen und einer Krone auf dem Kopf darstellen.

Links neben König Salomon ist die Königin von Saba zu sehen, Salomons Geliebte. Neben ihr wiederum hält König David das Buch der Weisheit. Ganz links neben König David befindet sich »ein Prophet«.

Chmiel reibt sich nachdenklich das Kinn. »Weiß man, wer dieser Prophet sein soll?«

Ich hebe ratlos die Hände. »Niemand kann es mit Gewissheit sagen. Das ist es ja, was dieses Königsportal so besonders macht. Kunsthistoriker *vermuten*, dass es sich bei diesen Figuren etwa um die Königin von Saba, um König David oder König Salomon handelt. Gewiss ist es nicht.«[56]

Ich zeige auf die Figuren am linken und rechten Gewände des rechten Portals. »Diese Skulpturen dort entziehen sich ebenso dem Wissen der Kunsthistoriker. Auch die Personen des linken Gewändes des Mittelportals. Rätsel um Rätsel.«

Abb. 4: Das West- oder auch Königsportal bestand ursprünglich aus 24 Gewändefiguren. Fünf fehlen heute. Unstrittig ist, dass es sich bei zwei der Figuren um Moses mit einer Gesetzestafel und seiner Geliebten, der Königin von Saba, handelt.
© Tobias Daniel Wabbel

Chmiel sagt: »Vielleicht ist das auch ein Grund, warum das Königsportal und alle anderen Portale von Chartres während der Französischen Revolution unbeschädigt blieben, während das

Gegenteil in Saint-Denis passierte, wo umfangreiche Arbeiten zur Rekonstruktion der Skulpturen nötig waren.«

»Es scheint fast so zu sein, dass die Steinmetze absichtlich bestimmte Erkennungsmerkmale ausgelassen haben, so dass eine Identifizierung – abgesehen von Moses mit seiner Gesetzestafel und der Königin von Saba – schwierig bis unmöglich erscheint.«[57]

»Das ist schon sehr merkwürdig«, sagt Chmiel. »Die Figuren sind zwar unversehrt und gut erhalten. Doch die Steinmetze haben Eigenschaften weggelassen, die eine eindeutige Identifizierung ermöglichen könnten? Warum?«

»Das frage ich mich andauernd«, antworte ich. »Sollte hier etwas verborgen und nur denen zugänglich gemacht werden, die in die Geheimnisse jener Epoche eingeweiht waren, als das Westportal geplant und anschließend in Stein gehauen wurde? Gibt es überhaupt keine Hinweise, die uns hier weiterbringen? Oder sind das nur Hirngespinste?«

»Die vielen Handlungen und Posen der biblischen Heiligen, Propheten und Könige lassen Rückschlüsse auf die Liturgie des Gottesdienstes zu«, erklärt Chmiel. »Im Mittelalter waren diese Bildgeschichten an den Portalen und den Bleiglasfenstern im Inneren der Kathedrale die einzige Möglichkeit, die Bibel zu verstehen, denn die lateinische Sprache war bis auf wenige Ausnahmen nur den Geistlichen vorbehalten. Eine Art Bibel-Comic aus Stein.«

»Wenn du mich fragst, dann weisen die Skulpturen an der Westfassade von Chartres auf eine verborgene Wirklichkeit hin. Umberto Eco wies anhand eines Fotos und einer Zeichnung aus dem 19. Jahrhundert, die die Westfassade von Chartres zeigten, nach, dass der Zeichner am Westportal der Wirklichkeit zum Trotz spitzbögige Fenster darstellte.[58] Er wollte Chartres so sehen, wie ihm das seine mentalen und kulturellen Zwänge ermöglichten. Eco nennt das Erkennungscodes, also kognitive Schemas, denen wir bei der Betrachtung der Wirklichkeit und Objekten unterliegen.[59] Sie wirken wie eine Schablone. Demzufolge werden Kunsthistoriker niemals davon abweichen, Kathedralen als Kunstobjekt zu sehen. Dass sie auch als Horte für kostbare archäologische Artefakte dienen können, ist für sie indiskutabel.«

»Eine sehr merkwürdige Haltung«, kommentiert Chmiel grimmig. Wir treten ein paar Schritte zurück und betrachten nun die drei Portale der Westfassade. Mir fällt auf, dass einige Säulen der Portalgewände keine Figuren zieren. Ich zähle neunzehn Gewändefiguren. Fünf fehlen. Ursprünglich standen demnach vierundzwanzig Figuren an den Gewänden der drei Portale der Westfassade. Diese vierundzwanzig Figuren entstammen dem Alten Testament.[60] Zwischen diesen Figuren sind verschlungene Flechtmuster zu sehen, die von Sagengestalten der griechischen Mythologie durchzogen sind.

Das *Tympanon* – das Giebelfeld über dem Türsturz – des Mittelportals wird vom Weltenrichter Jesus Christus beherrscht, der in der sogenannten *Mandorla* thront, auch *Aureole* genannt. Sie hat die Form einer senkrechten Mandel. Hinter seinem Kopf ist ein Weihekreuz zu sehen. In der linken Hand hält er das Buch mit den sieben Siegeln aus der Offenbarung mit den Namen der Erlösten. Mit der rechten Hand segnet Jesus. Ihn flankieren vier Darstellungen der Evangelisten Matthäus, Markus, Lukas und Johannes, die hier als Mensch, geflügelter Löwe, geflügelter Stier und Adler dargestellt sind.[61]

Darunter befinden sich die zwölf Apostel. In den Archivolten sind in zwei Reihen angeordnet die vierundzwanzig Ältesten, die im Jüngsten Gericht vor dem Thron Gottes stehen, aber im Mittelalter in die zwölf Propheten aus dem Alten und die zwölf Apostel aus dem Neuen Testament aufgespalten wurden. In einer weiteren Reihe der Archivolten sind Engel zu sehen. Ganz oben im Scheitel der halbrund zulaufenden Portalbögen befindet sich sogar ein gekrönter Engel. Jesus erscheint am Ende der Zeit auf der Erde, um die Menschheit zu richten. Das Motiv verstärkt sich dadurch, dass neben den zwölf Aposteln auch noch zwei Endzeitpropheten zu sehen sind. Den zwölf Aposteln obliegt die Aufgabe, die zwölf Stämme Israels zu richten.

»Wir haben hier in diesem mittleren Portal eindeutig eine bildliche Darstellung der letzten Tage der Menschheit gemäß der Offenbarung des Johannes vor uns«, sagt Chmiel.

Ich stimme ihm zu. »Aber bis hierhin haben wir nichts Ungewöhnliches.«

Wir gehen zum linken Portal der Westfassade und untersuchen hier die Skulpturen und Reliefs.

»Es gibt Hinweise auf den Leidensweg Christi – die Passion«, sage ich.

Trotz der fehlenden Darstellung entdecke ich eine Szene der Taufe, der Apostelentsendung, der Wiederkunft und der Himmelfahrt. Gesäumt werden diese Darstellungen von faszinierenden Reliefs der Tierkreiszeichen und den dazugehörigen Monatsdarstellungen, die anzeigen, welche Arbeiten in welchem Monat verrichtet wurden. So findet sich die Jungfrau im Scheitel, die im September mit der Traubenernte assoziiert wird, darunter etwa der Löwe, der mit dem Dreschen des Getreides verbunden ist. Zehn Tierkreiszeichen finden sich hier. »Nur zehn?« Ich zucke ratlos die Achseln.

»Aber was ist das?«, fragt Chmiel und zeigt auf die Archivolten über uns.

Ich sehe Szenen aus dem Leben Christi, wie die Verkündigung, die Heimsuchung in Gestalt des Besuchs Marias bei ihrer Cousine Elisabeth, die Geburt Christi und insbesondere seine Erlebnisse im Tempel von Jerusalem. Dann deute ich auf die äußerste rechte und die äußerste linke Archivolte des rechten Portals der Westfassade. »Das sind die sieben freien Künste.«

Chmiel wischt sich über die Stirn. Es scheint ihm irgendwie peinlich zu sein. »Äh, was war das nochmal?«

Ich konsultiere mein Notizbuch und zeige auf die entsprechende Darstellung am Portal. »Soweit ich es erkennen kann, sind das dort oben in der rechten Archivolte die Arithmetik und der römische Gelehrte und neuplatonische Philosoph Boëthius, die Astronomie und Ptolemäus, sowie die Grammatik, die mit dem römischen Sprachlehrer Donatus assoziiert ist. An der linken Archivolte geht es mit der Geometrie weiter, die mit dem Mathematiker Euklid unter ihr dargestellt ist, darüber die Rhetorik mit dem Politiker, Schriftsteller und Philosophen Cicero, gefolgt von der Dialektik, der Platon oder Aristoteles unterstellt ist.[62] Die sieben freien Künste sind hier in Gestalt von Jungfrauen dargestellt, die über den entsprechenden antiken Persönlichkeiten thronen.«

»Aber jetzt weiß ich immer noch nicht, was die sieben freien Künste waren«, bemerkt Chmiel. Er blickt mich etwas verdrossen an.

Ich versuche, mein Wissen ins Gedächtnis zurückzurufen und sage: »Es war eine frühe Form der Wissenschaft. Die *septem artes liberales* gehen auf den in Karthago geborenen lateinischen Autor Martianus Capella (410–439) zurück, der in seiner Schrift *De septem disciplinis* die Hochzeit der Philologia mit Merkur, dem Gott der Wissenschaften, beschreibt.[63] Merkur und Philologia bilden hier eine Einheit, die wiederum aus sieben Teilen besteht. Drei Jungfrauen gruppieren sich im *Trivium,* vier Jungfrauen im *Quadrivium.* Das *Trivium* besteht aus den drei Wissenschaftsdisziplinen der Grammatik, Dialektik und Rhetorik, also Sprache und logischem Denken. Das *Quadrivium* umfasst arithmetisches Rechnen, Geometrie, Musik und Astronomie.«

»Aha, also eine Form von bescheidenem Wissenschaftskanon.«

Ich nicke. »Martianus Capella fasste die sieben Wissenschaftsdisziplinen in seiner Schrift *De septem disciplinis* zusammen und hinterfragte in zwei vorangestellten Kapiteln die Bedeutung wissenschaftlicher Erkenntnis. Capella wies den sieben freien Künsten bestimmte Eigenschaften zu, die für sieben Wissenschaftsdisziplinen stehen und die in Chartres bildhauerisch umgesetzt wurden.«

»Ah, kapiert. Manchmal ist es schwer, als Lehrer zuzugeben, dass ich über bestimmte Dinge nichts weiß. Wir Lehrer werden wohl Lehrer, weil wir alles besser wissen. Vor allem Mathelehrer.«

»Apropos Mathe«, sage ich. »Die Figur für die *Arithmetik,* also Addieren, Subtrahieren, Multiplizieren und Dividieren mit natürlichen Zahlen, trägt einen Rechenschieber mit Kugeln.«

Ich berühre den kalten Stein der Kathedrale mit meiner rechten Hand und blicke zur Archivolte hinauf. »Der römische Gelehrte Boëthius begleitet die Arithmetik. Er wurde um 480 geboren und starb um 525. Ursprünglich wollte Boëthius die Werke sowohl von Platon als auch von Aristoteles ins Lateinische übertragen.[64] Boëthius' Vermächtnis bestand jedoch letztendlich in der Übersetzung und Veröffentlichung von Aristoteles' Werk über die Logik mit dem Titel *Organon.* Durch den Platoniker Thierry von Chartres und die Figur des Philosophen unterhalb der Dialektik finden wir einen Verweis auf Platon, der Aristoteles' Lehrmeister war. Doch da ist noch mehr.«

»Was meinst du?«

»Die Arithmetik umfasst nicht nur die Grundrechenarten, sondern auch die Auslegung der mystischen Zahlensymbolik der Pythagoreer, die jeder Zahl eine bestimmte Bedeutung gegenüberstellten.«

Chmiel stellt sich auf die Schuhspitzen, reckt den Hals und sagt: »Die Gestalt der *Geometrie* zeichnet Figuren auf eine Tafel und wird von Euklid begleitet. Sie symbolisiert die Geographie, euklidische Geometrie, Landesvermessung mit Hilfe der Trigonometrie und ihrer praktischen Anwendung in der Triangulation. Damit konnten Orte auf der Erde geographisch bestimmt werden.«

»Ja, so erstaunlich wie das hier.« Ich zeige auf die Figur für die Musik. »Die *Musica* hält eine Harfe in ihrer linken Hand«, sage ich. »Ein Monochord, ein Musikinstrument mit einer einzigen Saite zum Stimmen ihrer Instrumente, steht zu ihrer Rechten. Mit der rechten Hand schlägt sie mit einem kleinen Hammer gegen ein Glockenspiel. Dass soll wohl die Suche nach dem Ton verdeutlichen, der nach Pythagoras die Welt der Sphären zum Schwingen bringt. Das Stimmen der Instrumente ist auch ein Symbol für die kosmische Musik. Das Monochord und die kosmische Musik der Sphären.«

»Die kosmische Musik scheint hier in Chartres in Gestalt der Kathedrale zu Zahlen, Dimensionen und Stein erstarrt zu sein«, grinst Chmiel. »Glockenspiel und Monochord sind Ausdruck der kosmischen Musik? Das klingt nach *Time* von Pink Floyd.«

Ich muss ebenfalls grinsen. »Ich glaube, die Menschen damals waren weiter, als wir denken. Vielleicht gibt es hier in Chartres ja auch eine dunkle Seite des Mondes. Etwas uns Verborgenes. Das verdeutlicht die *Astronomia,* die mit dem rechten Finger zum Himmel zeigt. Der Astronom unter ihr ist Ptolemäus. Er ist ein Hinweis dafür, dass die Astronomie nicht als Sterndeuterei im Sinne der Astrologie interpretiert werden darf, sondern als eine

Forschungsdisziplin, die als Wissenschaft zur mathematischen Berechnung der Sterne und Planeten, daher des Universums, aufgefasst werden sollte.«

»Okay, deswegen auch die Tierkreiszeichen. Und was ist neben der *Musica*?«

»Das müsste die *Grammatik* sein«, sage ich. »Denn sie hält eine Rute in ihrer rechten Hand und unterweist zwei Kinder zu ihren Füßen, die jeweils gebundene Pergamentseiten halten, im rechten Gebrauch der Schrift und der Sprache. Die Grammatik, die auf den alten antiken Autoren beruht. Zu den Füßen der Grammatik hockt Donatus, der Biograph des Dichters Vergil und Autor von zwei Standardwerken über die Grammatik.«

»Dann kann das nur die *Rhetorik* als Sinnbild für die Redekunst sein. Hält sie einen Schleier hoch?«

»Es sieht so aus.«

»Es ist sehr wahrscheinlich ein versteckter Wink für die Verhüllung von etwas Unbekanntem«,[65] sagt Chmiel. »So wie ein rhetorisch begabter Mensch durch geschickt gewählte Worte bestimmte Aspekte verhüllen oder weglassen kann oder auch Dinge mitteilt, ohne sie zu sagen, steht die Rhetorik für die ausgesprochenen Worthülsen, aber mehr noch für die unausgesprochenen Informationen.«

Ich sage: »Du meinst, es steht für die *Verhüllung* einer verborgenen Wahrheit? Vielleicht hier in Chartres?«

Chmiel nickt.

»Dafür«, sage ich, »spricht zumindest die Tatsache, dass die Gelehrten der Schule von Chartres im 12. Jahrhundert die Einleitung der Schrift über die *sieben freien Künste* von Martianus Capella häufig kommentierten.«[66]

»Wofür steht die Dialektik?«, fragt Chmiel.

»Sie hält in der linken Hand eine Blume.« Ich zögere. »Äh, oder so.« Ich räuspere mich. »Könnte auch eine Fackel sein. Man weiß es nicht so genau. Ich tippe auf Blume. Mit der rechten Hand umfasst sie einen Drachen.«

Was hat der Drache hier zu suchen? Und was hat es mit dem Philosophen Platon hier in Chartres auf sich?, schreibe ich in mein Notizbuch.

Abb. 5: Am rechten Portal der Westfassade findet sich die Darstellung der Dialektik in Gestalt einer Jungfrau, die einen Drachen hält. Sie ist Bestandteil eines Ensembles, das die sieben freien Künste darstellt. Die Dialektik steht für die Argumentation mit Hilfe der menschlichen Vernunft und geht auf den Philosophen Platon zurück.
© Maconea Fruijtier

Ich forme einen Würgegriff mit meinen Händen. »Martianus Capella wies darauf hin, dass die würgende Schlange auf die Menschen hinweise, die sich genötigt sehen, die logischen Schlussfolgerungen der Dialektik befolgen zu müssen. Aber das hier ist keine würgende Schlange. Der Begriff Dialektik kommt von *dia* für durch und *legein* für sprechen. Es geht um die widersprüchliche Rede, das Abstreiten von Behauptungen in Form des Dialogs. Platon verfasste seine Werke in Dialogform. Platon schuf durch Sprache Erkenntnisse über die Natur der Wirklichkeit.«

»Führen wir nicht auch gerade einen Dialog über die Kathedrale?«, lacht Chmiel. »Das ist echt verdammt postmodern.«

»Ich denke, das ist auch so beabsichtigt von den Schöpfern des Westportals. Eine Besinnung auf den Platonismus im Spiegel der eigenen Persönlichkeit. Was bin ich zu erkennen bereit?«

»Okay, das ist spannend. Was wissen wir über Platon, außer, was ich aus der Schule kenne?«

Ich lese wieder aus dem Notizbuch vor. Platon wurde im Jahr 427 v. Chr. in eine adelige Athener Sklavenhalterfamilie geboren und im Jahre 407 in die Schule von Sokrates aufgenommen. 399 wurde Platons Lehrer Sokrates hingerichtet. Platon musste seiner eigenen Wege gehen. Er reiste nach Megara, lernte dort den Mathematiker Euklid kennen und machte sich mit den grundlegenden Prinzipien der Arithmetik und Geometrie vertraut. Er bereiste Kyrene und Sizilien. 390 v. Chr. erreichte Platon Syrakus, um hier Philosophie zu lehren.

Der Despot Dionysios I. verkaufte Platon als Sklave. Sein eigener Schüler Annikeris kaufte ihn frei, so dass Platon um 386 v. Chr. in Athen seine Philosophenschule gründen konnte. Platon starb 347 v. Chr. in Athen. Sein philosophischer Einfluss ist bis heute enorm. Platons Schüler Aristoteles vertiefte viele seiner Thesen und weitete das Gedankengut zur Dialektik in seiner Schrift *Topik* aus. Heute gilt Platon als der größte Philosoph der Geistesgeschichte.[67]

Während seiner Reisen nach Sizilien kam Platon mit den Pythagoreern in Kontakt, einer Gemeinschaft von Denkern, die sich der Mathematik und der Zahlenmystik verschrieben hatte und auf den Mathematiker Pythagoras zurückgeht, der um 600 v. Chr. auf der Insel Samos geboren wurde. Für die Pythagoreer war der Anfang der Welt gleichbedeutend mit »der Zahl« an sich. Für sie war der Kosmos mathematisch beschreibbar. Angesichts der Tatsache, dass Physiker heutzutage bemüht sind, eine Formel zur einheitlichen Beschreibung der Naturgesetze auszuarbeiten, ist diese Idee geradezu visionär gewesen. Durch die Pythagoreer stoßen wir so aber auch auf das Wort für den Anfang allen Seins oder den Urgrund der Welt: Archē.

Die pythagoreischen Zahlenmystiker schrieben der Zahl 10 eine besondere Bedeutung zu: Sie ist das Produkt der Zahlen 1 + 2 + 3 + 4 – also vier Zahlen, die addiert die Summe 10 ergeben und daher als Tetraktys – Vierergruppe – bezeichnet werden. Tetraktys und die Zahl 10 stehen für die kosmische Harmonie der Welt. Aus der Einheit (Monas) entsteht das Sein, die sichtbare Welt. Daraus entsteht die Zweiheit (Dyas), die wiederum die Monas umgibt, Teilchen, Atome und daher Materie.[68] Die Dyas steht in Wechselwirkung mit der ersten Einheit und bildet dadurch die Dreiheit (Trias), die körperliche Welt. Trias und Monas bilden nun die Vierheit (Tetras), den Kosmos, wie wir ihn kennen. Aber die Pythagoreer sahen darin auch das übernatürliche Element, nicht nur die Natur, die wir sehen. $1+2+3+4=10$. Die 10 ist das Sinnbild für das Universum. Die Mathesis der Pythagoreer, also Mathematik, steht für den Weg zum Wissen.

»Und auf Chartres bezogen?«, fragt nun Chmiel.

»In Chartres misst das Labyrinth 12,885, aufgerundet 12,9 Meter«, erkläre ich. »Die Kathedrale ist etwa *zehnmal* so lang wie das Labyrinth, etwa 129 Meter.[69] Das ist eine eindeutige Referenz an die Pythagoreer und Platon. Und die Vierergruppe taucht in Chartres auch in der Vierung auf. Die Vierung ist der Raum, wo sich Quer- und Langhaus treffen. Das *gebundene System* besagt, dass die Vierung als Grundlage für die Raumaufteilung von romanischen Basiliken dient. Das gebundene System fand auch Anwendung in gotischen Kathedralen, zum Beispiel in Laon. In Chartres entspricht die Breite des Vierungsjochs zwar nicht drei Seitenschiffjoche wie in Laon, aber zwei.«

Ich zeige auf den Boden vor der Kathedrale. Weitere Touristen strömen an uns vorbei durch den Eingang ins Innere. »Hier in Chartres ist das Verhältnis von 1:2 gegeben. All das ist kein Zufall, sondern pythagoreische Wissenschaft. Die Erbauer von Chartres waren mit den Lehren der griechischen Philosophen bestens vertraut.«

Chmiel sagt: »In der Bibel hat die Zahl 10 eine ebenso große Bedeutung. Moses haute die Zehn Gebote JHWHs in zwei Steintafeln, nachdem er das göttliche Original am Fuße des Sinai vor Wut zerschmettert hatte, weil die Hebräer in seiner Abwesenheit das goldene Kalb angebetet hatten.«

»Die Betonung liegt hier auf den verborgenen Erkenntnissen, die Platon anregte«, sage ich. »In *Politeia* beschreibt Platon in einem Dialog das Gleichnis von der *geteilten Linie*. Platon stellte sich eine Linie vor, die zusammen vier Bereiche der Wirklichkeit ergeben: 1) Schatten oder Spiegelbilder, 2) sinnlich wahrnehmbare Dinge und Gegenstände unserer Welt, 3) mathematische Zahlen und Figuren, durch die wir mit unserer Logik Rückschlüsse und Erkenntnisse ziehen können sowie 4) die Ideen, die Platons Auffassung zufolge Einblicke in das Wesen des Seins sind.

Hier haben wir wieder die pythagoreische Zahl Vier. Doch Platon unterteilt diese Auffassung der Wirklichkeit noch einmal in zwei Wesen: Meinungen und Erkenntnisse.[70] Sehr faszinierend dabei ist, dass Platon diese Unterteilungen auf der Linie im goldenen Schnitt anordnete.«

Ich nicke zur Westfassade der Kathedrale. »Die pythagoreische Zahlenmystik gelangte erst unter Platon zur Blüte. In *Politeia* beschreibt Platon auch das berühmte Höhlengleichnis.«

»Oh Mann, das Höhlengleichnis.« Chmiel hebt die rechte Augenbraue. »Grundkurs Philosophie in der Oberstufe. Ist schon Jahrmillionen bei mir her. Wie war das noch mal?«

Auch wenn ich immer mehr den Eindruck bekomme, dass Chmiel mich insgeheim abfragen will und nur den Ahnungslosen spielt, erkläre ich in Kurzform das Höhlengleichnis. Platon stellte sich Menschen in einer Höhle vor. Sie sitzen seit dem Beginn ihrer Existenz mit dem Rücken zur Wand und sind an Hals und Schenkeln gefesselt. Sie können also nicht sehen, was sich um sie herum abspielt. Hinter der Wand brennt ständig ein Feuer. Wenn nun zwischen dem Feuer und der Wand Menschen hin- und hergehen und an Stäben befestigte Puppen und andere Dinge aus Holz oder Stein bewegen, werden die Gefesselten auf der Höhlenwand vor sich nur die Schatten dieser Gegenstände sehen.[71] Sie wissen nichts von der Existenz der Manipulatoren hinter ihnen. Für die Gefesselten besteht dann die Wirklichkeit in der Wahrnehmung der Schatten und der wunderlichen Dinge auf der Wand vor ihnen.

Ich zeige zur Sonne, die uns nun hier draußen vor dem Westportal einheizt und sage: »Platon fragte sich nun, was passieren würde, wenn einer der Gefesselten befreit und ans Sonnenlicht gebracht würde. Könnte er die Welt des Tageslichts als die wirkliche Welt erkennen und akzeptieren, nachdem der Gefangene sich an das blendende Licht gewöhnt hätte?«

»Ich nehme an, Platon vermutete, dass es eine gewisse Zeit dauern würde, bis der Befreite die neue Welt erkennen würde«, hakt Chmiel nach.

»Wenn der Gefangene die wahre Welt – die Formen des Seins, die Platon *Ideen* nannte – jedoch erst einmal akzeptiert hat, würde er diese neue Welt der dunklen Höhle und die Freiheit der Fessel vorziehen.«

Chmiel hebt die rechte Hand zum Einspruch. »Würde ihn der Mitteilungsdrang nicht dazu führen, seinen einstigen Mitgefangenen zu zeigen, wie die wirkliche Welt aussieht?«

»Klar. Der Gefangene würde in die Höhle hinuntersteigen und von seinen neuen Sinneseindrücken erzählen. Doch die Gefangenen in der Höhle würden die neue Erkenntnis von der wahren Wirklichkeit nicht akzeptieren.«

»Verstehe. Die Gefangenen würden dem Befreiten nicht glauben, dass eine andere Realität existiert.«

Ich nicke. »Der Versuch des Erleuchteten, die Gefesselten von der Existenz einer wahren Welt außerhalb der Höhle zu zeigen, würde mit seinem gewaltsamen Tod enden, folgerte Platon.«[72]

Der Philosoph Karl Jaspers nannte Platons Höhlengleichnis »ein Wunderwerk philosophischer Erfindung, um Anhaltspunkte für Gedanken zu haben, die der direkten Aussprechbarkeit nicht zugänglich sind«.[73] Er erinnerte daran, dass die Erkenntnisse aus dem Höhlengleichnis in drei Stufen einteilbar sind: *Die Umkehr, Die Stufenlehre* und die *zwei notwendigen Richtungen des menschlichen Lebens.* In der Umkehr deutet Jaspers Platons Höhlengleichnis als Umkehr der vollständigen Erkenntnis. So wie der Gefesselte sich mit seinem ganzen Körper aus der Höhle ans Tageslicht begibt und sich umkehrt, um die neue Wirklichkeit wahrzunehmen, so muss das neue Wissen bereitwillig ganzheitlich aufgefasst und betrachtet werden.

»Wer nicht erkennen will, der wird nicht erkennen«, sage ich. »Auf Chartres angewandt bedeutet das, *mögliche* Geheimnisse der Kathedrale können nur dann erkannt werden, wer das Gebäude ganzheitlich und unter allen Gesichtspunkten betrachtet, also nicht nur durch die christliche Brille. Wer sich der Möglichkeit anderer Wirklichkeiten und daher Geheimnissen versperrt, wird sie nicht entdecken können. Umberto Ecos kognitive Erkennungscodes lassen grüßen.«

»Eine unglaubliche Botschaft für die damalige Zeit. Wer also nicht erkennen will, der wird nicht erkennen, auch wenn er sieht.«

»Der platonische Weg des Erkennens führt über mehrere Stufen«, sage ich. »Der reine Gedanke ersetzt gemäß Jaspers die sinnliche Wahrnehmung. Der reine Gedanke führt zur mathematischen Idee, zur dialektischen Wissenschaft.[74] Und zu guter Letzt sind die notwendigen Richtungen der Erkenntnis zwei Zustände des Wissens, die wir abwägen müssen: von der Erscheinungswelt der Schatten in der Höhle – den Sinnendingen – in die Welt der wahren Wirklichkeit – der Ideen. Und umgekehrt.«

Chmiel sagt: »Auf Chartres angewandt würde das bedeuten: Es kann nicht schaden, die Kathedrale von ihrer reinen architektonischen wie auch ihrer biblischen Seite zu betrachten und abzuwägen, ob sich beides bedingt. Wurden die religiösen Zeichen an der Kathedrale von Chartres und das Gebäude an sich durch Platon und Aristoteles zu dem, was wir nun sehen?«

Ich deute wieder zur Skulptur der Dialektik hoch. »Platon bezeichnete die Dialektik als einen Prüfstein. Die Dialektik ist für ihn ein Synonym für die Erforschung und Auslotung der Wahrheit ohne zu sehen oder sonstige Sinne anzustrengen.[75] Es geht also um den reinen Verstand, die Vernunft, die aber auch die Grenzen allen Wissens erreicht. Für Platon stellte die Dialektik die königliche Wissenschaft dar. Eine Dialektik, die er selbst, Platon, geprägt hat.[76] Das Wort *Dialektik* und die damit verbundene Lehre taucht zuerst in seinem Werk auf.«[77]

»Du willst also damit sagen, dass die erste verborgene Botschaft der Dialektik, die den Drachen hält, ist: Nutze Deinen menschlichen Verstand, den Intellekt, um in Chartres nach verborgenen Wahrheiten zu suchen, die jenseits Deiner ersten Wahrnehmung liegen?«

»Es ist völlig klar, dass in Chartres eine verborgene Wirklichkeit jenseits der christlichen Botschaft existiert. Die Kathedrale ist nur ein geistiges Portal zwischen den Wirklichkeiten. Wir müssen sie erforschen.«

Chmiel wickelt ein Kaugummi aus, wirft es sich in den Mund und kaut bedächtig. »Ich sehe das so: Die Dialektik in Chartres ist ein Hinweis dafür, dass hier etwas Verborgenes existiert. Den ersten Schritt haben wir vollzogen. Wir können nun erkennen, weil wir erkennen *wollen* und *können*.« Er sieht mich nachdenklich an. »Aber was, wenn uns niemand glaubt? Werden wir dann auch ...« Er formt unsichtbare Anführungszeichen mit seinen Zeigefingern. »... ermordet, wie der Entkommene aus dem Höhlengleichnis, der die Wahrheit über die wirkliche Welt mitbringt?«

»Zumindest wird es schwer werden«, sage ich. »Der erste Schein trügt hier. Die erste Wahrnehmung ist die der Kathedrale als ein Gebäude mit einer Unmenge an religiösen Skulpturen und Bleiglasfenstern mit Motiven aus dem Alten und Neuen Testament. Doch es gibt noch eine zweite Wahrnehmung.«

»Was meinst du?«

»Die zweite Wahrnehmung ist die der Dialektik an sich. Sie steht für die reine menschliche Vernunft und die Wissenschaft, die die Konstruktion der Kathedrale von Chartres erst ermöglichten. In diesem Sinne ist die übergeordnete Botschaft der Skulptur der Dialektik an der Westfassade von Chartres folgende: Der pythagoreische Anfang der Welt – Archē –, die *Zahl* an sich und damit die Wissenschaft – ermöglicht erst das Erkennen durch die Kathedrale von Chartres. Eine göttliche Wissenschaft, kosmische Naturgesetze, erschufen die Welt und den Menschen. Durch die Wissenschaft wird erst der Glaube an Gott ermöglicht – nicht umgekehrt.«

»Das ist eine ungeheuerliche Botschaft«, sagt Chmiel. »Die Westfassade von Chartres sagt uns demnach: Wissenschaft steht über Religion! Forsche, damit du glauben kannst!«

»Ohne Wissenschaft kein Glaube, ohne Wissenschaft, also Geometrie, Trigonometrie und Statik, keine Kathedrale. Die wahre Botschaft der Skulpturen der Kathedrale von Chartres kann also nur entschlüsselt werden, wenn wir sie wissenschaftlich betrachten. Diese Aufforderung deckt sich mit dem Gründer der Gotik, Abt Suger von Saint-Denis, der in seiner Schrift *De ordinatione* anmerkt, dass sich die wahre Bedeutung der christlichen Ikonographie nur den *litterati* erschließt, die das Gesehene wörtlich nehmen und nicht nur metaphorisch deuten.«[78]

Wir stehen eine Weile vor dem Westportal und lassen die neuen Erkenntnisse auf uns einwirken. Immer mehr Besucher tauchen auf. Eine elektrisch angetriebene Eisenbahn mit Anhängern, in denen Touristen sitzen, nähert sich uns vom Südportal her und verschwindet Richtung Altstadt.

»Doch was hat das Ganze mit dem Drachen zu tun, den die Gestalt der Dialektik im Arm hält?«, fragt Chmiel. »Und warum ist die Dialektik als Jungfrau dargestellt?«

3. Der Schatz in der Finsternis

»Drachen wurden in allen Kulturkreisen sowohl als Echse als auch als Schlange dargestellt«, sage ich. »Sie sind eine archetypische Überlieferung aus Zeiten, in denen der Mensch sich vor allem Unbekannten fürchtete.«

Chmiel setzt seine Sonnenbrille auf. »Mann, die Sonne knallt heute.« Er ächzt und sagt dann: »Wenn die Dialektik eine Schlange auf dem Arm hätte, könnte das Reptil auf die gezwungenen geistigen Schlussfolgerungen der Logik hinweisen, während die Blume in ihrer linken Hand auf die entgegen gesetzten freigeistigen Kräfte deuten.«[79]

Ich schüttele den Kopf. »Diese Interpretation geht auf Martianus Capella zurück. Die *würgende* Schlange taucht nur bei ihm auf. Doch wir sehen hier eindeutig einen Drachen und er würgt auch nicht die Dialektik. Wie wir sehen können, geht die Dialektik mit dem Drachen sehr freundlich um, richtig?«

»Richtig. Wenn du mich fragst, dann bilden Drache und Jungfrau hier eine bemerkenswerte Eintracht. Was sagt dein schlaues Notizbuch?«

Ich suche die Stelle und lese vor: »Im Alten Testament taucht der Drache zunächst in einer anderen Form auf: als Schlange.[80] Dabei ist es eigentlich völlig abwegig, hier bereits von einer Inkarnation des Bösen zu sprechen, denn die Schlange ist ein Geschöpf Gottes, auch wenn sie Eva verführt, den Apfel vom Baum der Erkenntnis zu essen.[81] Der Drache taucht in der Bibel auf, als der Prophet Jeremia über die Invasion der Babylonier im Jahr 587 v. Chr. berichtet. Der Drache ist hier der Feind aus dem Zweistromland: Die Truppen von König Nebukadnezzar II.

belagerten Jerusalem, nahmen die Stadt schließlich ein, brandschatzten den Salomonischen Tempel, raubten alle Kostbarkeiten aus dem Allerheiligsten – abgesehen von der Bundeslade – und zwangen die Hebräer ins babylonische Exil.«[82]

»Merkwürdig«, murmelt Chmiel. »Wir kommen immer wieder zur Offenbarung des Johannes zurück. Das Alpha und das Omega. Die Offenbarung bezeichnet den Teufel als den Drachen, die alte Schlange, die uns verführt. Der Drache und die Engel wurden auf die Erde geworfen.«[83]

Er nimmt die Brille ab und putzt die Gläser mit einem Taschentuch. »In der Apokalypse ist der Drache oder die Schlange ein Sinnbild für die Feinde, die Israel bedrohen, während die Jungfrau den Sieg über das Böse darstellt.[84] Am Ende des Kampfes zwischen Jungfrau und Drache öffnet sich in der Offenbarung der Tempel Gottes und gibt die Bundeslade frei, das Symbol für den Bund Gottes mit dem Volk Israel.«[85]

»Schon wieder die Bundeslade.« Ich wische mir den Schweiß von der Stirn, hole ein Flasche Wasser aus dem Rucksack und trinke einige Schlucke.

»Aber der Drache ist nicht nur ein Symbol des Bösen«, sage ich. »Ihm wurden im Mittelalter Eigenschaften wie Listigkeit und Klugheit zugeschrieben, er ist also auch intelligent und daher ebenso ein Bild der Vernunft. In der nordischen Liederedda ist der Drache Fafnír, der auf der Gnitaheide in einem unterirdischen Haus wohnt, der Hüter eines Schatzes.[86] Er kann nur durch Intelligenz überwunden werden, weil er listig ist.«

Chmiel setzt seine Sonnenbrille wieder auf. »Wenn ich mich richtig erinnere, besiegt Sigurd den Drachen durch eine List. Eine Abwandlung der nordischen Sage findet sich in der germanischen Nibelungensage wieder, wo Sigurd mit Siegfried dem Drachentöter identisch ist. Im angelsächsischen Nationalepos *Beowulf* bewacht ein Drache geraubte Schätze in einer verborgenen Felshöhle.«[87]

Ich kann Chmiel nur zustimmen. »Das Motiv des Drachen als finsterer Hüter eines Schatzes finden wir häufig in der mittelalterlichen Epik. Der Drache an sich steht nicht nur für den Satan, sondern konkret für die Bewachung eines Schatzes. Er ist rächender Richter, aber auch Verwahrer von Wissen *über* den Schatz, also einer geheimen Weisheit oder Erkenntnis.[88] Im *Beowulf* schreitet der Jüngling als erster mit einer brennenden Fackel voran in die Höhle des Drachen, um alles Gold an das Licht der Sonne zu bringen.«[89]

Chmiel imitiert die Bewegungen eines Schwertkämpfers. »Beowulf, der Grendels menschenfressende Mutter im Labyrinth ihrer Höhle und später den schatzbewachenden Drachen in der Höhle erschlägt, scheint mir austauschbar zu sein mit Theseus. Theseus tötet den menschenfressenden Minotaurus im unterirdischen Labyrinth. Sowohl Beowulf als auch Theseus kommen aus weiter Ferne, um in ein gefährliches, unterirdisches Reich hinabzusteigen und gefräßige Monstren mit magischen Schwertern zu erledigen. Von Jütland bis Kreta scheint es einen gemeinsamen mythischen Erzähltopos zu geben.«[90]

»Eine faszinierende Beobachtung! Auf die Dialektik bezogen, haben demnach der Drache, der einen Schatz bewacht und Platons Höhlengleichnis eine grundlegende Gemeinsamkeit: Der Gefangene/der Schatz wird aus der Höhle an das Licht der Sonne – ein Sinnbild für die Wahrheit im Sinne Platons – geholt. Bei Platon ist der Schatz die Erkenntnis, dass die Schatten der Höhle nur eine Illusion waren und die wahre Welt die des Sonnenlichts ist.«

Während wir vor der Dialektik stehen und immer wieder Platz machen müssen, weil immer mehr Touristen an uns vorbei die Kathedrale betreten wollen, offenbart sich mir plötzlich der Sinn dieser bemerkenswerten Skulptur der Dialektik. »Die Skulptur der Dialektik soll mehrere Botschaften an den eingeweihten Betrachter überbringen: Erstens entspringt dieses Motiv zwar den *sieben freien Künsten* des 5. Jahrhunderts und geht auf Martianus Capella zurück.«

»Doch zweitens erscheint hier in Chartres auch das Bild eines Drachen, der den Schatz des Wissens – aber vielleicht auch einen materiellen Schatz – hütet«, unterbricht mich Chmiel. Er nickt, wie um sich selbst zu bestätigen. »Aber drittens spielt hier auch das apokalyptische Bild von der Jungfrau Maria, die auf den Drachen tritt, eine maßgebliche Rolle. Der Urheber dieser steinernen

Botschaft hat also ein altes Motiv gewählt, um damit seine eigene verborgene Botschaft zu transportieren. Die Botschaft, dass in Chartres zwei Schätze verborgen sein könnten: ein materieller und ein ideeller.«

Wir sehen uns unbehaglich an.

4. Der Kult um die Jungfrau Maria

Inzwischen haben wir eine bequemere Position eingenommen und uns an die eiserne Umzäunung, die das Westportal umgibt, angelehnt. Wir genehmigen uns eine Pause, weil mein Magen knurrt und ich werfe mir einen Imbiss bestehend aus einem belegten Baguette ein. Nebenbei montiere ich meine Kamera auf ein Stativ und mustere das linke Portal der Westfassade. Dann setze ich mich wieder und packe das Notizbuch aus, um meine Aufzeichnungen zu konsultieren. »Lies' mal vor«, fordert mich Chmiel auf, »was du über die Jungfrau Maria aufgeschrieben hast.«

Die Kathedrale von Chartres wurde der Heiligen Jungfrau Maria geweiht. Aber ihre Mutter Anna spielt eine besondere Rolle. Die Apokryphen, also die Bücher, die nicht in den Kanon der Bibel aufgenommen wurden, weil sie als Quelle augenscheinlich als zu unzuverlässig galten, berichten von der unbefleckten Niederkunft der betagten Anna mit ihrer Tochter Maria.[91]

Nicht nur Jesu Mutter, Maria, galt demnach als unbefleckt, sondern auch Anna, die Großmutter des Heilandes Jesus Christus. Das Protoevangelium des Jakobus ist so angelegt, dass der Eindruck entsteht, Maria dient von Anfang an als »Gefäß« für Gott. In ihren Körper soll der Samen Gottes gepflanzt werden, um den künftigen Messias zur Welt zu bringen.[92] Die Heilsgeschichte besagt, dass die Ankunft Christi vorherbestimmt ist. Gottes Wille, dass sein Sohn Jesus auf der Welt erscheint und die Menschen durch seinen Kreuzestod von ihren Sünden befreit werden, soll geschehen.

Das Lukas-Evangelium berichtet, wie der Erzengel Gabriel über Nazareth erscheint. Gott sandte einen Erzengel zu einer Frau namens Mirjam, hebräisch für Maria. Das Evangelium überliefert, dass Maria sich nicht fürchten solle, denn sie habe die Gnade Gottes gefunden. Sie würde ohne ihren sehr alten Ehemann, den Zimmermann Joseph, einen Sohn gebären. Sie, Maria, solle ihm den Namen Jesu geben, er würde Sohn »des Höchsten« genannt werden. Jesu würde den Thron Davids, des Königs der Juden, einnehmen. Der Engel verspricht Maria, dass Jesu für immer herrschen werde.[93]

Maria scheint überrascht, jedoch überwältigt von der bevorstehenden Mission, die sie als Gebärerin des Gottessohnes aufgetragen bekommt. Zweifel ihrerseits, wie sie ohne einen Mann ein Kind gebären soll, zerstreut der Engel, indem er ihr mitteilt, dass Marias Verwandte Elisabeth aus dem Geschlecht der Levi ebenfalls ein Kind erwarte. Und obwohl Elisabeth als unfruchtbar gelte, sei sie bereits im sechsten Monat schwanger.

Maria besucht Elisabeth im Bergland von Judäa und berichtet von ihrer Begegnung mit dem Engel. Elisabeth erkennt Maria als die göttliche Mutter.[94] Ihr eigenes Kind, Johannes, hüpft erfüllt von Vorfreude in ihrem Bauch auf und ab. Elisabeth spricht hier eine weise Erkenntnis aus: »Selig ist die, die geglaubt hat, dass sich erfüllt, was der Herr ihr sagen ließ.«[95]

Elisabeth bringt unterdessen Johannes zur Welt, jenen Johannes, der später Jesus im Fluss Jordan taufen wird und dessen Geburt ebenfalls durch den Erzengel Gabriel prophezeit worden war. Der zuvor stumme Vater des Johannes, Zacharias, kann wieder sprechen, denn der Heilige Geist Gottes fährt in ihn. Zacharias prophezeit die Einlösung des Heiligen Bundes, den Gott mit dem biblischen Urvater Abraham einst geschlossen hatte.[96] Die bevorstehende Ankunft – der Advent – des Jesus-Kindes ist mithin die Erfüllung der Prophezeiung Abrahams.

Jesus ist der neue Messias, der Erlöser, den Maria in ihrem Bauch trägt. Zumindest für einige wenige Menschen in Galiläa zu jener Zeit. Denn der Großteil des jüdischen Volkes nimmt später von Jesus keine Notiz. Marias Verlobter Joseph zweifelt daran, der Vater zu sein, denn er ist um die achtzig Jahre alt. Als er sich von Maria trennen will, offenbart ihm ein Engel in einem Traum, dass Maria mit dem Heiligen Geist schwanger ginge. Der Heilige Geist habe Jesus gezeugt.[97] Maria sei nicht fremdgegangen. Vielmehr sei sie eine Jungfrau und daher unbefleckt. Sodann vollzieht sich die Weihnachtsgeschichte von der Ankunft der Heiligen Drei Könige, die Jesus in der Krippe aufsuchen, nachdem sie einem Stern nach Bethlehem gefolgt sind.[98] An dieser Stelle unterbricht mich Chmiel und imitiert Terry Jones als Jesu Mutter in Monty Pythons Film *Das Leben des Brian*: »... Sternhagelvoll seid ihr!«

Als mein Lachkrampf vorüber ist, sage ich: »Wir haben hier also die Geschichte des neuen Bundes vor uns. Jesus Christus steht für den neuen Bund Gottes mit der Menschheit. Das Jesus-Kind im Bauch der Maria ist das neue Gesetz. Er ist der Messias.«

»Ich bin kein Römer, Mama!«, zitiert Chmiel weiter aus *Das Leben des Brian*. »Und ich werde niemals einer sein. Ich bin ein Jude. Sohn Israels. Ein Hebräer, eine Hakennase. Ich bin Koscher, Mama. Ich bin ein Rotes-Meer-Jogger. Und ich bin stolz darauf!«

»Nicht schlecht ... für einen Katholiken, nicht schlecht«, huste ich.

Chmiel räuspert sich und fügt dann ernst hinzu: »Es muss damals von Heilsbringern gewimmelt haben, die behaupteten, dass sie der Messias seien. Die Bibel berichtet von falschen Messiassen. Denn es werden falsche Christusse und falsche Propheten auftauchen, die Zeichen und Wunder tun, um die Auserwählten zu verführen. Oder so. Steht im Markus-Evangelium.«[99]

Ich lese weiter. Es sollte über vierhundert Jahre später im Jahre 431 n. Chr. in Ephesos in der heutigen Türkei zu einer Zusammenkunft von Theologen aus den West- und Ostkirchen kommen, zu der Kaiser Theodosius II. aufrief. Ziel des Dritten Ökumenischen Konzils war es, über den Status der Maria als »Gebärerin von Gott« – theotokos – zu debattieren.[100] Welchen Stellenwert sollte Maria fortan in der Theologie einnehmen angesichts des scheinbar unumstößlichen Dogmas, das Jesus Gott und Mensch zugleich war?

Nestorius, der Patriarch von Konstantinopel, weigerte sich, Maria auf diesen »Titel« zu reduzieren, was ihm nicht unbedingt

Freunde einbrachte. Nestorius plädierte für den Titel »Gebärerin von Christus«, da Jesus Christus zwar sehr wohl Mensch und Gott in Personalunion sein konnte, aber nur in dem Glauben lebte, sowohl Teil Gottes, als auch zugleich Mensch zu sein. Nestorius sagte nichts anderes, als dass er glaube, Christus sei sehr wohl bewusst gewesen, dass er entweder nur Gott oder nur Mensch gewesen war. Jesus Christus hat offensichtlich viele Dinge nicht gesagt, die ihm später jedoch in den Mund gelegt wurden.

»So wie bei *Das Leben des Brian*«, lacht Chmiel. »Es ist der Film, der am häufigsten falsch zitiert wird.«

Die anderen Konzilsteilnehmer lehnten Nestorius Meinung empört ab. Während dieser Debatte flogen die Fetzen auf dem Konzil. Der Gegner von Nestorius, Kyril, der Patriarch von Alexandrien, stachelte die anderen Konzilsteilnehmer gegen seinen Kontrahenten auf. Nestorius und seine Anhänger wurden als Frevler aus dem Konzil ausgestoßen. Gleichermaßen sorgte Nestorius mit seinen Leuten dafür, dass Kyril und dessen Anhänger aus der Kirche verbannt wurden. Resultat des Konzils war jedoch, dass Maria, die vorher »nur« als ein Mensch galt, nun zur »Mutter Gottes« erhöht wurde.[101] Die Logik ist offensichtlich: Ein Kind, das von Gott gesandt wurde, kann nur von einer göttlichen Frau stammen. Ohne Maria kein Jesus-Kind. Daher ist die gesamte Linie der Vorfahren Marias von Gott gesandt und reicht zurück bis zu König David und dessen Vater Jesse – der Stammbaum des Jesse, der am Westportal von Chartres in einem der Fenster verewigt wurde.

»Die Heilige Jungfrau Maria mit Jesus in ihrem Bauch ist demnach die fleischgewordene Bundeslade, die das alte Gesetz in Gestalt der steinernen Gesetzestafeln mit den Zehn Geboten enthält«[102], sagt Chmiel. »So wie Gott in der Lade wohnte, wohnte er auch in Marias Schoß.«

»In anderen Worten: Die Jungfrau Maria *ist* die Bundeslade«, sage ich und blicke erstaunt zur Dialektik hoch. »Das ist seit dem Dritten Ökumenischen Konzil in Ephesus im Jahr 431 so.[103] Das nennt man Typologie, eine Gegenüberstellung biblischer Ereignisse des Alten Testaments, die sich im Neuen Testament erfülen. Moses wird mit Jesus assoziiert. Moses führte das Volk der Hebräer aus Ägypten nach Kanaan, in das gelobte Land und schloss den Bund mit Gott auf dem Berg Horeb im Sinai.«[104]

Jesus Christus ist der Verkünder des neuen Gesetzes, das nicht mehr heißt »Auge um Auge, Zahn um Zahn«, sondern »Liebe Deinen Nächsten, wie Dich selbst«. Jesus steht für den neuen Bund.

Doch das Konzil von Ephesos war erst der Beginn des wahren Kults um die Jungfrau Maria. Er gipfelte im Mittelalter in den Homilien des Zisterzienserabts Bernhard von Clairvaux (1090–1153), des geistigen Vaters des Templerordens. Bernhard schreibt im Jahr 1120 in der 2. Homilie seiner Lobrede auf die Jungfrau Maria, *De Laudibus Mariae*, dass schon im Buch Genesis durch die erste Frau Eva der Heiligen Jungfrau Maria gedacht würde. Maria würde in der Offenbarung des Johannes im Kampf gegen die Feinde Zions den Kopf des Drachen zertreten.[105]

»Was hat Bernhard von Clairvaux hier in Chartres sonst noch gemacht, außer den Zweiten Kreuzzug zu predigen?«, fragt Chmiel. »Und worauf deutet der Drache in der Hand der Dialektik hin?«

5. Die Kathedralschule von Chartres

Wir gehen zur Bar *La Reine de Saba* gegenüber dem Südportal der Kathedrale, um uns bei Kaffee, einer heißen Schokolade und zwei Sandwiches einen Reim auf die neuen Erkenntnisse zu machen.

»Anscheinend spielt die Jungfrau eine ebenso große Rolle wie der Drache«, sagt Chmiel. »Aber wer waren die Erbauer der Westfassade? Wer waren die Erbauer der gesamten Kathedrale? Gab es einen Bauplan? Und wenn ja, nach welchen Prinzipien wurde er angefertigt?«

Die Bedienung bringt uns unsere Bestellung. Ich kann dem Drang nicht widerstehen, den Lehrer Chmiel auf die Probe zu stellen. »Weißt du, wo wir hier sind?«, frage ich und beiße in mein Sandwich.

Chmiel zuckt die Achseln und schüttelt den Kopf. »Das Haus sieht von außen und innen sehr alt aus.«

»Diese Häuser, in denen das Rektorat der Kathedrale, Souvenirgeschäfte, diese Bar und ein Restaurant untergebracht sind, waren einmal Teil der Domschule von Chartres.«

Chmiel schlürft seinen schwarzen Kaffee und schaut mich fragend an. »Aber was hat es damit auf sich? Ich habe immer nur davon gehört, aber die Geschichte dieser Schule ist eher diffus.«

»So geheimnisvoll ist es nicht«, sage ich, schaue in meinem Notizbuch nach und berichte.

Gegründet wird die Schule um das Jahr 1000 von dem ursprünglich aus Mailand stammenden Bischof Fulbertus (ca. 960–1028) parallel zum Bau der Kathedrale. Der karolingische Vorgängerbau aus dem 9. Jahrhundert war durch einen Brand vernichtet worden. Mit der finanziellen Hilfe des französischen Königs Robert II. (972–1031), Sohn von Hugo Capet, erschafft die Bauhütte von Chartres unter der Leitung von Fulbertus eine der größten romanischen Kathedralen ihrer Zeit.[106]

Noch heute zeugt die gewaltige Krypta, die Unterkirche, von der Fulbertus-Kathedrale. Bischof Fulbertus, der auch gleichzeitig der Berater von König Robert II. und sein Mitschüler an der Domschule zu Reims ist, sorgt für die Einrichtung einer Bibliothek, in der lateinische und griechische Manuskripte antiker Autoren lagern. Altgriechische Texte konnte aber zu diesem Zeitpunkt aus Unkenntnis niemand verstehen. Fulbertus bringt sein Wissen durch seine eigene Ausbildung an der Domschule von Reims unter Gerbert von Aurillac (950–1003), dem späteren französischen Papst Silvester II., mit.[107]

Chmiel kichert. »Papst Silvester? Ist das nicht der mit dem sprechenden Metallkopf, der Prophezeiungen von sich gibt? Solche sprechenden Köpfe hatten auch Albertus Magnus und Roger Bacon.[108] Wahrscheinlich war es irgendeine arabische Erfindung.« Ich nicke. »Genau der.«

Von Gerbert von Aurillac ist bekannt, dass er in Katalonien und Reims studiert und sehr früh mit arabischen Wissenschaften in Berührung kommt.

»Auch mit dem wahnsinnigen Araber Abdul Alhazred, der

das Necronomicon schrieb?«, unterbricht mich Chmiel augenzwinkernd.

»Gerbert hatte ein Exemplar in seinem Giftschrank«, versi-
chere ich grinsend und fahre fort.

Gerbert kann mit dem Astrolabium umgehen und Land- und
Himmelsvermessungen anstellen.[109] Er studiert die Fächer Mathe-
mathik (mathesis), wie sie seit dem 5. Jahrhundert durch Boëthius' Werk *De arithmetica* überliefert worden war, und Astronomie.[110] Gerbert von Aurillac ist dementsprechend geschult in
mindestens drei Disziplinen der sieben freien Künste: der Arithmetik, der Geometrie, die auch die Landesvermessung beinhaltete und in der Astronomie.[111]

»Moment mal!«, wirft Chmiel ein. »Das könnte auch erklären,
warum die Erbauer die Kathedralen Nordfrankreichs in den
Sternbildern Drache und Jungfrau anordneten und diese Städte
auswählten, wo sich heute die Kathedralen befinden.«[112]

Ich nicke und berichte weiter.

Fulbertus kann zu jener Zeit keinen begabteren Lehrer finden,
denn Gerbert von Aurillac gilt als der glänzendste Gelehrte des
11. Jahrhunderts, der das Wissen über die sieben freien Künste
beherrscht wie kaum ein anderer.[113] So verwundert es nicht, dass
dieser hervorragende Ruf Gerberts als führender Wissenschaft-
ler seiner Zeit schließlich auf Fulbertus übergreift. Gerbert
scheint Fulbertus Begeisterung für die Astronomie geweckt zu
haben, denn der Bischof von Chartres ist bekannt für seine Ge-
dichte über die Astronomie. Auch besitzt Fulbertus eine Zusam-
menstellung arabischer Sternennamen.[114] Beide Leidenschaften
kombiniert Fulbertus in einem Gedicht aus seinem Essay über
die Zeitrechnung:

> Aldebaran prangt im Stier, Menke und Rigel in den Zwillingen,
> Frons und der helle Calbalazet im Löwe,
> Skorpion, du hast Galbalagrab, und du, Steinbock, hast Deneb,
> Du Batanalhaut, bist allein genug für die Fische.[115]

»Der Mann muss besessen gewesen sein von der Astronomie«,
sagt Chmiel und leert seine Tasse.

»Bischof Fulbertus muss die Astronomie geliebt haben, was sich besonders an der Anrede *du* bemerken lässt. Fulbertus personifiziert die Sterne, als seien es seine Kinder. Sein Gedicht ist eine Liebeserklärung an die Sterne und das gesamte Universum.«

Der Kosmos, erzähle ich weiter, wie er Teil der platonischen Lehre war, nimmt für Fulbertus eine gesonderte Stellung ein. Der hervorragende Ruf, den die Schule von Chartres durch Fulbertus erhält, wird nach seinem Tod durch die Ausbildung weiterer Studenten gefestigt. Studenten werden zu Meistern ausgebildet, Meister unterrichten neu ausgewählte Studenten. Die Bibliothek nimmt weitere lateinische und griechische Manuskripte in ihren Bestand auf. Der Fundus wächst rasant, sodass eine Wiedergeburt der antiken Philosophen die Folge ist.

So liegt die Gewichtung der Schule von Chartres am Beginn des 12. Jahrhunderts auf dem Platonismus und nicht auf den Lehren der Kirchenväter um Augustinus, Hieronymus und späteren Theologen wie etwa Beda Venerabilis oder dem anonymen Autor Pseudo-Dionysius Areopagita.[116] Die Domschule entwickelt sich zu einer Bildungsstätte, die es sich leisten kann, nur die begabtesten Studenten auszubilden. So entsteht eine intellektuelle Elite, die in ganz Europa ihresgleichen sucht.

Als der um 1040 geborene Ivo von Chartres im Jahre 1091 zum Bischof der Stadt geweiht wird, erhält die Schule von Chartres mit ihm eine weitere charismatische Persönlichkeit in der Tradition von Fulbertus. Allerdings verlegt Ivo von Chartres seinen intellektuellen Schwerpunkt von der platonischen Wissenschaft auf die Rechtslehre. Zu diesem Thema verfasst er eine seinerzeit bedeutende Schrift *Collectio tripartita, Decretum und Panormis,* in der er sich über weltliche Gesetze, kirchliche Regeln und deren Bruch, die Anwendung von Strafen und das rechtliche Verhältnis zwischen dem Papst und dem König Gedanken macht. Dementsprechend sagt man Ivo von Chartres hervorragende Verbindungen zu Papst Urban II. und König Philipp I. nach. Ivo stirbt im Jahr 1115.[117]

Durch seinen Tod räumt er den Bischofsstuhl für Gottfried von Lèves († 1149), einen Freund des großen Zisterzienserabtes Bernhard von Clairvaux sowie des geistigen Vaters der gotischen

Architektur, des Benediktinerabts Suger von Saint-Denis. Gottfried war sogar bei der Gründung der Tempelritter 1128 beim
Konzil von Troyes zugegen.

»Jetzt wird es noch spannender«, sagt Chmiel. »Wir sprechen
hier davon, dass die Zisterzienser, ein Reformorden der Bene-
diktiner, vielleicht indirekt an der Gestaltung der Westfassade
Einfluss genommen haben. Der geistige Vater der Tempelritter,
Bernhard von Clairvaux, macht seinen theologischen Einfluss
geltend.«

»Wir sprechen hier von Kathedralen, die im Norden Frankreichs entweder dem heiligen Stephanus oder der Jungfrau geweiht sind. In Chartres gipfelt diese Entwicklung. Diese Marien-
anbetung verstärkte Bernhard von Clairvaux.«

Ich fahre fort. Als enger Vertrauter des Erzbischofs Heinrich
von Sens ist Gottfried maßgeblich an der Gestaltung der Westfassade der ersten gotischen Kathedrale im burgundischen Sens
beteiligt. Da Bischof Heinrich auch für die Bistümer Chartres
und Paris verantwortlich ist, strahlt der zisterziensische Einfluss
auch auf Chartres aus. So hat sich Gottfried von Lèves der zisterziensischen Nüchternheit verschrieben und achtet darauf, dass
sich diese Zurückhaltung auch in der Architektur niederschlägt.
Gottfried von Lèves ernennt im Jahre 1124 Bernhard – nicht verwandt mit Bernhard von Clairvaux – zum Kanzler der Domschule, dem anschließend Gilbert von Poitiers (1080–1155) und
dann Thierry von Chartres (1085–1155) folgten.

»Zu einer Zeit also, als sich neun Ritter auf dem Tempelberg
niederließen und den Templerorden gründeten.«

»Exakt«, sage ich.

Dies geschieht zu einer Zeit, als im benachbarten Augustiner-
herren-Kloster von St. Victor eine Konkurrenzschule entsteht,
die Wilhelm von Champeaux (1070–1121), der Mentor des heiligen Bernhard von Clairvaux, im Jahre 1108 gründet. Wir sehen,
dass viele große Geister Europas jener Zeit miteinander bekannt
und eng verbunden sind.

Der große Theologe Hugo von St. Victor (1097–1141) gehört
dieser Chorherrenschule an.[118] In seinem Werk *Didascalion* hul-
digt Hugo von St. Victor den sieben freien Künsten.[119] Es wird in

der Schule von Chartres als Standardwerk zur Vermittlung des antiken Wissens betrachtet. Es gibt also einen regen Austausch zwischen der Klosterschule von St. Victor in Paris und der Domschule von Chartres, doch sind die Schwerpunkte der Lehre anders gelagert. Vielleicht ist die Schule von Chartres kein Lehrort im herkömmlichen Sinne, wo regelmäßiger Unterricht in den sieben freien Künsten wie an einer Universität stattfindet. Der Begriff der Schule von Chartres beschreibt vielmehr eine geistige Bruderschaft, die untereinander wissenschaftliche Erkenntnisse austauscht.[120] Denkbar ist, dass die Studenten nur durch persönliche Empfehlungen aufgenommen werden.

»Also ein elitärer Haufen«, unkt Chmiel.

»Das könnte man wohl so sagen.«

Ich schiele auf die Uhr und stelle zu meinem Erstaunen fest, dass die Zeit hier zu rasen scheint. »Halb vier Uhr nachmittags?«, rufe ich.

Ich konzentriere mich wieder auf die Fakten über die Schule von Chartres in meinem Notizbuch.

»Unter Bernhard von Chartres vertieft die Schule von Chartres die platonische Lehre weiter«, berichte ich.

Diese Vertiefung der platonischen Lehre wird nur durch den englischen Astronomen und Philosophen Adelard von Bath (1080–1152) ermöglicht. Adelard hat bis 1109 in der Domschule von Laon unter Anselm von Laon studiert und ist ab dem Jahr 1116 in die antike griechische Provinz Syrakus auf Sizilien, in die Hafenstadt Tarsus und anschließend in das von Kreuzfahrern eroberte Antiochia im heutigen Syrien gereist. In Sizilien kommt Adelard erstmals mit der griechischen und arabischen Sprache, mit Medizin und anderen Wissenschaften in Kontakt. Nach 1126 kehrt er nach Europa und Frankreich zurück, um an der Schule von Chartres zu lehren.[121]

Er hat es sich zur Aufgabe gemacht, die griechischen und arabischen Texte der vorangegangenen Epochen ins Lateinische zu übersetzen.[122] Jene antiken Texte der arabischen und griechischen Autoren, die bislang den Gelehrten der Domschule von Chartres durch mangelnde Sprachkenntnisse vorenthalten geblieben waren, können die Studenten und Gelehrten nun mühelos lesen.

Adelards erste Übersetzungen sind dann die astronomischen und mathematischen Texte des persischen Gelehrten Muhammad al-Khwarizmi, der die Null aus dem indischen Zahlensystem in das arabische Zahlensystem übernahm und somit dafür sorgte, dass wir mit ihr rechnen.[123]

Auf diese Weise kommen die Gelehrten der Schule von Chartres unter anderem mit dem arabischen Zahlensystem, den Dezimalzahlen und der pythagoreischen Algebra-Rechnung in Kontakt. Die Übersetzungen Adelards von Bath lösen eine regelrechte Explosion des Wissens in Chartres aus. Eine Explosion, die den ersten Kanzler der Domschule, Bernhard von Chartres († 1124), ehrfürchtig aussprechen lässt, was viele seiner Zeitgenossen denken und durch den späteren Kanzler der Schule, Johannes von Salisbury, in seinem Werk *Metalogicon* aufgezeichnet werden sollte: Zwerge seien die Gelehrten der Domschule von Chartres, so Bernhard von Chartres, und diese Zwerge säßen auf den Schultern von Riesen. Sie säßen nur deswegen auf den Schultern der Giganten, weil sie mehr und weiter sehen wollten als jemals zuvor. Nicht die gute Sehkraft oder die Größe mache die weitere Sicht aus, sondern die Tatsache, dass die Riesen es den Zwergen erlaubten.[124] Die Zwerge sind die Gelehrten der Domschule um Bernhard von Chartres – die Giganten sind Aristoteles, Platon, Pythagoras, Euklid. Und erst durch das Studium der alten Meister schärfen sich die Sinne der Meister von Chartres.

Die Schule von Chartres ist ein Schmelztiegel verschiedenster gelehrter Persönlichkeiten, die aus ganz Europa herbeiströmen, um hier die antiken Autoren und Philosophen und die neuesten Entwicklungen der Theologie zu studieren. Das sieht die Kirche nicht immer gerne, sorgen doch die heidnischen Philosophen Platon und Aristoteles – auf den ersten Blick – mit ihrer Dialektik und Logik für eine Hinterfragung der biblischen Lehre.

»Halt, stopp!«, sagt Chmiel. »Liege ich richtig, wenn ich behaupte, dass die platonische Lehre grundsätzlich im Gegensatz zur biblischen Lehre steht?«

»Kann man so sehen«, sage ich.

»Und die Jungs von der Schule von Chartres wurden nicht verbrannt?«

»Die Inquisition gab es zu diesem Zeitpunkt noch nicht. Die kam erst zum Beginn des 13. Jahrhunderts auf.«

»Okay, aber man muss hier festhalten, dass an dieser Schule einige ketzerische Gedanken gepflegt wurden.«

Der Aufschwung der Schule von Chartres geht ab dem Jahr 1134 mit dem Umbau der alten, im romanischen Stil gebauten Fulbertus-Kathedrale einher, den Bischof Gottfried von Lèves in Auftrag gibt. Vorausgegangen war ein Brand, der am 5. September 1134 die gesamte Stadt in Mitleidenschaft zog. In diesem Jahr beginnt der Neubau des Nordturms. Im Jahr 1145 beginnen dann die Arbeiten am Südturm und am Königsportal.[125]

Zu dieser Zeit arbeitet Thierry von Chartres an einem umfangreichen Kommentar über die sieben freien Künste, das bereits erwähnte *Heptateuchon,* das Siebenbuch. Thierrys Ansinnen ist nichts Geringeres, als dem Volk die Philosophie näherzubringen.[126] Zu diesem Zweck fasst er fünfundvierzig Texte der antiken Autoren von Aristoteles bis Pythagoras zu den jeweiligen Disziplinen der sieben freien Künste zusammen und versieht die Sammlung mit einem Vorwort.[127] Thierry betätigt sich als Bildungsvermittler, der die sieben freien Künste für jeden zugänglich hält, der seinen Geist für die Philosophie öffnen möchte.

»Verstehe«, sagt Chmiel. »Wer erkennen will, der wird erkennen. Wer nicht erkennen will, der erkennt nicht.«

Ich strecke bestätigend den rechten Daumen hoch. »Vermutlich deckte sich der alte Fulbertus-Bau nicht mehr ganz mit den neuen platonischen Ansichten, die mit dem Aufzug solcher Geistesgrößen wie Thierry von Chartres einhergingen. Daher ist es wahrscheinlich, dass das Westportal unter Thierry von Chartres eine neue ikonografische Ausrichtung erhielt. Zumindest wurden die sieben freien Künste und die philosophischen Erkenntnisse bildhauerisch an prominenter Stelle verewigt. Niemand konnte von nun an übersehen, was hier in Chartres gelehrt wurde, wenn er mit den sieben freien Künsten und Pythagoras, Platon, Aristoteles oder Euklid vertraut war.«

»Okay, damit wäre meine Frage beantwortet, wer für das Westportal verantwortlich war.« Chmiel bestellt einen zweiten Kaffee.

Ich fahre fort. Das Problem ist, den unverhohlenen Platonismus mit den seinerzeitigen theologischen Konzepten in Einklang zu bringen. Die platonische Lehre liegt also nicht nur in der abendländischen Luft und wird an den Dom- und Klosterschulen vermittelt. Es ist vielmehr die platonische Lehre, die besonders hier in Chartres eine bemerkenswerte Wiedergeburt erlebt. Denn viele Gelehrte der Schule, wie etwa Bernhard von Chartres oder Thierry von Chartres, sind Platoniker.[128] Die Scholastik, die wissenschaftliche Beweisführung mittels logischer Argumentation für oder gegen eine These, hält hier in der ersten Hälfte des 12. Jahrhundert Einzug, deren geistige Wegbereiter die Philosophen Platon und Aristoteles waren.

Der Orden der Zisterzienser, die ihre eigenen Schulen in den Klöstern unterhalten, beobachten die platonische Lehre als weltliches Gedankengut mit misstrauischen Augen. Augenscheinlich verachten die Zisterzienser um den Abt von Cîteaux, Stephan Harding, und dessen Schützling, Bernhard von Clairvaux, bis zur Mitte des 12. Jahrhunderts die Schriften Platons, weil diese Erkenntnisse eine Gefahr für die theologischen Lehren jener Zeit bedeuten. Der Schein trügt hier jedoch gewaltig. Dass Bernhard von Clairvaux die Schriften der griechischen Denker über alles schätzt, wird aus seinen überlieferten Werken ersichtlich, die er nach allen Regeln der Rhetorik und Grammatik formuliert.[129]

Demnach waren auch die Zisterzienser mit den griechischen Philosophen und insbesondere der platonischen Lehre sowie den sieben freien Künsten vertraut, geißelten sie jedoch offiziell. Ein Beweis hierfür ist die Feindschaft Bernhards von Clairvaux zum Philosophen und Frühscholastiker Petrus Abaelard (1079–1142), der den Platonismus höher einschätzt als die Botschaften der Bibel. So schreibt Abaelard: »Angemessener als jene mit ›Wort‹ bezeichnet Plato die Vernunft oder die Weisheit Gottes mit ›Geist‹«[130] und sagt ferner: »Den Worten der Philosophen stimmt Christus zu und bezeichnet sich als Jesus der Herr, eher als Gottes Sohn.«[131]

Für Bernhard von Clairvaux gilt, dass sich die Philosophie der Gotteslehre unterordnet. Sein bei den theologischen Studenten jener Zeit sehr populärer Kontrahent Abaelard kehrt diese These

um und erregt damit Aufsehen im gesamten christlichen Abendland. Die Botschaft der Pariser Konkurrenzschule um Hugo von
St. Victor ist, dass die Wissenschaften den Glauben an Gott be-
flügeln und nicht hemmen.[132] Denn letztendlich führt alles
Wissen zu der Einsicht, dass Gott am Anfang stand – und immer
stehen würde. Gott brauchte Naturgesetze, um einen Kosmos zu
erschaffen.

Dafür spricht die These Platons, dass der Weltenbaumeister –
den Platon in seinem Dialog *Timaios* den *Demiurg* nennt – die
Weltseele zusammen mit dem Universum erschaffen hat. Ein Teil
dieser Weltseele ist verantwortlich für die Bewegung der Materie
im Universum.[133] Die Seele der Welt ist der Motor des Kosmos.
Sie treibt alles an, so wie die Seele den Menschen erfüllt, so Platon. Die Weltseele ist unsterblich, denkend, existent durch ihre
Existenz. Genau genommen postuliert Platon vier Schöpfungs-
stufen, die auf der pythagoreischen Zahlenmystik der Zahl *vier*
basiert: das teilbare und unteilbare Sein, das teilbare und unteilbare Identische und das teilbare und unteilbare Verschiedenartige, die zusammen zur Weltseele verschmelzen.

Chmiel sagt: »Das ist revolutionär. Platons These erinnert er-
staunlicherweise an die vier Grundkräfte, die heutige Physiker
als Fundament für die Existenz dieses Universums betrachten:
die starke und schwache Kernkraft, der Elektromagnetismus und
die Gravitation. Auch wenn Platon seine Prinzipien nicht so präzise in mathematische Formeln fassen konnte, wie es Stephen
Hawking konnte.«

»Erstaunlich, oder?«, sage ich. »Für Platon durchdringt die
Weltseele das gesamte Universum. Sie wird von außerhalb durch
die Vernunft gesteuert und vermittelt zwischen der Materie des
Universums und dem Bewusstsein des Menschen. Die Weltseele
ist die Vermittlerin zwischen der von uns sinnlich wahrgenom-
menen Welt und den uns unsichtbaren Dimensionen des Kosmos. Da die Weltseele alles durchdringt, ist sie auch in uns.
Durch sie erhalten wir die Vernunft. Daher erkennt der Kosmos
sich selbst. In ihr ist alles enthalten, was wir jemals wissen oder
erkennen können. Also auch die Idee, Gestalt oder Form. Platons
Weltseele ist demnach auf einen einzigen Nenner zu bringen: Die

Vernunft, (die Dialektik) erschafft erst Gott – auch wenn Platon nicht an einen alleinigen Gott glaubte, ist diese Aussage zu seiner Zeit äußerst bemerkenswert.«

Chmiel sagt: »Gefährliche Gedanken. Ohne Vernunft – also Wissenschaft – kein Glaube an Gott. Wenn wir nach Platon gehen, dann ist die Welt, wie wir sie mit unseren fünf Sinnen wahrnehmen können, demnach nur eine Welt, die einer zweiten – übergeordneten – Wirklichkeit der Formen untergliedert ist. Diese Welt der Formen ist nur durch die Vernunft – also die Dialektik – erkennbar.«

»Das Höhlengleichnis Platons lässt grüßen«, sage ich. »Bereit für mehr Input?«

Chmiel nickt. »Du bist besser als jeder Audio-Guide.«

So kommen wir auf Bernhards von Chartres Schüler, den Grammatiker Wilhelm von Conches (1080–1154) zu sprechen. Er spezialisiert sich auf die Frage nach dem Ursprung des Kosmos und versucht, die platonischen Texte über die Entstehung der Welt mit dem biblischen Schöpfungsbericht möglichst widerspruchsfrei zu vereinen. Hier greift Wilhelm von Conches ebenfalls auf Platons Dialog *Timaios* zurück.[134] Dabei zaudert er nicht, den *Timaios*-Dialog über die Erschaffung der Welt durch den Demiurgen mit dem 1. Buch Mose in Einklang zu bringen und die Genesis allegorisch auszulegen, sodass der Schwerpunkt seiner Forschung auf der dialektischen, wissenschaftlichen Argumentation liegt. Hier begegnen wir wieder der erstaunlichen Erkenntnis, dass die Domschule von Chartres im Europa des 12. Jahrhunderts eine intellektuelle Avantgarde bildete, die stets haarscharf an kirchenrechtlichen Sanktionen vorbeischrammte.

»Durch die Tür hinaus, zur linken Reihe, jeder nur ein Kreuz. Der Nächste«, zitiert Chmiel wieder aus *Das Leben des Brian*.

Ich halte mir den Bauch und es fällt mir schwer fortzufahren.

Um die Lehren der Schule von Chartres nicht aus den Augen zu verlieren und letztendlich intellektuell nicht hinterher zu hinken, muss Bernhard von Clairvaux mit den Platonikern von Chartres zusammenarbeiten. Wilhelms von Conches Schüler Johannes von Salisbury (1115–1180) schlägt eine Brücke zur Lehre

Bernhards von Clairvaux. Johannes ist ein Schüler Abaelards und macht keinen Hehl aus seiner Sympathie für die platonische Wissenschaft an der Schule von Chartres. Abaelard nennt er einen *doctor admirabilis,* einen bewundernswerten Lehrer.[135] Und über Bernhard von Chartres schwärmt er, dass er der vollkommenste Platoniker schlechthin sei.[136] Seine Position ist nun klar umrissen. Zwar liebäugelt Johannes auch mit der strengen, asketischen Auslegung der Benediktinerregeln durch den Zisterzienserorden, wie es Bernhard von Clairvaux mit an Besessenheit grenzendem Fanatismus tut. Doch gelingt es Johannes in einem diplomatischen Drahtseilakt zwischen den beiden Parteien eine Brücke zu bilden. Dies gelingt Johannes von Salisbury auch durch den Einfluss seines engen Freundes Peter von Celle.[137]

Johannes vermag es, die kalte Wissenschaft der platonischen Vernunft mit der glühenden Marienverehrung und der Dreifaltigkeitslehre – Vater, Sohn und Heiliger Geist – Bernhards von Clairvaux in Einklang zu bringen. Und zwar so, dass die Zisterzienser gegen ihn nicht Sturm laufen, wie gegen Petrus Abaelard. So stimmt Johannes etwa mit dem musikalischen Weltbild der Zisterzienser überein, entwickelt jedoch sein eigenes Glaubensbekenntnis, das nichts anderes besagt, als dass das Gesetz der Proportion die Harmonie des Universums erzeugt und die Weltseele im Sinne Platons aus musikalischer Harmonie zusammengesetzt sei.

»Stopp! Hier muss ich wieder einhaken«, ruft Chmiel. Französische Gäste schauen uns kurz amüsiert an, widmen sich dann aber wieder ihren eigenen Gesprächen. »Das bedeutet doch nichts anderes, als dass sich das gesamte Universum mit seinen unsichtbaren Dimensionen in der Kathedrale von Chartres wiederfindet. Die Weltseele oder der Weltenschöpfer durchdringt die Kathedrale mit seinen Dimensionen und mathematischen Zahlen.«

»Es ist schwierig, sich in die Köpfe der Gelehrten der Schule von Chartres zu versetzen«, gestehe ich. »Aber ich glaube, so darf man sich das wohl vorstellen. Diese Gelehrten von Chartres glaubten, den Geist Gottes einfangen und in Gestalt einer gewaltigen Kathedrale manifestieren zu können. Mystische Zahlen der

Pythagoreer, mit denen sich auch Platon auseinandersetzte, spielen hierbei eine besondere Rolle.«

Das Universum bestehe daher nicht nur aus Zahlen, wie die Pythagoreer und auch Platon glaubten, sondern auch aus Musik, also Harmonie, berichte ich. Ein steinerner Kosmos, wie ihn die Kathedrale von Chartres darstellt, kann daher nicht nur durch Dimensionen, sondern auch durch Musik dargestellt werden. Die Kathedrale ist Zahl, aber auch Musik. Musik besteht aus mathematischen Verhältnissen wie Prime, Sekunde, Terz, Quarte, Quinte etc., und die Proportionen der Kathedrale von Chartres bestehen ebenso aus Verhältnissen.

Das bereits erwähnte gebundene System besagt, dass das Joch der Vierung in Chartres zwei Seitenschiffjochen entspricht, hier also ein Verhältnis von 1:2 entsteht, Prime und Sekunde, den Abstand zwischen dem ersten und zweiten Ton. Hier schließt sich wieder der Kreis zur Darstellung der Skulptur der *Musica* mit dem Glockenspiel und dem Monochord an der Westfassade der Kathedrale von Chartres. Mit dem Monochord experimentierte Pythagoras, um herauszufinden, welches Verhältnis die Seitenlänge zur Tonhöhe aufweist.

»Also sind die Dimensionen der Kathedrale von Chartres nichts anderes als Musik«, sagt Chmiel mehr zu sich selbst.

»»Gott, wer bist du?«, fragte Bernhard von Clairvaux, und antwortete auf seine eigene Frage: Du bist die Länge und Breite, Höhe und Tiefe. Bernhard beruft sich hier auf den Brief an die Epheser, wo es heißt, dass Christus durch den Glauben im Herzen wohne. In der Liebe verwurzelt und auf sie gegründet, sollt ihr zusammen mit allen Heiligen dazu fähig sein, die Länge und Breite, die Höhe und Tiefe zu ermessen und die Liebe Christi zu verstehen, die alle Erkenntnis übersteigt. So werdet ihr mehr und mehr von der ganzen Fülle Gottes erfüllt.«[138]

Chmiel bedankt sich beim Kellner für den neuen Kaffee und sagt: »Den Brief an die Epheser kenne ich gut. Er schließt damit, dass Gott, der in uns wirke, viel mehr tun könne, als wir erbitten und uns ausdenken könnten. Die Kirche und Jesus Christus verherrlichen Gott, der in ihr wohne. Hier vereinen sich doch die Platoniker der Schule von Chartres mit Bernhard von Clairvaux.

Doch wie konnten die unbekannten Architekten von Chartres die alles durchdringende Weltseele, die auch in heutiger Sprache als Gott, Allah oder JHWH genannt werden könnte, auf der Erde manifestieren?«

»Wir können ahnen«, sage ich, »worauf die platonische Lehre der Schule von Chartres abzielte. Die Platoniker von Chartres gingen von einer Weltseele aus, die alles durchdringt und uns die Vernunft bringt und durch das Erkennen der verborgenen Wirklichkeit erschaffen wird. Die Weltseele der Platoniker von Chartres wird geradezu *authentisch* und *fühlbar* in Stein. Wenn wir Gott mit der Weltseele gleichsetzen, dann erschafft Gott sich selbst durch die menschliche Vernunft, ja, Gott *ist* die menschliche Vernunft und musikalische Harmonie, durch die der Bau einer Kathedrale erst möglich wird.«

»Die menschliche Vernunft erzeugt Wissenschaft«, konstatiert Chmiel. »Wissenschaft ermöglicht Glaube. Die logische Konsequenz daraus ist der Bau einer Kathedrale, die Gott in all seinen Facetten repräsentiert.«

»Genau. In Chartres wurde ein Experiment durchgeführt, um Gott sichtbar zu machen. Er sollte sich durch die pythagoreische Zahlenmystik und die musikalische Harmonie in Gestalt der gotischen Kathedrale von Chartres manifestieren.«

»Die Dimensionen JHWHs wurden in Chartres verschlüsselt. Doch welche Dimensionen verwenden die Meister von Chartres, um Gott sichtbar zu machen?«

Ich zucke die Achseln. »Wir sind hier, um das herauszufinden. Aber die Geschichte der Schule von Chartres hat jetzt hier einen kleinen Indiana-Jones-Twist.«

»Ach!?«

»Ja«, grinse ich. »Peter von Celle meinte, auf die Bundeslade in Chartres hinweisen zu müssen.«

6. Die seltsame Leidenschaft des Abt Peter von Celle

Johannes von Salisbury stirbt im Jahr 1181, berichte ich weiter. Ihm folgt im gleichen Jahr Peter von Celle als Bischof von Chartres. Der um das Jahr 1115 geborene Peter wird in die adelige Familie des Hauses Aulnoy-les-Minimes in Provins in der Champagne geboren.[139] In seiner Kindheit und Jugend wird er im Benediktinerkloster Saint-Martin-des-Champs ausgebildet.[140] Peter von Celle tritt nach seinem Theologiestudium in Paris in das Kloster Montier-la-Celle, unweit von Troyes, ein. Daher sein Name Peter von Celle. Nach 1145, als das Westportal von Chartres unter Gottfried von Lèves entsteht, wird er Zisterziensermönch und macht in dieser Zeit auch die Bekanntschaft des geistigen Vaters der Templer, Bernhard von Clairvaux, sowie von Bernhards Zögling, Papst Eugen III., der ebenfalls Zisterziensermönch war.

»Peter von Celle war also eng befreundet mit den beiden Schlüsselfiguren des Zisterzienserordens«, resümiere ich. »Auch zum Templerorden hatte er Kontakt: Er korrespondierte mit den Grafen der Champagne und hier insbesondere Theobald IV., der auch gleichzeitig der zweite Graf von Champagne und Neffe des Gründers des Templerordens, Hugo I. von Champagne, war.«

»Das ist sehr interessant«, sagt Chmiel. »Vielleicht gab es einen direkten Einfluss der Templer auf den Bau der Kathedrale?«

»Die Adelsfamilie der Grafen von Champagne nahmen hier Einfluss«, sage ich. »Die Grafen der Champagne förderten Peter von Celle – andernfalls lässt sich sein schneller Aufstieg nicht erklären.[141] Peters Cousine war Agnes von Braine. Sie war in zweiter Ehe mit Robert, dem Grafen von Dreux, verwandt, einem Bruder des französischen Königs Ludwig VII.«[142]

»Da haben wir es. Peter unterhielt also nicht nur umfangreiche Beziehungen zu den Zisterziensern und den Templern, sondern auch zum Königshaus und war somit eine spirituelle wie politische Größe.«[143]

Nun betritt eine französische Reisegruppe aus einem Dutzend Leuten die Bar, die kurz darauf alle noch verfügbaren Plätze besetzen. Eine Bestellung jagt die nächste. Ich versuche mich auf die Fakten zu konzentrieren.

»Weiter! Erzähl' weiter!«, drängt Chmiel.

1149 – mit jugendlichen vierunddreißig Jahren – wird Peter von Celle zum Bischof der Stadt Beauvais ernannt. Ab dem Jahr 1162 leitet er die Abtei Saint-Remi in Reims.[144] Wie wichtig Peter von Celle zu jener Zeit für das Königshaus ist, zeigt die Tatsache, dass er in der Abtei von Saint-Remi in Reims die Ampulle mit dem heiligen Salböl für die Könige aufbewahrt.[145] In dieser Zeit beginnt seine intensive Beschäftigung mit der jüdischen Religion und der christlichen Auslegung des Tabernakels – des Stiftszelts – der Israeliten samt seinem heiligen Inventar: der Bundeslade mit den steinernen Gesetzestafeln, dem Räucheraltar, dem Schaubrottisch sowie dem berühmten siebenarmigen Leuchter, der Menora.

»Wir kommen der Sache immer näher«, unterbricht mich Chmiel. »Ein Bischof von Chartres, der sich sehr für die Bundeslade interessiert?«

»Es ist nicht nur bloßes Interesse«, sage ich. »Peter ist regelrecht besessen von der Bundeslade und den Gesetzestafeln. Seine Briefe wimmeln von Anspielungen auf die Lade des Herrn, die Lade des Bundes oder die Lade des Gesetzes. Auch das Stiftszelt des Moses hat es ihm angetan. Im Exodus, dem 2. Buch Mose des Alten Testaments der Bibel, lesen wir, wie JHWH dem Anführer der hebräischen Sklaven, die Ägypten in Richtung Kanaan verlassen, um der Knechtschaft des ägyptischen Pharaos zu entkommen, auf dem Berg Horeb im Sinai erscheint. Der Anführer ist Moses. Gott JHWH[146] – *Ich bin, der ich bin* – bietet Moses einen göttlichen Bund an: Die Hebräer sollen Gottes auserwähltes Volk sein, wenn sie seine göttlichen Zehn Gebote befolgen.«[147]

»Völlig klar«, sagt Chmiel. »Die Zehn Gebote sind heutzutage immer noch das Fundament für rechtsstaatliche Verfassungen: Du sollst nicht töten, Du sollst nicht stehlen, nicht Ehe brechen, nicht Deines Nächsten Weib begehren.[148] Moses nimmt JHWHs Einladung an, steigt auf den Gipfel des Horeb – und Puff-Zack-

Hokuspokus! – verschwindet in der göttlichen Wolke und bleibt dort vierzig Tage und Nächte.«[149]

Ich versuche nun ins Detail mit meiner Erklärung zu gehen. Moses empfängt von JHWH die Gesetzestafeln mit den Zehn Geboten. Gott trägt Moses auf, dass er unter den zwölf Stämmen der Israeliten um freiwillige Spenden bitten soll – Gold, Silber, Kupfer – für die Herstellung der Heiligtümer. Außerdem beauftragt JHWH Moses mit dem Bau einer Heimstatt, des Stiftszelts.[150] »Und sie sollen mir ein Heiligtum machen«, sagt JHWH. Denn JHWH möchte unter den Hebräern wohnen, er möchte anwesend sein in seiner unsichtbaren Allmacht. Doch JHWHs Anleitungen zum Bau des Stiftszelts müssen exakt befolgt werden. »Genau nach dem Bild, das ich dir von der Wohnung und ihrem ganzen Gerät zeige, sollt ihr's machen.«[151]

Chmiel sagt: »Ich weiß, was dann passiert.«

»Was?«

»Moses soll eine innen wie außen vergoldete Lade aus Akazienholz anfertigen. Dieser Kasten mit den Dimensionen von zweieinhalb Ellen Länge und eineinhalb Ellen Breite und Höhe, soll am Boden vier goldene Ringe aufweisen, durch die vergoldete hölzerne Tragestangen gezogen werden. Cherubim sollen an den gegenüberliegenden Enden des Gnadenthrons, dem Deckel der Lade, befestigt werden. Cherubim sind Mischwesen mit Stier- oder Bullenkörper und Adlerschwingen. Sie wurden aus getriebenem Gold gefertigt und hatten die Aufgabe, zwischen dem Diesseits und der göttlichen Sphäre zu vermitteln.«[152]

»JHWH weist Moses an, die Steintafeln mit den Zehn Geboten in die Lade zu legen und den goldenen Kasten mit dem Gnadenthron zu bedecken. Zwischen den Flügeln der Cherubim will JHWH zu Moses sprechen und ihm weitere Anweisungen mitteilen, die er den Israeliten überbringen soll.[153] Gott erscheint den Hebräern in Gestalt der Lade und den Gesetzestafeln.«

Aber dem ist nicht genug, fahre ich fort. Zu diesem Schatz gehört auch der siebenarmige Leuchter aus massivem Gold, die *Menora*, mit Verzierungen, die Kelche, Knäufe und Blumen darstellen. Ein Zentner feines Gold soll Moses verwenden für diese Gerätschaften. JHWH ermahnt Moses: »Und sieh zu, dass du alles machst nach dem Bilde, das dir auf dem Berge gezeigt ist.«[154]

Doch die Kultgegenstände sind nur das Vorspiel für einen viel größeren Plan, den JHWH verfolgt. Die Kostbarkeiten sollen Gott geweiht und in einem Stiftszelt untergebracht werden. Gott nennt sein Stiftszelt »Wohnung«, denn er wohnt unter den Hebräern. Es folgen minutiöse Anweisungen, die sich von der Art der Leinwand und der Farbe der Hütte, die verwendeten Edelmetalle, bis über die Ornamentik, die Art des Holzes und der Felle ergehen.

Chmiel zeichnet das Stiftszelt auf einer Serviette nach, verwirft aber seinen Versuch. »Gut, dass ich nicht Kunst unterrichte.« Er grinst. »Erzähl weiter.«

Im Bereich des »Heiligen« steht der siebenarmige Leuchter parallel zur Längsseite des Stiftszelts. Ihm gegenüber befindet

Abb. 6: *Peter von Celle, der Bischof von Chartres, befasste sich in seinem Traktat* Mosaici Tabernaculi *mit dem Stiftszelt des Mose und den darin enthaltenen Zehn Geboten. Die Bibel liefert eine detaillierte Anleitung für den Bau des Stiftszeltes als mobilen Tempel.*
© *gemeinfrei, Stich von Gerard Hoët, veröffentlicht in: Figures de la Bible, Verlag P. de Hondt, Den Haag, 1728*

sich ebenso parallel dazu der goldene Schaubrottisch. Vier mit Gold verkleidete Akazienholzsäulen wachsen vor dem Eingang zum Allerheiligsten empor und tragen einen mit drei Cherubim verzierten, schweren Vorhang, der eine Art Sichtschutz bieten soll. Vor diesen Säulen befindet sich im »heiligen« Bereich der Räucheraltar, in dem die Priester Spezereien verbrennen. Im Allerheiligsten des Stiftszelts, jenseits des Vorhangs, schließlich steht die Bundeslade mit den steinernen Gesetzestafeln. Diesen Raum durften nur die Hohepriester betreten.[155]

Die Lehne des Stuhls, auf dem ich sitze, lässt meinen Rücken schmerzen. Ich lehne mich vor. »Die sieben freien Künste drüben an der Westfassade der Kathedrale von Chartres weisen unter anderem auf das Höhlengleichnis von Platon hin. Die Urheber des Westportals wollen unsere Aufmerksamkeit vom Sichtbaren auf die unsichtbaren Dinge lenken. Bei Platon geht es um die unsichtbare Welt, die Ideen, die wir uns mit unserem Verstand erschließen. Bei Peter von Celle ist es ebenso. Es geht ihm um die unsichtbare Bundeslade in Chartres.«[156]

»Die unsichtbare Bundeslade.« Chmiel lässt seinen Blick durch die Bar schweifen. »Das heißt, die unsichtbaren Dinge sind auch hier in Chartres existent?«

»Im Grunde ist diese Unsichtbarkeit der Bundeslade identisch mit den unsichtbaren Ideen und Formen der platonischen Lehre«, antworte ich. »Hier in Chartres ist etwas vor unseren Augen verborgen, doch wir können es nicht sehen. Wir können es nur errechnen.«

»Du meinst, wir müssen *rechnen?*«

»Ja.«

»Zeichnen kann ich nicht. Rechnen schon.«

»Ich denke, ja, denn Platon kannte die Schriften des Pythagoras. Eine Kirche oder Kathedrale ist zwar ein Bauwerk aus Stein, doch die Gotik basiert auf Dimensionen und auf einer Statik, die Steine scheinbar schweben lassen. Der Bau der Kathedrale basiert auf Wissenschaft, Mathematik, Geometrie, Trigonometrie. Doch Peter von Celle weist darauf hin, dass man sich nur mit dem Stiftszelt befassen könne, wenn man *im* Stiftszelt selbst sei.«[157]

Chmiel sagt: »Also war die logische Konsequenz für ihn, ein eigenes Stiftszelt in Anlehnung an das Buch Exodus zu errichten.«

»Richtig.«

»Und wie verhält es sich mit dem Salomonischen Tempel, wo die Bundeslade später ruhte?«

»Peter von Celle nimmt das Stiftszelt als Inspirationsquelle, um sich auch mit dem Salomonischen Tempel zu befassen, den er in seiner Schrift genauer untersucht.«

Nachdem die Israeliten sich in Kanaan niedergelassen hatten und die Bundeslade nach dem Raub durch die Philister von König David nach Jerusalem gebracht worden war, beschließt Davids Sohn Salomon einen Tempel für die Schätze zu errichten. Der Raub der Lade durch die Philister in der Schlacht von Aphek zeigt den Israeliten, dass ein mobiles Zelt zur Unterbringung der Schätze nicht mehr ausreicht.[158] Ein Tempel, in dem König Salomon die Bundeslade, die Menora und andere Teile des Tempelschatzes in Jerusalem sicher unterbringen kann, muss her.

König Salomon sendet ein Bittschreiben um Material und architektonische Unterstützung an den phönizischen König Hiram I. Die Hilfe wird gewährt. Der phönizische König sendet nicht nur Baumaterial wie etwa Zedern-, Zypressen- und Sandelholz, sondern auch den dazugehörigen Architekten namens Hiram Abiff, der eine ganz bestimmte Vision vom Salomonischen Tempel hat.[159]

Der Bau des Salomonischen Tempels dauert gemäß der Darstellung im ersten Buch der Könige ganze sieben Jahre.[160] Er wird in Jerusalem errichtet, wo heute der Felsendom auf dem Tempelberg steht. Wie im Fall des Stiftszelts befindet sich der Eingang des Salomonischen Tempels im Osten, das Allerheiligste ist im Westen. War das Stiftszelt mit einem Zaun umgeben, so ist der Salomonische Tempel nun mit einer Mauer abgegrenzt.

Die Vorhalle des Tempels misst zwanzig Ellen, sie ist einhundertzwanzig Ellen hoch und innen mit Gold verkleidet. Hiram Abiff lässt die große Halle, das »Heilige«, mit Zypressenholz täfeln und ebenfalls mit Gold überziehen. Der Überzug ist mit Darstellungen von Palmen und Blumen und Edelsteinen verziert. Balken, Türen, Schwellen und die Wände sind mit Gold überzogen. Die Wände wiederum bedecken feinste Schnitzereien von Cherubim.

Die Bibel berichtet, dass Hiram Abiff im Allerheiligsten etwa sechshundert Zentner Gold verarbeiten lässt. Im Allerheiligsten befinden sich zwei große, mit Gold überzogene Cherubim, deren Aufgabe es ist, die Bundeslade zu bewachen. Die ausgestreckten, geschwungenen Flügel der Cherubim messen jeweils fünf Ellen und berühren die Wände des Allerheiligsten. Sie blicken mit ihren Gesichtern zum Eingang des Heiligsten. Zwischen dem Heiligsten und Allerheiligsten hängt ein Vorhang aus blauem und rotem Purpur, Scharlach und weißer Leinwand mit eingewebten Cherubim.[161]

Den Eingang des Salomonischen Tempels zieren zwei gewaltige Säulen aus Bronze, die 15,6 Ellen oder 8,2 Meter hoch und 3,4 Ellen oder 1,8 Meter dick sind. Sie heißen *Jachin* und *Boas*, auf Deutsch »er hat gegründet« und »in ihm ist Macht«. Kunsthistoriker gehen davon aus, dass die beiden Glockentürme an den Westfassaden von gotischen Kathedralen die Säulen Jachin und Boas darstellen.[162] Abt Suger, der Gründervater der gotischen Architektur, gab an, dass der Salomonische Tempel sein Vorbild für den Bau der Abtei von Saint-Denis gewesen sei.[163]

Die Vorhalle misst 120 Ellen – oder 54 Meter – in der Höhe, wenn wir wieder die ägyptische Elle mit 52,5 cm zugrunde legen. Demnach erweckt die Vorhalle den Eindruck von Glockentürmen einer Kathedrale, denn die Haupthalle und das Allerheiligste sind wesentlich niedriger.

Der Tempel besteht aus einer Dreiteilung: Die Vorhalle ist vierzig Ellen lang, demnach 5,25 Meter in der Länge. Die Haupthalle – das Heilige – misst sechzig Ellen, also 31,5 Meter. In ihr werden, wie zuvor im Stiftszelt, der siebenarmige Leuchter Menora, der Schaubrottisch und der Räucheraltar aufbewahrt. Zwanzig Ellen oder etwa 10,5 Meter ist das Allerheiligste lang, breit und hoch und beherbergt die Bundeslade unter den riesigen Cherubim.[164] Vorhalle und Allerheiligstes sind demnach so groß wie der heiligste Bereich und bilden ein Verhältnis von 2:1.

Die Haupthalle und das Allerheiligste sind mit Gold überzogenem Zedernholz getäfelt, die Schnitzereien von Blüten- und Rankenwerk aufweisen. Vor- und Haupthalle verfügen über Fenster, die mit Metallstäben gesichert sind.[165] Der gesamte Tempel wird von einem mehrgeschossigen, drei Meter hohen Umgang mit Seitengemächern eingefasst, die an den Chorumgang mit Seitenkapellen einer gotischen Kathedrale erinnern. Von unten betrachtet weist jede Kammer des Tempelumgangs eine Höhe von jeweils 2,5 Meter, 3 Meter und 3,5 Meter auf. Das Dach des Tempels lässt Hiram Abiff mit Balken und Zederntafeln bedecken.[166]

Außerhalb des Tempels steht der Brandopferaltar für die Tieropfer. Zwischen dem Altar für die Brandopfer und dem Salomonischen Tempel wird ein Becken aus Kupfererz aufgestellt, das von zwölf Rindern getragen wird: das *eherne Meer*.[167] Das Becken dient den rituellen Fuß- und Händewaschungen der Hohepriester.

Der Salomonische Tempel beruht auf dem ursprünglichen Stiftszelt. Auch im Salomonischen Tempel ist das Allerheiligste quadratisch. Gott erscheint nun in den Dimensionen, die er den Israeliten in Gestalt des Stiftszelts und später in Gestalt des Salomonischen Tempels gegeben hat. Gott, JHWH, *ist* der Tempel, verborgen in den Maßen.

Chmiel kratzt sich am Kopf und sagt: »Doch was hat nun der Salomonische Tempel mit Peter von Celle, dem Bischof von Chartres zu tun?«

»Es ist offensichtlich«, antworte ich. »Als Peter von Celle der Vorsteher der Abtei von Saint-Remi in Reims war, ließ er an der dortigen Westfassade zwei steinerne Säulen anbringen – sie stellen die Säulen *Jachin* und *Boas* des Salomonischen Tempels dar, die im Buch der Könige des Alten Testaments Erwähnung finden.[168] Kein gotischer Bau weist eine solche *offenkundige* Anspielung auf den Salomonischen Tempels auf.«

Ich schweige für einen Moment. Chmiel blickt mich erwartungsvoll an.

Abb. 7: Bevor Peter von Celle zum Bischof von Chartres ernannt wurde, ließ er die Kirche Saint-Remi in Reims mit zwei Säulen an der Westfassade errichten. Diese imitieren die Säulen Jachin und Boas, die einst der Baumeister Hiram Abiff vor dem Eingang des Salomonischen Tempels in Jerusalem positionierte. © Tobias Daniel Wabbel

»Aber noch etwas stimmt nachdenklich«, sage ich. »Tatsächlich geschah diese Umgestaltung der Westfassade von Saint-Remi im architektonischen Wettbewerb mit Abt Suger von Saint-Denis. Suger ließ zur gleichen Zeit die Königsabtei von Saint-Denis nördlich von Paris zur Geburtsstätte der Gotik ausbauen. Er verstand sich im Auftrag von König Ludwig VII. als Hüter der Bundeslade.«[169]

»Aber ich vermute, dass es kein Wettbewerb war, sondern eher ein friedlicher Gedankenaustausch zwischen Peter von Celle und Abt Suger von Saint-Denis.«

»So kann man das sehen«, sage ich und verziehe mein Gesicht, als ich an der Tasse mit meiner erkalteten Schokolade nippe. Peter von Celles Schrift *Mosaici Tabernaculi* über das Stiftszelt ist eine Steigerung zu Abt Sugers Vision von der Gestaltung eines Kirchenraumes nach den göttlichen Maßen. Suger betrachtete sich als König Salomon, seinen Bauherr, König Ludwig VII., als König David. Das Tabernakel des Moses mit seinen Schätzen bildete daher noch mehr für Peter von Celle das mystische Vorbild für den Kirchen- und Kathedralbau.«[170]

»Könnte es sein, dass König Ludwig VII. und Abt Suger Förderer von Peter von Celle waren?«

»Tatsächlich war es so. Auf Drängen seiner Freunde König Ludwig VII. – dem Schirmherr der Königskathedralen von Laon, Noyon, Senlis und Notre-Dame de Paris – sowie des Bischofs von Sens, wurde Peter von Celle im Jahr 1181 dann zum Bischof von Chartres ernannt.[171] Er beabsichtigte, die biblischen Maße des Stiftszelts und die göttlichen Dimensionen des Salomonischen Tempels in die Kathedrale von Chartres einfließen zu lassen. Doch Petrus starb im Jahr 1183.[172] Elf Jahre später wurde die Kathedrale von Chartres bei einem Brand zerstört. Doch sollte das spirituelle Erbe beim Neubau umgesetzt werden.«

»Okay«, sagt Chmiel. »Die wichtigste Frage, die ich nun herauslese, lautet: Warum wollte Peter von Celle in Chartres ein neues Abbild des Salomonischen Tempels errichten?«

»Mehr noch stellt sich auch die Frage, warum seine Briefe von Anspielungen auf die Bundeslade und die Gesetzestafeln mit den Zehn Geboten wimmeln. Er bestätigte in einem Brief an Papst Alexander III., dass Bernhard von Clairvaux seine Schulter an die Bundeslade gelegt habe, im Sinne eines der vier israelitischen Träger.«[173]

Chmiel blickt mich mit großen Augen an. »Soll das ein Witz sein?«

»Kein Witz«, antworte ich. »Peters Brief deckt sich mit einer Aussage von Papst Innozenz III., der gestand, dass er die Bundeslade, die angeblich in der Kapelle San Giovanni in Laterana im Vatikan lagerte, eigenhändig untersucht und das Manna und den Aaronstab darin gefunden habe.[174] Das Dokument *Descriptio Lateranensis Ecclesiae* von Johannes Diakonus aus dem Jahr 1100 zählt Reliquien wie das Kreuz Christi oder dreizehn Gefäße vom letzten Abendmahl auf, die dort lagern sollen.«

»Dreizehn Gefäße?«, haucht Chmiel. »Von Jesus und seinen zwölf Jüngern?«

»Angeblich. Auch die Bundeslade mit dem Stab Aarons und dem Mannakrug soll gemäß der *Descriptio Lateranensis Ecclesiae* im Besitz des Vatikans gewesen sein.[175] Im Jahre 1145 bestätigt der Zisterzienserabt und enge Vertraute von Papst Eugen III., Nicolaus Maniacutius, in seiner Schrift *Historia Imaginis Salvatoris* noch einmal, dass sich die Bundeslade mitsamt den steinernen Gesetzestafeln in der Kapelle St. Laurentius im Vatikan befände.«[176]

»Papst Eugen III., der den Templern erlaubte, das rote Kreuz auf dem Habit zu tragen?«

»Genau der. Die Kapelle hieß seit der päpstlichen Regentschaft von Eugen III. *Sancta Sanctorum*, also ›das Allerheiligste‹. Papst Eugen III. verhielt sich gemäß der Handschrift von Nikolaus Maniacutius wie ein Hohepriester, der im Salomonischen Tempel der Lade huldigte. Der jüdische Pilger Benjamin von Tudela bestätigte, dass er während eines Besuchs in Rom von jüdischen Rabbinern vernommen habe, dass sie Gewissheit darüber hätten, dass sich die Bundeslade im Vatikan befände.«[177]

Chmiel schüttelt ungläubig den Kopf.

Ich stopfe mir den Rest des Sandwichs in den Mund und hole dann etwas weiter aus.

»Verschiedene Historiker:innen haben sich mit der *Descriptio Lateranensis Ecclesiae* und Nicolaus' Schrift *Historia Imaginis Salvatoris* befasst und kommen zu dem Schluss, dass *eine* Bundeslade wirklich im Vatikan lagerte. Die Betonung liegt auf dem Wort *eine*. Die Vermutung ist, dass es nicht die echte Lade aus dem ersten Salomonischen Tempel sein kann, sondern eine spätere Nachbildung, deren heutige Entdeckung aber ähnlich aufregend wäre. Der Verfasser der *Descriptio* gesteht selbst, dass die Behauptung im Widerspruch zur Aussage des Propheten Jeremia stehe, der die Bundeslade in Jerusalem versteckt haben soll.[178] Diese Bundeslade in der Kapelle St. Laurentius des Vatikans aber soll vom Raubzug der Römer um das Jahr 70 nach Christus stammen.[179]

Der Raubzug ist immer noch auf dem Titus-Bogen in Rom zu sehen. Dem geschichtskundigen Betrachter fällt jedoch auf, dass bei der Prozession auf dem Titus-Bogen die Bundeslade eindeutig fehlt.[180] Das ist auch kein Wunder, denn seit der Zerstörung Jerusalems durch die Babylonier im Jahr 587 v. Chr. galt die erste Bundeslade als verschollen. Dennoch gab es ein erstaunlich fruchtbares Zusammenleben zwischen den Juden und Christen in Rom zur Zeit Papst Aelxanders III. Einige von den römischen Juden teilten sogar Rituale mit dem Papst.«[181]

»Das heißt, die Bundeslade in Rom war ein späteres Artefakt und nicht die alte Bundeslade zur Zeit Salomons?«

Eindeutig, bestätige ich. Die Vermutungen der Historiker gehen dahin, dass die katholische Kirche in Rom behaupten *musste*, im Besitz der Bundeslade und der mosaischen Gesetzestafeln zu sein. Nur so konnten sie sich über die konkurrierende orthodoxe Kirche von Konstantinopel erhöhen. Denn um 1200 gab der Pilger und Erzbischof Antonius von Nowgorod zur Kenntnis, dass die Bundeslade und die Gesetzestafeln in der Hagia Sophia in Konstantinopel aufbewahrt würden. Bei Prozessionen trugen die Priester Repliken der Gesetzestafeln vor sich her.[182]

Doch auch der Tempelschatz in der Hagia Sophia wird nicht der originale Tempelschatz aus dem ersten Salomonischen Tempel gewesen sein, sondern aus der Zeit des Herodes.[183] Zwar weist der Geschichtsschreiber Procopius von Caesarea darauf hin, dass der Tempelschatz nach dem Raub durch die Römer unter Kaiser Justinian wieder nach Konstantinopel gelangt sei.[184] Aber, wie erwähnt, die ursprüngliche Bundeslade, die Moses bauen ließ und die die originalen Gesetzestafeln enthielt, kann nicht darunter gewesen sein. Der Salomonische Tempel wie auch der Tempelschatz waren jedoch gemäß Abt Suger von Saint-Denis Anlass genug, um die Entstehung der gotischen Architektur in Frankreich nachhaltig zu beeinflussen. Das ist ein Faktor, der sträflich vernachlässigt wurde von der kunsthistorischen wie historischen Forschung.

»Wir sehen, dass der Impuls für die Gotik über den Salomonischen Tempel und die Hagia Sophia, die ihrerseits ein Abbild des Salomonischen Tempels war, kamen.«

»Wenn ich so höre, was du sagst, weiß ich jetzt, was dann ab 1120 passiert ist.«

Ich schaue Chmiel überrascht an. »Was?«

»Es ist doch offensichtlich. Die Aufgabe der neun Gründungstempler um Hugo von Payns und Gottfried von Saint-Omer war es, die echte Bundeslade unter dem Tempelberg von Jerusalem zu suchen. Denn die Hohepriester der Leviten versteckten die Bundeslade vor dem Angriff der Babylonier, wie es im Babylonischen und im Jerusalemer Talmud steht und auch Kreuzzugschronisten wie Albert von Aachen oder Fulcher von Chartres berichten. Als die Templer sich 1120 gründeten, ruhte die echte Bundeslade noch immer in ihrem Versteck.«[185,186]

Chmiel springt von seinem Stuhl auf. »Worauf wartest du noch?«

Wir zahlen und verlassen eilig die Bar.

7. Die göttliche Dimension Phi

Wir stehen wieder vor dem Westportal.

»Siehst du Euklid?«, frage ich Chmiel. Er hält die rechte Hand an die Stirn, um seine Augen vor dem Sonnenlicht zu schützen. »Du meinst unterhalb der Geometria? Was ist damit?«

»Ich glaube, Euklid ist ein wichtiger Hinweis«, sage ich.

»Wie kommst du darauf?«

»Sieh dir die Proportionen der Skulptur des Euklid und die Proportionen der Geometria über ihm an. Die harmonischen Proportionen gelten für alle sieben Skulpturen der sieben freien Künste. Alle Jungfrauen und ihre assoziierten Gelehrten sind so harmonisch dargestellt, dass ich einen Besen fressen würde, wenn sie nicht …«

»Verstehe, du sprichst vom goldenen Schnitt!«, platzt es aus Chmiel heraus.

Ich nicke. »Gemäß den Messungen des Kunsthistorikers Ernst Moessel wandten die Steinmetze bei den Skulpturen der sieben freien Künste den goldenen Schnitt so exakt an, dass der Zufall ausgeschlossen ist.«[187]

»Dann ist offensichtlich, dass die Erbauer der Kathedrale den goldenen Schnitt hier umsetzen ließen.«

»Die Frage ist, wo der goldene Schnitt in der Kathedrale außerdem angewandt wurde.«

»Das können wir nur herausfinden, wenn wir uns die Geschichte des goldenen Schnitts ansehen. Was steht in deinem Notizbuch?«

Euklid wird um 360 v. Chr. geboren, lese ich vor. Er studiert an der Athener Akademie von Platon und geht anschließend nach Alexandria, um dort Arithmetik und Geometrie zu unterrichten. Wahrscheinlich verfasst er auch dort sein Standardwerk *Elemente,* das bis heute Gültigkeit behalten hat, denn hier befasst sich der Mathematiker ausführlich mit dem geheimnisvollen Gesetz des goldenen Schnitts. Thierry von Chartres, der Kanzler der Domschule, besaß ein Exemplar von Euklids *Elemente,* das Adelard von Bath aus dem Griechischen ins Lateinische übersetzt hatte.[188] In der Schrift *Almagest* des Mathematikers und Astronomen Claudius Ptolemäus konnten sowohl Thierry von Chartres und alle späteren Lehrer der Domschule ersehen, wie der goldene Schnitt konstruiert wurde.[189]

Bereits Platon erwähnt dieses Verhältnis vor Euklid, das überall in der Natur auftaucht, auch wenn der Philosoph es nicht als »goldenen Schnitt« bezeichnete.[190] Im Dialog *Timaios* über die Entstehung der Welt schreibt Platon über die sogenannten fünf *regulären,* oder auch *platonischen Körper:*

»Durch die Bildung vier solcher Winkel entstand der erste feste Körper, vermittels dessen die ganze [um ihn beschriebene] Kugel in gleiche und ähnliche Teile zerlegbar ist. Der zweite Körper entsteht aus denselben Dreiecken, welche zu acht gleichen sich verbinden. [...] Der dritte entstand [...] während er zwanzig gleichseitige Dreiecke zu Grundflächen hat [...] das gleichschenklige aber ließ die Natur des vierten entstehen. [...] Da aber noch eine, die fünfte Zusammenfügung übrig war, so benutzte Gott diese für das Weltganze.«[191]

Insgesamt postuliert Platon fünf Körper mit deckungsgleichen, gleichseitigen Flächen: Tetraeder (vier Flächen), Hexaeder (sechs Flächen), Oktaeder (acht Flächen), Dodekaeder (zwölf Flächen) und Ikosaeder (zwanzig Flächen). Diese Körper unterscheiden sich alle durch die Gestalt der Vielecke aus denen sie gebildet werden: nämlich aus Dreiecken, Vierecken und Fünfecken.

Da Platon von den pythagoreischen Zahlenmystikern und hier insbesondere von Empedokles (495–435 v. Chr.) beeinflusst ist, schreibt er jedem Körper eine Eigenschaft, ein Element, zu, aus denen seiner Ansicht nach das Universum besteht. So entspricht das Tetraeder dem Feuer, das Hexaeder der Erde, das Oktaeder der Luft und das Ikosaeder dem Wasser. Zusammen bilden sie die Einheit des Universums – symbolisiert durch den zwölfflächigen Dodekaeder. Zusammen ergeben diese Zahlen die Abfolge von 4:6:8:12:20.

Durch Platon entdeckt Euklid, dass die regelmäßigen und deckungsgleichen Seitenflächen dieser platonischen Körper harmonische Proportionen bilden. Das gilt besonders für den Dodekaeder, der aus zwölf Fünfecken besteht. Die Diagonalen dieses gleichseitigen Fünfecks, also eines Pentagramms, teilen sich je-

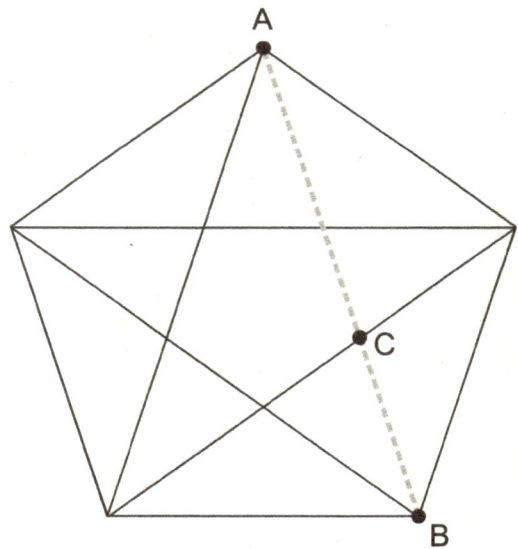

Abb. 8: Der Mathematiker Euklid entdeckte, dass ein Zwölfeck aus zwölf gleichseitigen Fünfecken besteht. Die Diagonalen dieses Fünfecks teilen sich jeweils zweimal mit unterschiedlichen Längen auf. Sie bilden eine Teilstrecke des sogenannten goldenen Schnitts. © Tobias Daniel Wabbel

weils zweimal mit unterschiedlichen Längen auf und bilden eine Teilstrecke des goldenen Schnitts. Eines dieser Dreiecke wird auch als *goldenes Dreieck* bezeichnet.

So befasst sich Euklid mit der Aufgabe, eine gegebene Strecke so zu »teilen, dass das Rechteck aus der ganzen Strecke und dem einen Abschnitt dem Quadrat über dem anderen Abschnitt gleich ist.«[192]

Euklid legt mit seiner Regel die Teilung einer Strecke fest. Der goldene Schnitt ist demnach ein Verhältnis von Proportionen, die über die Ästhetik des Betrachteten bestimmen. In einfachen Worten ausgedrückt:

Der kürzere Abschnitt einer Strecke verhält sich zum größeren Abschnitt einer Strecke wie der größere Abschnitt zur Gesamtlänge der Strecke:

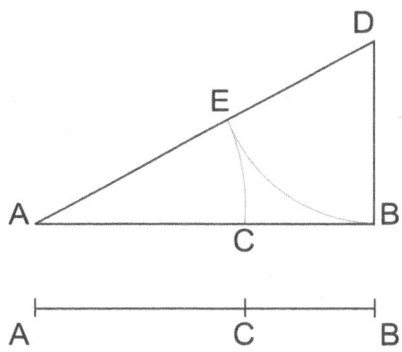

Abb. 9: Der goldene Schnitt losgelöst vom goldenen Dreieck.
© *Tobias Daniel Wabbel*

Der goldene Schnitt kann sehr einfach durch die Zuhilfenahme eines Lineals und eines Zirkels ausgerechnet werden. Im Mittelalter wurde daher der goldene Schnitt mit Seilen und Knoten durch die Konstruktion eines Fünfecks, eines Teils des Dodekaeders umgesetzt. Mathematisch ausgedrückt ergibt sich folgendes Teilungsverhältnis:

$(1 + \sqrt{5}) : 2 = 1,618033988749895$

Wenn das Verhältnis des goldenen Schnitts – das auch das »göttliche Gesetz« genannt wird – mit einer Zahl ausgedrückt werden soll, dann kommt 1,6180339 ... dem am nächsten.

Die antiken Rechenspielereien stießen auf das Interesse des italienischen Mönchs Leonardo von Pisa (1170–1250). Friedrich II., der Kaiser des Heiligen Römischen Reichs, fragte ihn, wie viele Kaninchen das Licht der Welt erblicken, wenn deren Neugeborene nach zwei Monaten ebenfalls Nachwuchs zeugen.[193] Leonardo von Pisa, der auch als *filius bonacci* – kurz Fibonacci – berühmt wurde, entdeckte dabei folgendes Phänomen:

$$
\begin{aligned}
0 + 1 &= 1 \\
1 + 1 &= 2 \\
2 + 1 &= 3 \\
3 + 2 &= 5 \\
5 + 3 &= 8 \\
8 + 5 &= 13 \\
13 + 8 &= 21 \\
21 + 13 &= 34 \\
34 + 21 &= 55 \\
55 + 34 &= 89 \\
89 + 55 &= 144 \\
144 + 89 &= 233 \\
233 + 144 &= 377 \\
377 + 233 &= 610 \\
610 + 377 &= 987 \\
987 + 610 &= 1597 \\
1597 + 987 &= 2584 \\
2584 + 1597 &= 4181 \\
4181 + 2584 &= 6765 \\
6765 + 4181 &= 10946
\end{aligned}
$$

etc.

Das Geheimnis der Fibonacci-Reihe besteht darin, dass jede Zahl der Summe der beiden vorhergehenden Zahlen entspricht: 1 + 2 + 3 + 5 + 8 + 13 + 21 + 44 usw.. Die Folge kann beliebig fortgesetzt werden. Nun ist es interessant zu sehen, wie sich die

Fibonacci-Reihe dem Wert 1,6180339 des goldenen Schnitts annähern:

$$1:1 = 1$$
$$2:1 = 2$$
$$3:2 = 1,5$$
$$5:3 = 1,6666666...$$
$$8:5 = 1,6000000...$$
$$13:8 = 1,6250000...$$
$$21:13 = 1,6153846...$$
$$34:21 = 1,6190476...$$
$$55:34 = 1,6176470...$$
$$89:55 = 1,6181818...$$
$$144:89 = 1,6179775...$$
$$233:144 = 1.6180555...$$
$$377:233 = 1,6180257...$$
$$610:377 = 1,6180371...$$
$$987:610 = 1,6180327...$$
$$1597:987 = 1,6180344...$$
$$2584:1597 = 1,6180338...$$
$$4181:2584 = 1,6180340...$$
$$6765:4181 = 1,6180339...$$
$$...$$

Ab hier beginnt die Schlacht der Fibonacci-Reihe hinter dem Komma. Die Zahlen decken sich daher nicht *exakt* mit dem Wert des goldenen Schnitts, sondern stellen eine mathematische Annäherung an das ästhetische Phänomen des goldenen Schnitts dar.

Doch nun wird es unheimlich, denn der goldene Schnitt taucht nicht nur in der Mathematik auf. Es ist kein rein mathematisches Phänomen. Tatsächlich findet sich der goldene Schnitt überall in der Natur wieder, angefangen bei Rosenblättern, die im goldenen Winkel von 137,5° wachsen, bis zu Schneckengehäusen oder entferntesten Spiralgalaxien in den Tiefen des Universums. Der griechische Buchstabe Φ – gesprochen »fie« – für »F«, wird in der Mathematik mit dem Wert des goldenen Schnitts 1,6180339... belegt. Φ wurde von dem Namen des griechischen

Architekten Phidias (490–430 v. Chr.) entlehnt, der den griechischen Parthenon-Tempel mitgestaltete.

Der goldene Schnitt war für Platon und später Euklid eine göttliche Botschaft über die Beschaffenheit des Universums. Es war der Beweis, dass Mathematik das Universum durchwirkt. Ein Universum eines unsichtbaren Schöpfers, dessen kosmische Dimensionen als Mittel zur Kommunikation mit uns dienen. Diese Kommunikation wurde von den antiken Gelehrten früh erkannt – und von den mittelalterlichen Lehrern der Schule von Chartres im Sinne von Platon in Stein verewigt.

»Die Darstellung der Skulptur der *Geometrie* im Zusammenspiel mit Euklid unter ihr ist daher nicht nur eine Anspielung auf die göttliche Dimension Φ des goldenen Schnitts«, sage ich. »Sondern die Gesamtheit des Bildes wird von ihm durchwirkt.«

»Aber was hat das zu bedeuten?«, fragt Chmiel. »Gibt es einen Zusammenhang zwischen dem goldenen Schnitt, den Dimensionen des Stiftszelts und des Salomonischen Tempels, die in der Bibel im Buch Exodus erwähnt werden und die Peter von Celle, den Bischof von Chartres, so faszinierten?«

»Ich kann mir vorstellen, worauf es hinausläuft«, sage ich. »Wenn wir uns daran erinnern, dass die Bundeslade der Israeliten nach Gottes Anweisungen die Maße von 2,5 Ellen × 1,5 Ellen × 1,5 Ellen aufwies, dann … Du hast nicht zufällig einen Taschenrechner dabei?«

Chmiel kramt in seiner Stofftasche, fördert einen Casio-Taschenrechner zutage und reicht ihn mir. Ich tippe die Zahlen ein und sage: »Dann stellen wir mit großem Erstaunen fest, dass die Bundeslade einen Φ-Wert von 1,6666666667 hat.«

Ich zeige Chmiel das Display. Er hebt die rechte Augenbraue und sagt ungläubig kopfschüttelnd: »Damit deckt sich die Bundeslade mit dem exakten Teilungswert des Ikosaeders – die Zahl 20 – durch den Dodekaeder, als der Zahl 12.« Er nimmt mir den Taschenrechner aus den Händen.

»20 geteilt durch 12 ergibt den Wert 1,6666666667. Ebenso entspricht die Bundeslade der Proportion 5:3 des goldenen Schnitts, was ebenfalls den Wert 1,6666666667 ergibt.«

Wir sehen uns erstaunt an. Ich sage: »Die Frage, die sich nun stellt, lautet: Was wollten uns die Meister der Schule von Chartres und die Architekten der Kathedrale mitteilen? Oder besser ausgedrückt: Was erzählt uns die Kathedrale über die Bundeslade und die Gesetzestafeln mit den Zehn Geboten? Und können wir verstehen, was die Kathedrale uns mit der Sprache der Mathematik sagt?«

Chmiel nickt zum Eingang. »Lass uns reingehen.«

»Moment! Ich muss zuerst die neuen Erkenntnisse zusammenfassen.« Ich schlage mein Notizbuch auf, hole den Kugelschreiber hervor und schreibe:

- Im Mittelalter tanzten Priester durch das Labyrinth von Chartres und sangen »Ich bin das Alpha und das Omega« gemäß der Offenbarung des Johannes.
- Im Zentrum des Labyrinths von Saint-Omer befand sich eine Abbildung des Salomonischen Tempels.
- Die Karten von Jerusalem, wie die Karte von Den Haag aus dem Jahr 1200, erinnert von seiner Aufteilung her an das Labyrinth von Chartres.
- Am Westportal von Chartres befindet sich an prominenter Stelle eine Darstellung der sieben freien Künste und speziell der Dialektik, der platonische Inbegriff für die Vernunft. Die Dialektik ist als eine Jungfrau dargestellt, die einen Drachen hält.
- Die Jungfrau ist gemäß der Typologie gleichbedeutend mit der Bundeslade, denn in ihrem Leib befindet sich das neue Gesetz in Gestalt von Jesus Christus, während die Bundeslade das Zeugnis für den alten Bund Mose mit JHWH ist.
- In der Offenbarung des Johannes zertritt die Jungfrau den Kopf des Drachen. Danach taucht die Bundeslade im himmlischen Tempel Gottes auf.
- Die Offenbarung des Johannes spielt demnach eine besondere Rolle in Chartres.
- Der Drache gilt als Hüter eines unterirdischen Schatzes. Der Schatz wird aus der Höhle an das Licht der Sonne gebracht.

- Dieses Bild deckt sich mit Platons Höhlengleichnis: Jenseits der ersten Wahrnehmung existiert eine übergeordnete Wirklichkeit oder Erkenntnis.
- Die Schule von Chartres bestand aus Anhängern der griechischen Philosophen Platon und Aristoteles.
- Durch die Interpretation von Platons Höhlengleichnis wird offensichtlich, dass sich in Chartres hinter der ersten Wahrnehmung eine zweite Wirklichkeit – oder Erkenntnis – verbirgt.
- Durch die Lehren Platons, die in Chartres gelehrt wurden, erschließt sich das Höhlengleichnis aus *Politeia* zusammen mit den sieben freien Künsten.
- Der Zisterzienser und spätere Bischof von Chartres, Peter von Celle, war besessen von der biblischen Beschreibung des Stiftszelts, in der die Israeliten während ihrer Wanderung durch die Wüste Sinai die Bundeslade mit den Gesetzestafeln und weitere Schätze aufbewahrten. In einem Brief von Papst Alexander III. bestätigt er, dass Bernhards von Clairvaux die Bundeslade mitgetragen habe.
- Sowohl in der Laurentius-Kapelle im Vatikan als auch in der Hagia Sophia lagerten gemäß den zeitgenössischen Aufzeichnungen von 1100, 1145 und 1200 angeblich zwei Bundesladen mit jeweils steinernen Gesetzestafeln. Es bestand ein Wettbewerb zwischen Rom und der Ostkirche von Konstantinopel.
- Die Bundeslade und die mosaischen Gesetzestafeln waren demnach Symbole der kirchlichen Macht, auch wenn es nicht die originalen Artefakte aus dem ersten Tempel waren.
- Abt Peter von Celle schuf an der Westfassade der Abteikirche von Saint-Remi durch die Anbringung der beiden Säulen Jachin und Boas eine eindeutige Anspielung auf den Salomonischen Tempel in Jerusalem.
- Abt Peter von Celle erwähnt die Bundeslade und die Gesetzestafeln häufiger als alle anderen Zeitgenossen in seinen Briefen und Schriften.
- Abt Peter von Celle war ein Jünger Bernhards von Clairvaux, dem geistigen Vater des Templerordens.

- In Chartres zeigt sich der goldene Schnitt an der Darstellung der sieben freien Künste. Demzufolge muss er auch anderswo in Chartres angewandt worden sein.
- Die biblischen Dimensionen z. B. der Bundeslade ergänzen sich mit dem ästhetischen Verhältnis des goldenen Schnitts, der dem Wert 1,618... entspricht.
- Die Länge der Kathedrale von Chartres ist mit ca. 128 Metern zehnmal so groß wie das Labyrinth. Die Zahl 10 spielt in Chartres eine enorme Rolle.

Die Kathedrale von Chartes von Osten aus betrachtet.
© *Tobias Daniel Wabbel*

II. Die Kathedrale

»innen er was gezieret
unt wol gefeitieret,
der venster siule wol ergrabn,
dar ûf gewelbe hôhe erhabn.«

Wolfram von Eschenbach, *Parzival,* Buch XI, 565,13–16

1. Ein Tempel für die Jungfrau

Ich schnappe meinen Fotokrempel und wir betreten die Kathedrale durch die Tür des rechten Portals. Touristen aller Nationen tappen andächtig durch das Labyrinth, sehen sich in den Seitenschiffen die Bleiglasfenster an oder verschwinden weiter hinten im Chorumgang mit den angrenzenden Kapellen. Es müssen hunderte sein. Erneut erstaunt mich die Helligkeit in der Kathedrale. Sie erinnert mich nun stark an die lichtdurchflutete Weitläufigkeit der Kathedrale von Laon. Die Bleiglasfenster des Hochchors funkeln und glühen in einem bunten, kaleidoskopischen Lichtregen aus Rubinrot, Kobalt- und Aquamarinblau, Grün, Gelb und Weiß. Mittelalterliche Pilger müssen ekstatisch in die Knie gegangen sein. Die Restaurierung hat die Lichtdurchlässigkeit der Bleiglasfenster verbessert und die farbige Magie wieder hergestellt.

Abb. 10: Die Helligkeit nach der Restaurierung offenbart sich beim Blick durch das Langhaus auf den Hochchor.
© gemeinfrei, Julien Chatelein

Wir schauen uns den Wandaufriss des südlichen Langhauses zu unserer Rechten an. Zwei Seitenschiffe säumen das Langhaus und vergrößern sich hinter der Vierung, sodass der Chor jeweils durch ein zusätzliches Seitenschiff erweitert ist. Der Chorumgang ist dementsprechend breit. Ich zähle sieben Joche bis zur Vierung.

»Das Quadrat der Vierung entspricht zwei Gewölben des Langhauses«, sage ich zu Chmiel. »Der Baumeister hat sich für ein Verhältnis von 1:2 entschlossen, was in musikalischen Dimensionen der Oktave entspricht. Es gibt eine klassische Aufteilung von Seitenschiffarkaden, einem mit Arkaden bestückten Laufgang – dem Triforium – und Obergadenfenstern.«

Ich zeige nach oben zum Gewölbe. »Die Dienste, die die jeweiligen Joche des Langhauses und des Chors kennzeichnen, verlängern sich zu Gurtbögen, die sich auf halber Höhe der Obergaden krümmen und zum Schlussstein der Gewölbekappe hin vereinen.«

Chmiel nickt. »Sieht aus wie ein mustergültiges Kreuzrippengewölbe mit Gurt- und Schildbogen, Schildmauer und Diagonalrippen.«

Er kneift die Augen zusammen. »Da!« Er zeigt zum Gewölbe hinauf. »Trotz der Farbe auf den Gewölbesteinen sehe ich kleine Risse darunter.«

Jeden Moment erwarten wir, einen oder mehrere Steine aus dem Gewölbe herausbrechen zu sehen. Doch es geschieht nichts – so wie es größtenteils seit über achthundert Jahren der Fall war. »Als ob die Schwerkraft aufgehoben wäre …«, murmelt Chmiel.

Wir setzen uns langsam in Bewegung, noch oben blickend, aber immer auch abwechselnd nach vorne schielend, um zu vermeiden, dass wir den einen oder anderen Touristen anrempeln.

Anhand der Gurtbögen des Kreuzrippengewölbes des gesamten Langhauses entdecke ich, dass die Joche zur Vierung hin immer breiter werden.

»Siehst du das?«, frage ich. »Entweder war das Absicht oder ein Fehler in der Planung.«

Als wir vor dem Altar stehen und zur Vierung hochblicken, sehe ich, dass sich das gleiche Phänomen am Gewölbe des Chors wiederholt: Die Joche werden zum Chor schmaler und zur Vierung breiter. Das gleiche entdecke ich im nördlichen und südlichen Querhaus.

»Der Baumeister hat die Gewölbe des Chors und das Langhauses und der Querhäuser zur Vierung optisch verbreitern lassen«, bemerkt Chmiel. »Das war definitiv kein Fehler des Baumeisters, sondern Planung. Es ist ein Hinweis, dass der Vierung besondere Aufmerksamkeit gelten soll.« Er tippt sich wieder mit den Fingerkuppen nachdenklich an die Schneidezähne. »Warum?«

Ich bin ratlos. »Das werden wir noch herausfinden müssen.«

Wir setzen uns auf die Stühle in der Nähe des Altars vor der Vierung. Viele Stühle sind von Besuchern und Touristen besetzt. Ich vermerke die bemerkenswerte Tatsache der Vierungsverbreiterung in meinem Notizbuch.

Ich erschauere, als ich zum Kreuzrippengewölbe über sechsunddreißig Meter über mir hochsehe. Denn ich stelle mir vor, wie leicht ein Maurer oder Zimmermann damals von einem der hölzernen Baugerüste abstürzen konnte. Unfälle werden sich mit Sicherheit öfter ereignet haben, als das der Bauhütte lieb gewesen war. Doch vielleicht geschahen diese Unglücke seltener als wir denken, denn die Bauleute des Mittelalters beherrschten ihr Handwerk – und das sogar besser als die Handwerker, die heute die Kathedralen restaurieren. Sie mussten geübt und einfallsreich sein, denn sie verfügten nicht über elektrische Maschinen, die ihnen die Arbeit erleichtern konnten. Wie geübt und einfallsreich die Steinmetze und Bauleute des Jahres 1194 waren, als die Kathedrale entstand, ist nicht überliefert durch Aufzeichnungen. Man sieht nur das Resultat in Gestalt der Kathedrale.

»Wer wohl der Baumeister war?«, fragt Chmiel. Neben ihm nimmt eine hübsche südländisch aussehende Frau von schätzungsweise dreißig Jahren mit einer bemerkenswert professionell aussehenden Fotokamera und einem beneidenswert lichtstarken Teleobjektiv Platz. Ihr Freund reicht ihr das Stativ und setzt sich neben sie. Sie tauschen geflüsterte Worte auf Italienisch aus. »Una splendida cattedrale!«, verstehe ich.

»Die Architekten und Bauleute sind unbekannt«, sage ich an Chmiel gewandt. »Ungewöhnlich ist, dass das Domkapitel von

Abb. 11: Aufmerksame Beobachter:innen können sehen, dass im Kreuzrippen-
gewölbe des Langhauses kleine Risse enthalten sind.
© Tobias Daniel Wabbel

Chartres anscheinend großen Wert darauf legte, Spuren zu verwischen, die heute Aufschluss darüber geben könnten, wer die Finanziers, Organisatoren, Bauplaner und ausführenden Werkleute der Kathedrale waren. Es existieren nur sehr wenige Aufzeichnungen aus jener Zeit, die Zahlen über Spenden und andere finanzielle Zuwendungen enthalten.«

»Üblicherweise legten der Baumeister und die Steinmetze Wert darauf, sich in oder an der Kathedrale in Stein zu verewigen«, sage ich. »Wir finden den Namen Jean von Orbais des Architekten der Kathedrale von Reims im Zentrum des Labyrinths dort. Er leitete ab dem Jahr 1211 den Bau des Chors. Johannes Le Loup errichtete die Querschiffe in Reims. Gaucher von Reims stellte von 1247 bis 1255 die Fassade der Kathedrale fertig. Bernhard von Soissons brachte von 1255 bis 1290 die Verglasung an der Westfassade an. In der Mitte des Zentralsteins des Reimser Labyrinths schließlich wurde Robert von Coucy die größte Ehre zuteil. Er ließ bis 1290 die beiden symmetrisch wirkenden Glockentürme aufbauen.«[194]

»Wie sieht es mit den anderen Kathedralen aus?«, fragt Chmiel.

»Auch in Amiens ist der Zentralstein des Labyrinths erhalten: Auf Robert von Luzarches als Baumeister folgte Thomas von Cormont, dessen Sohn Regnault ihn beerbte und im Jahr 1288 die Inschrift in Stein verwiegen ließ.[195] Aber es geht noch pompöser: In Notre-Dame de Paris ist allein die Gedenktafel für den Architekten des südlichen Querhauses, Johannes von Chelles, acht Meter breit.«[196]

»Donnerwetter. Aber hier in Chartres?«

Forderte die hohe Baugeschwindigkeit ihren Tribut in Form von Anonymität? Oder wollten die Finanziers der Kathedrale nicht, dass ihre Identität und die wahren Hintergründe über den Bau der Kathedrale bekannt würden?

Es ist bemerkenswert, dass die Aufzeichnungen der Domkapitel der gotischen Kathedralen Nordfrankreichs ab dem Jahr 1137 bis zum Ende des 12. Jahrhunderts keine Urheber überliefern, erkläre ich Chmiel. Nirgendwo sind Namen von Baumeistern genannt.[197] Diese Merkwürdigkeit ist kein Allgemeinplatz, sondern, wie der Wiener Kunsthistoriker Gerhard Schmidt betont, eine absolute Ausnahme für die Region Nordfrankreich und hier insbesondere die Picardie, die Île-de-France und die Champagne, auf denen hauptsächlich Notre-Dame- und Stephanus-Kathedralen stehen.[198]

»Was hat diese Anonymität zu bedeuten?«, frage ich.

»In der Kathedrale von Chartres wird die Anonymität geradezu auf die Spitze getrieben«, sagt Chmiel. »Wir müssen es herausfinden.«

Er steht auf und macht sich auf zum Chor. Ich folge ihm.

Als wir uns vor dem Chor an einer Gruppe von acht kichernden Teenagern mit einer überforderten und verzweifelten Gruppenleiterin vorbeischlängeln, stehen wir plötzlich vor einem Gitter, hinter dem eine in Holz eingefasste Glasvitrine steht, die einen vergoldeten Reliquienschrein beherbergt.

Ich entdecke hinter kleinen Glasscheiben ein Stück Stoff. Einem Schild am Gitter zur Kapelle St. Etienne entnehme ich die Information, dass es sich dabei um die *Camisia*, das Kleid der Jungfrau Maria, handeln soll, das sie während der Geburt ihres Sohnes Jesus Christus getragen haben soll.

»Ich habe gelesen«, sagt Chmiel, »dass dieser Fetzen der Jungfrau Maria wie auch die Jungfrau an sich in der Geschichte der Stadt Chartres eine große Rolle spielte. 876 stiftete Karl der Kahle, ein Enkel Karls des Großen, das Kleid der Kathedrale, nachdem es zuerst von Konstantinopel nach Aachen kam.[199] Es gilt noch heute als Besonderheit, denn es überlebte das große Feuer. Das Feuer kam in der Nacht des 10. auf den 11. Juni 1194.[200] Es fraß sich unaufhaltsam durch die Gassen der Altstadt von Chartres. Das muss krass gewesen sein. Das Feuer ließ Holzbalken, Ried, getrockneten Lehm und Steine von hunderten Fachwerkhäusern in Flammen aufgehen. Funken setzten das Holzdach der Fulbertus-Kathedrale in Brand. Wie so etwas aussieht, konnten wir alle am 15. und 16. April 2019 sehen, als Notre-Dame in Paris brannte.«

»Furchtbar«, flüstere ich. »Ich muss zugeben, dass ich geheult habe, als ich das im Fernsehen sah.«

Chmiels Augen glänzen und er blinzelt kurz. Ich sehe, dass der Brand gerade in seiner Vorstellung wütet, als er hinzufügt: »Durch die Häuser, die nur wenige Meter von der Kathedrale entfernt standen, griff das Feuer nach Stunden auf die Holztüren der Portale über. Sie gaben nach kurzer Zeit der Hitze nach. In diesem Moment retteten zwei geistesgegenwärtige Priester die *Camisia* und brachten sie in der Krypta der Kathedrale in Sicherheit. Anschließend verließen sie das Gebäude unter Lebensgefahr.«[201]

Ich erschauere und sage: »Ich versuche, mir das auszumalen. Als das Feuer in die Kathedrale eindrang, müssen die Gesichter der Heiligenskulpturen durch die Hitze zersprungen sein. Ein heißer Sturm muss über Chorgestühl und die Holzbalken des Daches gefegt sein, so wie in Notre-Dame de Paris 2019.«

Chmiel sieht wieder zum Gewölbe hinauf. »Das Gewicht der Dachkonstruktion muss die Mauern mit sich gerissen haben, sodass die Nord- und Südfassade nachgaben. Ein Dominoeffekt war die Folge. Das Gebäude stürzte unter seinem eigenen Gewicht und mangelndem statischen Halt zusammen. Aber was passierte dann?«

Ich erzähle die gängige Version, die bislang unhinterfragt von vielen Historikern übernommen worden ist …

Als die überlebende Bevölkerung von Chartres am nächsten Tag mit Entsetzen die noch schwelende Ruine der Kathedrale sieht, sind nur noch die Westfassade, untere Partien der Glockentürme und die Unterkirche vom Feuer verschont geblieben. Die Kunsthistoriker Jan van der Meulen und Jürgen Hohmeyer haben jedoch zu Bedenken gegeben, dass selbst beim Brand von 1836 in Chartres nur wenig Schaden angerichtet wurde und die Bombardierung Kölns während des Zweiten Weltkriegs dem Dom nur sehr wenig anhaben konnte.

Die Schrift *Die wahren Wunder der Heiligen Jungfrau Maria in der Kirche von Chartres*[202] eines anonymen Autors aus dem Jahre 1210, die Johannes von Marchand, ein Mitglied des Domkapitels, ins Französische übersetzte, berichtet, dass der Chor neu eingedeckt wurde. Und im Jahr 1195 ist der Hochchor bereits wiederhergestellt.[203] Der Bereich des Chors war demnach sehr wahrscheinlich nach nicht so sehr beschädigt, dass er eingerissen werden musste.

»Dieser Widerspruch ist bemerkenswert«, sage ich. »Es sagt mir, dass trotz der relativ geringen Schäden ein Neubau durchgezogen wurde. Auch wenn es ein mächtiges Feuer war, das am 10. und 11. Juni 1194 wütete. Die Kathedrale wird nicht bis auf die Grundmauern vernichtet worden sein.[204] Diese Vermutung van der Meulens deckt sich mit der Tatsache, dass lange vor dem Feuer von 1194 im Bereich des dritten Chorjochs der Krypta mit einer Ummantelung begonnen worden war – zu unbekannten Zwecken.[205] Vielleicht, um die Fulbertus-Kathedrale zu erneuern und zu erweitern.«

»Die Kunsthistoriker glauben, dass der Brand von 1194 der Auslöser für den Neubau der Kathedrale war«, sagt Chmiel. »Bis heute weiß niemand, was die Ursache für das Feuer war. Vielleicht eine unbeaufsichtigte Kochstelle in einer Küche, deren Flammen auf die übrige Behausung übergriffen? Die Funken einer Schmiede? Oder sogar Brandstiftung? Vielleicht war es im Sinne des Domkapitels, wenn die alte Fulbertus-Kathedrale abbrennt und eine neue gebaut wird?«

»Wir werden es niemals erfahren, denn es gibt keine Unterlagen«, sage ich und konsultiere wieder mein Notizbuch.

Die Legende besagt weiter, dass die Camisia der Jungfrau Maria nach dem Feuer unversehrt aus der Krypta gerettet und den entzückten Einwohnern von Chartres präsentiert wurde. Karl der Kahle hatte die Camisia der Jungfrau Maria gestiftet, weil er seine Schenkung als logische Konsequenz aus der Sage um die *Virgo paritura*, »die Jungfrau, die gebären wird«, betrachtete.[206] Demnach beteten diese Ur-Jungfrau von Chartres gemäß der Legende bereits während der römischen Besatzungszeit Druiden des gallischen Volksstammes der Carnuten an. Karl der Kahle hatte die Legende von der *Virgo paritura* als Zeichen für die göttliche Vorsehung gedeutet. Durch seine Schenkung stand er nun in göttlicher Gunst. Er beschloss also, die Sancta Camisia in Chartres aufbewahren zu lassen. Für die Legende der *Virgo paritura* existieren keine schriftlichen Quellen, jedoch sind möglicherweise mündliche Überlieferungen ein Zeugnis dieses Kults.[207]

Die Nachricht von der Anwesenheit der Camisia in Chartres schien sich bereits sehr früh herumgesprochen zu haben. Als die Truppen des normannischen Königs Rollo im Jahre 911 Chartres angriffen, hielt Bischof Gaucelinus die Reliquie den Truppen entgegen, wie einen göttlichen Schutzschild. Als dann auch noch burgundische Truppen auftauchten, suchten die normannischen Soldaten panisch das Weite, wahrscheinlich nicht nur, weil sie befürchteten, von Gott für den Angriff der Heimstatt Mariens bestraft zu werden.[208] Und als Theobald von Chartres mit dem französischen König Ludwig VI., genannt der Dicke, in kriegerischen Auseinandersetzungen stand, sorgte angeblich das Kleid Marias dafür, dass die Stadt durch die Angriffe der Kapetinger verschont blieb.[209]

»Hübsche Gutenachtgeschichte«, schmunzelt Chmiel.

»Das Domkapitel pflegte den Mythos der Camisia und trieb den Ruf Chartres als wichtigste Pilgerstätte der Umgebung voran«, sage ich. »Als die Kathedrale 1194 abgebrannt war, interpretierte man die Katastrophe zugunsten der Jungfrau Maria: Der Brand war eine Strafe Gottes für das sündhafte Volk.«[210]

»Natürlich.« Chmiel hebt die rechte Hand zu einem Bischofssegen. »Ich kann's mir bildhaft vorstellen. Da steht der Bischof vor dem Volk und predigt, dass die Mutter Gottes einen würdigeren Ort verdient hat ...«

»So in etwa. Es war also der Wille der Jungfrau Maria, dass die Kathedrale brannte. Die Menschen glaubten, dass Maria selbst mit dem göttlichen Funken des Zorns den Bau entfacht habe, weil sie erbost darüber gewesen sei, dass die Menschen auf der Erde ihr keine angemessenere Stätte zur Verfügung stellten.«[211]

»Erinnert uns das nicht an die Bundeslade? Die rächt sich auch, wenn man ihr keine Ehrfurcht entgegenbringt. Sie kann unter anderem Menschen mit einem Blitzschlag töten, so wie Usa beim Transport der Lade nach Jerusalem. Weil sie nur die Leviten-Priester und keine Frevler berühren dürfen, braucht sie einen Tempel, den Salomon für sie bauen lässt. So wie das Kleid Marias. Eine bemerkenswerte Parallele.«[212]

»Erstaunlich.« Ich nicke nachdenklich. »Das ist mir nie vorher aufgefallen.«

Die Camisia der Jungfrau Maria war vor dem Brand von 1194 die Haupteinnahmequelle der Stadt: Das Domkapitel ließ mit Weihwasser gesegnete Nachbildungen des Hemdes anfertigen, um sie auf den vier großen Handelsmessen am 2. Februar (Reinigung), 25. März (Verkündigung), 15. August (Himmelfahrt) und 8. September (Mariä Geburt), die jedes Jahr vor der Kathedrale stattfanden, an wohlhabende Pilger zu verkaufen.[213] Von diesen Hemden erhofften sich schwangere Frauen, ein gesundes, von Gott gesegnetes Kind zur Welt zu bringen – so wie einst Maria. Ritter trugen die Nachbildungen der Camisia unter ihren Kettenhemden und hofften, dass die göttliche Macht, die von dem Stoff ausging, sie im Gefecht vor dem Tod durch den Morgenstern oder den Schwerthieb des Feindes schützten.

Als der Reliquienschrein aus dem 10. Jahrhundert mit dem vermeintlichen Camisia-Hemd der Jungfrau Maria am 13. März 1712 geöffnet wurde, fand man eine etwa 0,45 × 5,35 Meter lange Stoffbahn.[214] Es handelte sich dabei also eher um eine Art Schleier, als um ein Hemd. Der Schleier wurde zerschnitten und auf verschiedene Orte verteilt. In Chartres sind demnach nur noch zwei Stücke ausgestellt, die etwa 2,12 Meter × 46 cm und 26 cm × 18 cm groß sind.[215]

Was dann folgte, nachdem die Camisia wie von göttlicher Hand vor dem Feuer bewahrt worden war, wird oft als ein geheimnisvolles Bauwunder kolportiert. Gemäß der Berichterstattung in der Schrift *Die Wunder der Heiligen Jungfrau Maria in der Kirche von Chartres* hatte der Legat von Papst Coelestin III., Kardinal Melior von Pisa, großen Anteil am Wiederaufbau der Kathedrale.[216] Melior ließ den Bischof und die Kanoniker zusammentrommeln und teilte ihnen mit, dass die Trümmer der Kathedrale ihn so rührten, dass er verlangte, den verlorenen Ruhm wieder herzustellen. Er bewegte sie zur Buße, woraufhin der Bischof und die Kanoniker einstimmig beschlossen, einen Teil ihrer Einkünfte von drei Jahren für die Wiederherstellung der Kathedrale zu spenden.[217]

Diese Aussage deckt sich mit einem Dekret, dass Papst Alexander III. im Jahre 1179 über die Finanzierung des Baus von Kirchen erließ. Demnach waren die Kosten für den Bau und den Erhalt der Kirche von der *fabrica ecclesiae* zu tragen.[218] Bei der *fabrica ecclesiae* handelt es sich um die Vermögensmasse der Kirche. Der Bischof, der beabsichtigte, eine neue Kirche oder Kathedrale für seine Stadt zu bauen, musste daher selbst das Geld für den Bau aufbringen.[219]

Kardinal Melior von Pisa sprach also mit dem Bischof und dem Domkapitel von Chartres und überzeugte sie davon, dass die einzige konsequente Reaktion auf die Brandkatastrophe nur der Wiederaufbau sein könne.[220] Er wird ihnen gesagt haben, dass das Geld zwar nicht aus Rom kommen würde – doch es gebe andere Quellen. Die Geldfrage schien merkwürdigerweise keine Rolle zu spielen. Wichtig war die *Absicht,* eine neue Kathedrale zu bauen. Doch zunächst zählte nur der Wille der Bevölkerung, Geld und Arbeitskraft zu spenden. Der Anfang musste getan werden.

Der Kardinal vermochte es, die Einwohner von Chartres nach der Katastrophe damit zu motivieren, die Unversehrtheit der Camisia Marias als ein Zeichen Gottes zu sehen. Also rief Melior von Pisa die Menschen von Chartres zusammen und hielt eine Ansprache. Als dann der Schleier vom Kardinal, dem Bischof und den Angehörigen des Chartreser Domkapitels der ungläubigen Menschenmenge präsentiert wurde, brachen die emotionalen Dämme. Die durch den Brand dezimierte und gepeinigte Bevölkerung hatte nun die vermeintliche Botschaft der Jungfrau Maria verstanden. Die Chronik *Die Wunder der Heiligen Jungfrau Maria in der Kirche von Chartres* berichtet:

> »Zu dieser Zeit wünschte die Jungfrau und Gottesmutter, die Herrin von Chartres nicht nur genannt wird, sondern es auch wirklich ist, dass das ihr gehörige Heiligtum ihrer würdiger werde. Deshalb gestattete sie, dass die alte unzureichende Kirche ein Raub der Flammen wurde und dadurch der jetzigen Basilika Platz machte, die nicht ihresgleichen in der ganzen Welt hat.«[221]

Die Jungfrau wollte demnach eine viel prächtigere, würdigere Heimstatt und sie wollte in Chartres bleiben.[222] Sie wollte einen Tempel. Also musste er gebaut werden. Und zwar hier in Chartres – und sonst nirgendwo. So will es die Legende. In anderen Worten: Der Brand kam dem Domkapitel sehr gelegen. Zumindest war die Wiederauffindung des Schleiers der Jungfrau Maria eine Inszenierung, die eines Hollywood-Regisseurs würdig war.[223] Die Folge war eine überschäumende, aber nur kurzzeitige Spendenbereitschaft der Pilger und Bewohner von Chartres.

Die Kathedrale von Chartres war nicht nur ein Gebetshaus, sondern auch gleichzeitig Umschlagplatz für Händler, die sich an den Festtagen auf den vier großen Märkten im Jahr in Chartres einfanden.[224] Keine Kathedrale – kein Handel. Die Stadt Chartres drohte, nach dem Brand sowohl in wirtschaftlicher wie religiöser Hinsicht keine Rolle mehr zu spielen – und Chartres war abhängig vom Reliquien-Tourismus.

So wie heute Gläubige aus aller Welt nach Lourdes oder nach Turin reisen, um sich von einer Krankheit heilen zu lassen oder das Grabtuch Jesu zu sehen, das in der Kathedrale San Giovanni Battista ausgestellt ist, pilgerten jedes Jahr Zehntausende Menschen aus der weiteren Umgebung von Chartres herbei, um die Camisia der Maria zu bewundern. Diese Pilger waren bereit, dafür zu zahlen. Und wer nach Chartres kam, um das Hemd zu sehen, der kaufte auch andere Dinge, wie Lebensmittel oder handwerkliche Produkte und nahm bezahlte Dienstleistungen in Anspruch. Aber das war kein großer Anteil an der Gesamtsumme, die nötig war, um die Kathedrale in ihrer jetzigen Gestalt ohne Unterbrechung aufzubauen.

So drängte Kardinal Melior von Pisa auf einen *schnellen* Neubau der Kathedrale – und das Volk jubelte. In seinem Fall waren es sicher religiöse Gründe, die ihn dazu brachten, die Bevölkerung zur Mitarbeit aufzurufen. Für das Volk sprachen die wirtschaftlichen Ausfälle dafür, die Kathedrale so schnell wie möglich wieder aufzubauen.

»Das alles klingt für mich sehr unglaubwürdig«, sagt Chmiel. »Wenn die Finanzierung zunächst nur für drei Jahre gesichert war, wie es der Bericht *Die Wunder der Heiligen Jungfrau Maria* besagt, was passierte danach?«

»Der gröbste Bau dauerte ungefähr sechsundzwanzig Jahre. Allein die Planungsphase wird ein Jahr in Anspruch genommen und sehr viel Geld verschlungen haben. Geld, das eigentlich nicht vorhanden war.«

Chmiel schüttelt den Kopf. »Woher kam es dann?«

Wir sehen uns beide an.

»Niemand hat in jener Zeit über größere Summen verfügt, als die Tempelritter«, sagt Chmiel. »Sie waren die ersten Bankiers, die den bargeldlosen Zahlungsverkehr einführten. Sie verwalteten ungeheure Summen, die ihnen Adlige in ganz Europa spendeten und anvertrauten. Sie vergaben Kredite und gaben Schuldscheine aus. Viele hatten bei ihnen Schulden.«

»Aber es gibt keine historischen Beweise dafür, dass die Tempelritter den Bau der Kathedralen finanzierten«, stelle ich fest.

Chmiel zieht eine Grimasse und hebt die rechte Augenbraue.
»Die Gegend der Eure und Loir um Chartres wimmelte von Häusern und Kommandanturen der Templer. Sie hätten den Baumeistern von Chartres ihren architektonischen Stempel aufdrücken können. Wenn kein Geld vorhanden war, konnten auch keine Arbeiter bezahlt werden. Also musste der Bischof irgendwo Kredite aufnehmen. Die Arbeitshypothese könnte also lauten: Die Templer finanzierten den Bau von Chartres und Laon und anderer Kathedralen. Das Dumme dabei ist nur, dass das Archiv

über die Templergüter bis zur Rückeroberung der Hafenstadt Akkon im Jahr 1191 sehr wahrscheinlich in Jerusalem lagerte. Nach 1291, als das Königreich Jerusalem durch die Mameluken fiel, lagerten sie wahrscheinlich auf Zypern.[225] Heute gilt es als verloren. Niemand kann nachvollziehen, wer bei den Templern in der Kreide stand. Der Befehl zur Verhaftung der Templer durch König Philipp IV. am 13. Oktober 1307 kam vielen Adeligen und Bischöfen sehr gelegen.«

»Aber der Baumeister war auf einen stetigen Geldfluss angewiesen. Sobald das Geld nach drei Jahren versiegte, mussten andere Quellen her. War er ein Mönch? Vielleicht Zisterzienser?«

2. Der Baumeister Anonymus von Chartres

Eine berechtigte Frage, gestehe ich. Wer sollte den Wiederaufbau leiten? Wer war der Mann, dem das Domkapitel und der Bischof die vertrauensvolle Aufgabe übertrug, die Kathedrale von Chartres zusammen mit einem Heer von Arbeitern zu errichten? Wir wissen es nicht. Wir können jedoch anhand von bautechnischen Parallelen zu anderen Kathedralen ableiten, wo der Baumeister von Chartres ebenfalls gewirkt hat, um daraus Rückschlüsse zu ziehen.

»In Chartres und Laon entdeckte ich verblüffende Übereinstimmungen des Wortes für *Bundeslade*«, sage ich.

»Okay?«, fragt Chmiel. »Was genau ist daran ungewöhnlich?«

»Der Baumeister von Laon ließ einen seiner Steinmetze das Wort *Archa Dei* – für *Lade Gottes* – in die rechte Archivolte des linken Portals der Westfassade von Laon einarbeiten. Das Wort erscheint in Laon unterhalb der Bundeslade, deren Deckel zwei Engel anheben und so den siebenarmigen Leuchter der Menora und den Krug mit dem himmlischen Manna offenbaren.«

Ich schreibe in mein Notizbuch das Wort »Archa« und zeige es Chmiel.

»*Archa* für die Bundeslade ist falsch geschrieben«, bemerkt er. »Es müsste *Arca* heißen, ohne *H*.«

Abb. 12: Die Schriftzüge des lateinischen Wortes »Archa« sind sowohl an der Kathedrale von Laon als auch an der Kathedrale von Chartres falsch geschrieben. Die richtige Schreibweise wäre »Arca«. Diese Beobachtung deckt sich mit der kunsthistorischen Deutung, dass der Baumeister von Laon auch in Chartres wirkte.
© *Tobias Daniel Wabbel*

»Richtig. Das gleiche Wort erscheint in Chartres am Nordportal ebenso falsch, denn hier heißt es: Archa cederis.«

»Das ist merkwürdig. An keinen anderen Kathedralen in Frankreich tauchen schriftliche Erläuterungen zur Bundeslade in Stein gemeißelt auf«, sagt Chmiel.

»Ja, nur in Laon und Chartres. Wir können hieraus schließen, dass in Laon und Chartres die gleichen Steinmetze und wahrscheinlich auch die gleichen Baumeister gewirkt haben. Diese verblüffende Schlussfolgerung können wir aus der einfachen Tatsache ziehen, dass die Steinmetze von Laon und Chartres das theologische Konzept hinter den Worten über die Bundeslade nicht verstanden haben, sondern nur ausführten, was ihnen von oben aufgetragen wurde.«

Als wir aufstehen und zum nördlichen Querhaus gehen, sagt Chmiel: »Die Steinmetze von Laon werden von ihrem Baumeister angewiesen worden sein, diese biblischen Sprüche und Kommentare unter- oder oberhalb von Skulpturen mit biblischen Szenen der Bundeslade einzuarbeiten. Der Baumeister wird diese Anweisungen an die Steinmetze im Auftrag der Bauherren und Geldgeber weitergeleitet haben. Es steckt ein Plan dahinter.«

»Daher ist die Schlussfolgerung naheliegend, dass der Baumeister von Laon auch in Chartres war – oder, dass der Baumeister von Chartres zumindest in die Geheimnisse des Kathedralbaus von Laon und anderer Kathedralen wie etwa später in Soissons eingeweiht war.«[226]

Chmiel nickt. »Soweit ich weiß, wurde die Westfassade von Laon zwischen den Jahren 1205 bis 1220 errichtet, ebenso wie das Nordportal von Chartres.[227] Es ist sehr wahrscheinlich, dass der Baumeister von Chartres vorher in Laon gearbeitet hat oder zumindest ein Schüler des Baumeisters von Laon war.«[228]

»Denken wir weiter«, sage ich. »Wenn der Baumeister von Laon identisch ist mit dem Baumeister von Chartres, dann ist es auch wahrscheinlich, dass er mit der Konstruktionsweise von Kirchen der Zisterzienser um Bernhard von Clairvaux vertraut war, die keinen runden, sondern nur einen viereckigen Chorabschluss kannten – so wie ihn die Kathedrale von Laon aufweist.«

»In Chartres ist der Chor zwar durch eine halbkreisförmige Apsis mit Radialkapellen abgeschlossen und nicht viereckig, doch konstruierten die Zisterzienser ihre Kirchen meistens von der Vierung aus.«

»Richtig«, sage ich. »Ein Entwurf im Portfolio des Villard de Honnecourt zeigt, wie vorhin gesehen, das zisterziensische Kloster Vaucelles, das von seinen Erbauern auf der Basis des Quadrats eines Seitenschiffjoches entworfen wurde.«

»Die Form des Quadrats geht also von der Vierung aus und wiederholt sich im gesamten Bau des Klosters«, stellt Chmiel fest.

»Die Vorgehensweise bei der Konstruktion bestätigte einige Jahre vor Villards Zeichnung der Kanzler der Schule von Chartres, Peter von Roissy, in seinem *Handbuch über die Mysterien der*

Kirche, in dem er sich über den christlichen Kirchenbau im Licht der platonischen Lehre Gedanken machte. So deutete Peter das Quadrat als Einheit der Kirche, aber noch mehr als das Allerheiligste des Salomonischen Tempels, in dem die Bundeslade ruhte, als Vorbild für die Kathedrale.«[229]

»Demnach kamen der Vierung und den Vierungssäulen eine besondere Bedeutung zu. Sie sollen das Heiligste, den Bereich vor dem Allerheiligsten des Salomonischen Tempels, in dem die Bundeslade und die Menora ruhten, markieren.«[230]

So geschah es auch in Laon, berichte ich weiter. Die Kathedrale von Laon entstand in direkter Nachbarschaft zum Templerorden, der im Jahr 1134 nur einen Steinwurf von der Kathedrale entfernt eine Kapelle errichtete.[231] Die Tempelritter, die bis zum Jahr 1134 noch durch den Gründer des Ordens und ersten Großmeister, Hugo von Payns, angeführt wurden, arbeiteten Hand in Hand mit dem Domkapitel der Kathedrale von Laon. Im Jahr 1210, zur gleichen Zeit, als die Westfassade von Laon entstand, wurden auch die Skulpturen des Nordportals von Chartres erschaffen.

Der *Magister operi* – Werksmeister – von Chartres musste in den sieben freien Künsten äußerst versiert gewesen sein. Er war mit großer Wahrscheinlichkeit ein Geistlicher mit handwerklicher Ausbildung, der einen langen Studienweg hinter sich hatte. Er war ein Meister seines Fachs. Durch seinen Besuch an der Schule von Chartres oder in St. Victor wird er mit der platonischen Lehre und den sieben freien Künsten in engen Kontakt gekommen sein. Dabei wird er durch seinen Unterricht die Geometrie gekannt haben, die Hugo von St. Victor einführte. Hugo von St. Victor, der Kanzler der Augustinerchorherrenschule von St. Victor in Paris, unterteilte die Geometrie in einen theoretischen und einen praktischen Zweig.[232]

Der theoretische Teil wurde in den Domschulen wie etwa in Chartres unterrichtet und beinhaltete die Höhen- und Tiefenmessung, Strecken- und Flächenmessung, aber auch die Berechnung und Vermessung von sphärischen Körpern.[233] Den praktischen Teil demonstrierte der Lehrmeister anhand von Werkzeugen wie etwa dem Lot und der Lotwaage, dem Dreieck oder dem Knotenseil. Dementsprechend unterteilte man die Anwender der theoretischen und praktischen Geometrie in der Schrift *De divisione philosophiae* des Dominicus Gundissalinus in *artifices vero theoretice* und *artifices vero practice*.[234] Darunter kategorisierte Dominicus auch die Steinmetze und Baumeister, die er *cementarii* nannte.[235]

Anonymus war also ein *wirklicher praktischer Kunstfertiger*, ein *cementarii*. Er wusste sowohl die platonische Lehre der Dialektik mit den Geheimnissen des Salomonischen Tempels aus dem Alten Testament sowie den zisterziensischen Kirchenbaugeheimnissen zu vereinen.

»In jedem Fall musste Baumeister Anonymus sehr wertvolle handwerkliche Erfahrungen auf Kathedralbaustellen gesammelt haben«, sagt Chmiel. »So ist es heute noch.«

Ich zeige Chmiel eine Tabelle in meinem Notizbuch, die Aufschluss über den jeweiligen Baubeginn der gotischen Kathedralen seit Abt Sugers Restaurierungsarbeiten von Saint-Denis im Jahre 1137 gibt.

»Wie Villard de Honnecourt konnte auch Anonymus von Chartres auf zahlreichen Baustellen sein bautechnisches Wissen erweitern«, sage ich.

Chmiel nickt. »Unser Baumeister Anonymus wird daher in Laon sein Meisterstück abgeliefert haben. Anders als es in der Kunstgeschichte kolportiert wird, können wir unschwer ersehen, dass es keinen Wettbewerb darum gab, welche Stadt die höchste oder gewaltigste Kathedrale baute, um die Konkurrenz zu übertrumpfen. Mal wurde niedrig, dann hoch, dann wieder niedrig gebaut und so weiter. Es sind empirische Daten.«

»Richtig. Zwar wurde die mit einer Gewölbehöhe von 42,30 Metern größte *vollendete* Kathedrale von Amiens erst im Jahr 1220 begonnen, als Chartres gerade fertig gestellt wurde. Doch sehen wir, dass Notre-Dame de Paris, die König Ludwig VII. errichten ließ, lange Zeit die höchste Kathedrale in Nordfrankreich war.«

»Das fällt mir auch auf! Nach Notre-Dame in Paris wurden bis zum Jahr 1194 neue Kathedralen nur mit kleineren Gewölben

Kathedrale	Baubeginn	Höhe des Langhauses	Länge der Kathedrale	Weihung
Sens	1133	24,40 m	113,50 m	St. Etienne
Saint-Denis	1137	29,00 m	108,00 m	Dionysius
Langres	1140	23,00 m	94,30 m	St. Mammès
Rouen	1145	28,00 m	136,86 m	Notre-Dame
Angers	1148	24,70 m	90,47 m	St. Maurice
Cambrai	1148	–	131,00 m	Notre-Dame
Noyon	1150	21,50 m	102,00 m	Notre-Dame
Senlis	1153	23,50 m	72,00 m	Notre-Dame
Laon	1160	24,00 m	110,50 m	Notre-Dame
Paris	1163	32,50 m	130,00 m	Notre-Dame
Bayeux	1165	–	–	Notre-Dame
Poitiers	1166	27,00 m	ca. 99,00 m	St. Pierre
Sées	1174	24,00 m	106,00 m	Notre-Dame
Meaux	1175	31,00 m	85,00 m	St. Etienne
Strasbourg	1176	32,00 m	103,00 m	Notre-Dame
Chartres	1194	36,50 m	ca. 128,00 m	Notre-Dame
Évreux	1194	21,75 m	109,00 m	Notre-Dame
Bourges	1195	38,00 m	117,00 m	St. Etienne
Soissons	1197	21,50 m	116,00 m	St. Gervais
Dol-de-Bretagne	1203	20,20 m	93,50 m	St. Samson
Coutances	1208	21,90 m	95,17 m	Notre-Dame
Troyes	1208	29,50 m	114,00 m	St. Pierre et St. Paul
Reims	1211	38,00 m	138,00	Notre-Dame
Auxerre	1215	30,00 m	100,00 m	St. Etienne
Le Mans	1217	–	120,00 m	St. Julien
Amiens	1220	42,30 m	133,50 m	Notre-Dame
Metz	1220	41,41 m	123,20 m	St. Etienne
Tours	1220	29,00 m	–	Saint-Gatien
Toul	1221	32,00 m	98,00 m	St. Etienne
Nevers	1224	–	101,00 m	Cyr-et-Sainte-Julitte
Beauvais	1225	42,30 m	70,00 m	St. Pierre
Chalons	1230	27,08 m	96,40 m	St. Etienne
Clermont-Ferrand	1248	28,70 m	99,00 m	Notre-Dame
Toulouse	1272	19,00 m	–	St. Etienne

errichtet«, stellt Chmiel erstaunt fest. »Erst die Kathedrale von Chartres erreichte eine Gewölbehöhe von über 36 Metern.«

»Hätte es eine Konkurrenzsituation unter den Städten gegeben, dann wäre Notre-Dame de Paris sofort übertrumpft worden.«

»Ja und das war eindeutig nicht der Fall«, sagt Chmiel.

»Die Daten sprechen für sich«, merke ich an. »So können wir das Märchen von der Konkurrenz unter den Kathedralstädten ad acta legen. Wie sollten auch all die Kathedralen, die der Jungfrau Maria oder dem Märtyrer Stephanus geweiht sind, eine Konkurrenz untereinander darstellen? Vielmehr drängt sich der Verdacht auf, dass diese Kathedralen sich gegenseitig in ihrer Bedeutung ergänzten.«

Chmiel tippt sich an die rechte Schläfe und imitiert dann einen Schlag mit einem unsichtbaren Knüpfel auf ein Spitzeisen. »Es wäre für unseren Baumeister Anonymus von Chartres auch nicht möglich gewesen, von Baustelle zu Baustelle zu wandern, um sich ein umfassendes Wissen in der Konstruktion von gotischen Kathedralen anzueignen, wenn die Städte untereinander verfeindet gewesen wären oder in Konkurrenz zueinander gestanden hätten. Qualifizierte Arbeiter wären von den Baumeistern abgewiesen worden.«

»Im Gegenteil. Durch Villard de Honnecourts Portfolio ist überliefert, dass eine rege Wanderung zwischen den Baustellen der Kathedralstädte stattfand. Villard bildete in seinen Zeichnungen technische Entwicklungen ab, die beim Bau der von ihm besuchten Kathedralen zum Einsatz kamen, wie etwa eine mit Wasserkraft angetriebene Säge.[236] Die Technologien, die in Cambrai oder Laon angewandt wurden, konnte Baumeister Anonymus auf der Baustelle von Chartres anwenden und verbessern.«

Chmiel blickt zum Rosenfenster des Nordportals hinauf. »Mir drängt sich der Eindruck auf, dass Villard tatsächlich von Bauhütte zu Bauhütte ging, um den Stand der Bauaktivitäten zu überprüfen. Aber warum?«

3. Das Geheimnis der schwebenden Steine

Wir schweigen und blicken uns ehrfürchtig in der Kathedrale um. Einige Dutzend Teenager in weißen-gelben Gewändern marschieren hinter einer streng dreinblickenden, ergrauten Frau durch das Langhaus und reihen sich hinter ihr im Chor auf. Wenige Minuten später schwebt ein ätherischer Gesang durch die Luft der Kathedrale, der mich an einen gregorianischen Klosterchoral erinnert und mich angenehm erschauern lässt. Das Gemurmel einer Führungsgruppe neben uns geht unter im Gesang.

Meine Gedanken versuchen, das Konzept des Baumeisters Anonymus von Chartres zu erfassen. Beim Entwurf der neuen Kathedrale von Chartres wandte Anonymus seine Kenntnisse über die sieben freien Künste und insbesondere sein Wissen über die Arithmetik, Geometrie und Harmonielehre an. Er berief sich auf die Interpretation des Kanzlers der Schule von Chartres, Peter von Roissy, der die Kathedrale als gotische Wiedergeburt des Salomonischen Tempels sah. Diese Wiedergeburt des Salomonischen Tempels deckte sich mit den Aussagen des großen theologischen Lehrmeisters Hugo von St. Victor. Peter von Celle, der Abt von Saint-Remis und spätere Bischof von Chartres, war geradezu besessen vom mosaischen Stiftszelt und der Bundeslade. Er führte das Gedankengut weiter.

Unter diesen Voraussetzungen hatte Baumeister Anonymus von Chartres die notwendigen Baukomponenten in Zahlen und Zeichnungen zu fassen. Seine Bauplanung würde mit der Vierung beginnen. Wenn er nicht größenwahnsinnig oder völlig geistig umnachtet war, skizzierte er seine Vorstellungen vorher auf Pergament und präsentierte seinen Entwurf den Chorherren – so wie er es wahrscheinlich vorher auch in Laon getan hatte.

Zwar glaubte der Kunsthistoriker Günther Binding, dass etwa der Bischof von Lincoln, Robert Grosseteste (1168–1253), für die Zeit vor 1228 keine Baupläne kannte.[237] Erst Vincenz von Beauvais (1184–1264), ein Bibliothekar am Hofe von König Ludwig IX., erwähne in seiner Schrift *Speculum maior* die verkleinerte Grundrissprojektion, so Binding. Doch die Frage drängt sich auf: Was war vorher? Die Kunst- und Architekturgeschichte streitet darüber, ob es detaillierte Projektionen von Bauwerken auf Pergament vor dem Jahr 1228 gab.

Fest steht, dass bereits benediktinische und zisterziensische Mönche sehr detaillierte Baupläne von gesamten Kirchen- und Klosterkomplexen angelegt und auf Pergament gezeichnet haben. Dies geschah bereits im Jahre 830 im Kloster Reichenau am Bodensee, wo der Schreiber Reginbert des Abtes Haito das Kirchengebäude, einen Friedhof, den Klostergarten, das Refektorium und andere Gebäude des Klosters St. Gallen in der heutigen Schweiz erstaunlich exakt skizzierte.[238] Da unser Baumeister Anonymus von Chartres eine Domschule besucht hatte und mit der zisterziensischen Baukunst vertraut war, dürfte er diese alte Tradition der Projektion beherrscht haben.

Auch das Portfolio des Villard de Honnecourt belegt, dass Baumeister bereits ab 1216 Zeichnungen anfertigten. Wie sollte auch ein Baumeister ein solch komplexes Vorhaben wie den Bau einer riesigen Kathedrale mit all ihren zu berücksichtigenden Komponenten nur in seinem Geist entwerfen? Im Falle seines unerwarteten Todes oder einer schweren Verletzung musste das Domkapitel in der Lage sein, das Wissen des Baumeisters ohne Verzögerung an einen Nachfolger weiterzugeben. Ein Bauplan war also unumgänglich. So ist der Gedanke, dass es keinen skizzierten Bauplan der Kathedrale von Chartres gab, geradezu absurd.

Die Tatsache, dass solche Pläne aus der Zeit zwischen 1137 bis 1280 nicht erhalten geblieben sind, ist kein Beweis, dass diese Baupläne niemals existierten. Der Klosterplan von St. Gallen beweist es. Man sollte eher fragen, warum die Baupläne des Anonymus von Chartres die Zeit nicht überdauert haben. Wurden sie nach dem Wiederaufbau der Kathedrale absichtlich vernichtet? Wenn ja, so passt diese Vorgehensweise des Domkapitels in das übrige Schema von der Anonymität des Baumeisters. Vielleicht wurden sie vernichtet, damit nicht nachvollzogen werden konnte, dass hier in Chartres ein Geheimnis ruhte.

Anonymus von Chartres konnte den Stiftern und Chorherren nach seinen Berechnungen sagen, ob ihre Wünsche in seine Planung einfließen und daher auch so verwirklicht werden konnten. Die Unsichtbarkeit der Zahlen, die Geometrie der Räume und die Harmonie der Dimensionen sollten sich in der neuen Kathedrale von Chartres mit der Schwerelosigkeit der Gotik manifestieren. Gottes Geist sollte in Gestalt des Lichts, das durch die neuen großen Fenstergaden fiel und so das Dunkel des Innenraums erleuchtete, sichtbar werden. Denn für Bernardus Silvestris von der Schule von Chartres, wie auch für Abt Suger von Saint-Denis, war Gott gleichbedeutend mit einem Lichtstrahl, der das Dunkel erhellt. Der Lichtstrahl ist das Sinnbild des Göttlichen.[239] Im platonischen Sinne ist das Licht aber auch die Wahrheit. Daher ist die Gotik auch eine platonische Bauweise.

Chmiel tippt mir auf die Schulter. »Wie wird der Baumeister vorgegangen sein?« Ich schrecke aus meinen Gedanken.

»Anonymus von Chartres musste sich an den bereits existierenden Vorbildern in Nordfrankreich orientieren«, sage ich. »Er musste die neue Kathedrale aus den Überresten der alten Fulbertus-Kathedrale erschaffen, die wir heute sehen. Für den Neubau war es für den Baumeister und die Chorherren des Domkapitels von Chartres unumgänglich, die künstlerische Gestaltung der Nachbarkathedralen und großen Abteikirchen zu studieren.«

»Verstehe«, meint Chmiel. »Saint-Denis, Sens, Cambrai, Noyon, Senlis, Soissons, Laon, Paris und so weiter. Die romanischen Vorgängerbauten dieser Kathedralen waren allesamt durch dicke Wände, kleine rundbogige Fenster und niedrige Rund- und Spitztonnengewölbe geprägt, die wenig Licht in den Innenraum ließen. Ausnahmen bildeten nur die dritte Erweiterung des Benediktinerklosters von Cluny und die Basilika St. Madelaine in Vézelay. Die Düsternis der romanischen Basiliken sollte durch die Baupläne von Abt Suger von Saint-Denis dem Licht der Gotik weichen. Er *musste* gotisch bauen.«

»Tja, Abt Suger«, schmunzele ich. »Er ist ein besonders spannender Fall.«

Abt Suger von Saint-Denis, der auch der Kanzler und Ratgeber der Könige Ludwig VI. und dessen Sohn Ludwig VII. war, hatte am 9. Juni 1137 den Grundstein zur Erneuerung der Westfassade der Königsbasilika von Saint-Denis legen lassen.[240] In Saint-Denis ruhten seit dem Jahr 639 die Gebeine der merowingischen und später kapetingischen Könige, sodass dem Bau in politischer wie religiöser Sicht eine besondere Bedeutung zukam.[241] Bereits drei Jahre später, am 9. Juni 1140, wurde die Westfassade von Saint-Denis eingeweiht, die sich nun durch eine bemerkenswerte Neuerung auszeichnete: Die Rundbögen der Fenster in der dritten Zone waren durch Spitzbögen ersetzt und eine gewaltige Fensterrose am Eingangsportal eingesetzt worden. Die Fensterrose sollte von nun an das gotische Symbol für die göttliche Vollkommenheit sein, das sich in anderen Kathedralen in noch spektakulärerer Weise wiederholen sollte. Zum Beispiel in Laon oder hier in Chartres.

Eine weitere Neuerung führte Suger für das Langhaus und den Chor ein, der am 11. Juni 1144 fertiggestellt werden sollte: Um mehr Sonnenlicht in den Innenraum gelangen zu lassen, ließ Suger für das Langhaus ein höheres Gewölbe entwerfen, das wiederum in Joche unterteilt war, die die bereits erwähnten Dienste kennzeichneten und stützten. Das höhere Gewölbe ermöglichte eine größere Fläche von farbenprächtigen, in Blei eingefassten Fenstern, die mehr Sonnenlicht in den Kirchenraum ließen. Im Inneren der Abteikirche ließ Abt Suger schließlich das Tonnengewölbe durch unterteilte Gewölbekappen mit Kreuzrippen ersetzen. Das Kreuzrippengewölbe war geboren.

Der Preis für die gewaltige Höhe war jedoch die Notwendigkeit eines statischen Ausgleichsmoments: Das hohe Gewicht der Gewölbekonstruktion und des Dachstuhls drückte diagonal nach unten und stemmte somit auch die hohen Mauern der Seitenwände des Langhauses auseinander. Der Feind des neuen gotischen Baustils war die Schwerkraft und das angestrebte Ziel von Sugers Baumeister war es, eine Schwerelosigkeit der Steine zu erreichen.

Die Lösung fanden Abt Suger und sein Baumeister in Emporen und in Laufgängen oberhalb der Arkaden des Seitenschiffs und unterhalb der Obergaden: das sogenannte Triforium. Sowohl die Empore, von der man bequem in den Innenraum des Langhauses der Abteikirche sehen konnte, als auch das Triforium sorgten für eine zusätzliche Stabilität des Gebäudes. Ab dem Jahr 1160 wurden an den Kathedralen Nordfrankreichs die Außenwände des Langhauses und der Seitenschiffe durch Strebebögen gestützt, die wiederum mit Strebepfeilern verbunden waren. Die Strebepfeiler wurden von Fialen gekrönt, die als zusätzliches Gewicht von oben für die Stabilität der gesamten Strebekonstruktion sorgten, in dem sie den Schub nach unten ableiteten. Das Strebewerk sorgte für ein grundlegend neues statisches Konzept, das Abt Sugers Baumeister aufgriff. Auf diese Weise konnten die Emporen, die heute noch in Noyon, Soissons oder Laon zu sehen sind, bei späteren Kathedralen vermieden werden.

Durch das gesamte Strebewerk wurde der statische Druck der hohen Wände abgefangen und schließlich über die Strebebögen und Strebepfeiler abgeleitet. So wurde die an dem Gebäude zerrende irdische Schwerkraft aufgelöst. Die Gotik ist also mehr als nur eine gen Himmel strebende Architekturform. Die Gotik ist die Aufhebung der irdischen Schwerkraft, aber auch die Verdrängung der Finsternis durch das Licht. Eine wahrhaft göttliche Architektur, die man als *Ausgleich der Schubkräfte* bezeichnen kann. Auf diese Weise war es Abt Suger und anderen Bauherren später möglich, immer größere Fenster im Langhaus und im Chor unterbringen zu lassen.

»Aber war die Auflösung der Schubkräfte Abt Sugers Idee?«, fragt Chmiel.

»Niemand weiß, woher Abt Suger die statischen Gesetzmäßigkeiten kannte, noch, ob das architektonische Konzept seinem alleinigen Denken entsprang. Vieles spricht dafür, dass er nicht der Urheber der statischen Prinzipien der Gotik ist, sondern nur der Bauherr, der den neuen revolutionären Baustil in seinen drei Schriften *De ordinatione, De consecratione* und *De aministratione* theologisch und administrativ kommentierte.«[242]

»Okay«, sagt Chmiel. »Gewiss ist, dass der Spitzbogen älter ist als die Abteikirche von Saint-Denis. Er taucht bereits am Felsendom und in der benachbarten Al-Aqsa-Moschee auf dem Tempelberg in Jerusalem auf. Ich glaube, der Felsendom wurde ab 691 errichtet.«[243]

»Stimmt, Spitzbögen sind ein islamisches Baumerkmal. Der Spitzbogen wurde vermutlich von Geistlichen noch vor der Eroberung Jerusalems im Jahr 1099 nach Europa gebracht, denn er tauchte erstmals im Jahr 1089 in der Klosteranlage von Cluny im Burgund auf.«[244]

Chmiel nickt anerkennend. Ich versuche, die Vorstellung zu verdrängen, jetzt die Schulbank zu drücken und von einem Lehrer abgefragt zu werden. Aber ich tröste mich mit dem Gedanken, dass die Gotik in den Schulen kaum unterrichtet wird.

»Das Kreuzrippengewölbe wurde zwischen 1093 und 1130 in der Kathedrale von Durham verwirklicht«,[245] fahre ich fort. »Obwohl Abt Suger das Prinzip der Schubableitung bekannt war, wurde das erste offene Strebewerk jedoch erst um 1160 in der Kirche Saint-Germain-des-Prés angebracht.[246] Suger benutzte daher eine Vorstufe des offenen Strebewerks in Gestalt von abgestuften Mauervorsprüngen. Er hatte sicherlich Kenntnis von der benediktinischen und zisterziensischen Baukunst, als der Baumeister von Saint-Denis seinen Plan entwarf.«

»Verstehe«, sagt Chmiel. »Dem Architekten von Chartres blieb also keine andere Wahl, als die Kathedrale von Chartres im gotischen Stil zu bauen, wenn er einen prächtigeren Aufbewahrungsort für die Reliquie der Jungfrau Marias erschaffen wollte, als es die Fulbertus-Kathedrale vorher war. Es war *notwendig,* in gotischem Stil zu bauen, weil das Kreuzrippengewölbe, das Strebewerk und der Spitzbogen die einzige Möglichkeit darstellte, Gott in Form von Schwerelosigkeit und Licht angemessen zu huldigen.«

»Die Gotik ist der Versuch, Gott architektonisch zu manifestieren. Man könnte die Gotik auch als einen zu Stein erstarrten Glauben bezeichnen.«

»Oder als das Geheimnis der schwebenden Steine.« Chmiel blickt wieder zum Gewölbe hinauf. »Aber wie genau ging Anonymus von Chartres bei der Planung vor? Und wer war bei der Planung beteiligt? Das habe ich mich immer wieder gefragt.«

4. Der Wiederaufbau der Kathedrale

»Nicht der Bischof, sondern das Domkapitel von Chartres, das aus einer Gemeinschaft von Geistlichen aller Weihestufen bestand, war der Bauherr«, sage ich.[247] »Das Domkapitel unterstützte den Bischof in seinen administrativen Aufgaben. Ihm gehörte ein Kanzler an, der die Protokolle schrieb und die Siegel bewahrte und eher die Aufgabe eines Sekretärs erfüllte. Ferner waren ein sogenannter Vorsänger, der den Chor leitete und mit den zeremoniellen Aufgaben der Liturgie des Gottesdienstes betraut war und ein Schatzmeister Bestandteil des Kapitels der Kathedrale. Der Schatzmeister wiederum hatte ein strenges Auge auf den Kirchenschatz und die Reliquien.«[248]

»Das klingt kompliziert und bürokratisch«, sagt Chmiel.

»War es auch. Die Chorherren des Kapitels wählten den *Procurator fabricae*, der über die Ausgaben, die beim Bau der Kathedrale anfielen, darüber entschied und Buch führte, einmal im Jahr.[249] Der *Procurator fabricae* des Domkapitels bestimmte zusammen mit den Chorherren einen Bauaufseher, den *Magister operi*, der den Fortlauf der Bauarbeiten überwachte. Auch ernannte er in Absprache mit den Chorherren des Domkapitels einen Bau- oder Werkmeister, der ebenso den Titel *Magister operi* trug.«[250]

Chmiel bleibt plötzlich vor dem Altarraum stehen und sagt: »Ich vermute, der Baumeister war ein Steinmetz- oder Maurermeister, der von Baustelle zu Baustelle gereist war und somit wertvolle Erfahrung beim Bau von Kathedralen gesammelt hatte. Die werden hier keinen Stümper drangelassen haben.«[251]

»Die Fertigkeiten, über die er verfügen musste«, sage ich, »beinhalteten nicht nur die theoretischen, sondern auch die praktischen Teile des Handwerks: Er musste alle Steinmetztechniken von der Steinbildhauerei bis zur Vermessung des Kathedralplatzes beherrschen. Sieben freie Künste hin oder her. Unser Anonymus von Chartres musste auch anpacken können und durfte nicht nur ein Theoretiker sein.«

»Gibt es denn Überlieferungen von anderen Kathedralbaustellen? Weiß man, wie andere Baumeister gearbeitet haben?

Vielleicht wirft das ein Licht auf unseren Baumeister Anony-mus.«

»Gute Frage«, sage ich. »Die gibt es. Ein gewisser Gervasius berichtet im Jahr 1184 in seiner mittelalterlichen Schrift *Chronica maior* über den Brand der Kathedrale von Canterbury, dass die Chorherren des dortigen Domkapitels *Kunstfertige* aus dem ganzen Land, aber auch aus Frankreich, in die Stadt riefen, um mit ihnen zu beraten, wie der Bau einer neuen Kathedrale erfolg-reich auszuführen sei.«[252]

»Was weiß man über die Entstehung der Kathedrale von Can-terbury?«

»Schließ' die Augen«, fordere ich Chmiel auf. »Und stell dir England im Jahr 1174 vor.«

»Oh Gott, nur lauwarmes Bier und Hafergrütze.« Er schnaubt amüsiert. »Aber ich lausche.«

Canterbury im Süden Englands ist in Aufruhr, denn die romani-sche Kathedrale ist bis auf die Grundmauern abgebrannt. Die Chorherren des Domkapitels kommen eiligst zusammen. Sie wollen darüber beraten, welcher Baumeister am geeignetsten wäre, um die Kathedrale wieder aufzubauen. Unter den Kunst-fertigen, den *Artifices,* die das Domkapitel von Canterbury schließlich nach England beruft, ist ein gewisser Wilhelm von Sens, »ein ausgesprochen tüchtiger Mann, in Holz und Stein ein ganz besonders Kunstfertiger.«[253] Wir erinnern uns: Im burgun-dischen Sens entstand ab 1130 die erste gotische Kathedrale über-haupt, noch vor Saint-Denis.

Wilhelm ist einer der begabtesten Baumeister des Abendlan-des, der für den Bau dieser ersten Kathedrale Frankreichs in Sens verantwortlich zeichnet. Er war unter Abt Suger maßgeblich am gotischen Umbau der ursprünglich romanischen Abteikirche von Saint-Denis beteiligt. Die Wahl Wilhelms von Sens als Bau-meister der Kathedrale von Canterbury ist nicht zufällig. Tho-mas Beckett, der englische Lordkanzler von König Heinrich II. sollte später Erzbischof von Canterbury werden. Er wurde dort in Folge eines eskalierten Streits mit dem König über die Recht-sprechung von kriminell gewordenen Geistlichen durch vier Ritter ermordet. Vor seinem Tod hatte er in Sens Asyl und die Gunst von König Ludwig VII. erbeten und bekommen. Die Chorherren von Canterbury zollen der Gastfreundschaft der Chorherren von Sens ihren Dank, indem sie Wilhelm als Baumeister für ihre neue Kathedrale auswählen.[254]

Wilhelm wird vom Domkapitel von Canterbury beauftragt, den dortigen Chor im gotischen Stil zu errichten. Er trifft in Canterbury ein, als die Chorherren hilflos mit ansehen müssen, wie sich die französischen und englischen *Kunstfertigen* über die zukünftige Gestalt der Kathedrale so sehr zerstreiten, dass keine Lösung in Sicht ist. Die Überlegungen reichen von der Wiederherstellung der Säulen, bis über den Gesamtabriss der Kathedrale, um die Mönche nicht zu gefährden.[255]

Diesen Disput beendet Wilhelm von Sens, in dem er das Domkapitel davon überzeugt, dass der alte Chor voller gefährlicher Risse ist. Er muss neu aufgebaut werden, um genug Stabilität für die Vierung zu gewährleisten. Zuvor hat Wilhelm viel Zeit in der Ruine der Kathedrale zugebracht und die Gemäuer der ehemaligen Kathedrale auf ihren Zustand untersucht. Die Neuerrichtung der Kathedrale vollzieht sich dann in stilistischer Anlehnung an die erste gotische Kathedrale in Wilhelms Heimatstadt Sens.[256]

Doch Wilhelm ist nicht nur ein anweisender Baumeister, sondern packt während des Baus auch selbst tatkräftig mit an. Das geht so lange gut, bis im Jahr 1178 das Brett eines Baugerüsts in fünfzig Fuß Höhe am Vierungsgewölbe durchbricht und die Schwerkraft der Erde den Baumeister in die Tiefe reißt.[257] Wilhelm wird so schwer verletzt, dass er die Arbeiten nur vom Krankenlager aus delegieren kann. Die *Chronica maior* des Gervasius von Canterbury berichtet weiter:

»Aber weil doch der Winter bevorstand und es nötig war, das obere Gewölbe zu vollenden, übergab er einem fleißigen und klugen Mönch, der den Maurern vorstand, die Vollendung des Werks. [...] Der Meister jedoch, der im Bett darniederlag, ordnete an, was früher, was später gemacht werden musste. Als der Meister im Frühjahr spürte, dass er durch keine Kunst der Ärzte geheilt werden könnte, kündigte er das Werk auf und kehrte über das Meer nach Frankreich zurück. Ihm folgte in der Bauleitung ein anderer mit Namen Wilhelm, ein Engländer von Geburt, klein an Gestalt, aber in unterschiedlichen Werken sehr geschickt und tüchtig.«[258]

Bis zu seinem tragischen Unfall weist Wilhelm von Sens jedoch zwischen den Jahren 1174 und 1184 ein Heer von Arbeitern an, den Chor selbst Joch für Joch nach seinen Vorstellungen zu errichten. So können bereits 1184 erste Gottesdienste abgehalten werden. Die Steine lässt Wilhelm aus seiner burgundischen Heimat kommen, da er diesem Material mehr vertraut.

Er muss die Steinproduktion und den Steintransport organisieren, Arbeiter suchen und auf ihre Tauglichkeit prüfen. Darunter sind Handwerker aller Zünfte: Steinbrecher, Steinmetze, Steinbildhauer, Mörtelmischer, Verputzer, Maurer, Dachdecker, Zimmermänner, Schreiner, Seiler, Schmiede, Bleigießer, Glasmaler und Glasbläser – eine regelrechte Industrie. Ferner befinden sich an der Baustelle meistens Hüttenknechte. Ihre Aufgabe besteht darin, die Kathedralbaustelle sauber zu halten und den Ablauf des Gottesdienstes im provisorischen Kirchengebäude zu organisieren. Er sorgt auch für die vor allem in den kalten Herbst- und Wintermonaten sehr schwierige Nahrungsmittelbeschaffung und weist die Köche an.

Zudem sind bezahlte Hilfsarbeiter zugegen, wie etwa Fuhrleute, Gräber oder Träger, die Steine auf Karren fahren, mit Händen schleppen oder andere Tätigkeiten ausüben, die ohne spezielle Ausbildung möglich sind und von den Fachkräften ferngehalten werden sollen, um den Ablauf der Bauarbeiten so unkompliziert wie möglich zu gestalten. So sind an der Kathedralbaustelle um die 400 bis 500 Arbeiter gleichzeitig beschäftigt, die der Baumeister delegieren muss, wobei die Zahl im Herbst und Winter drastisch abnimmt und auf eine Stammbesetzung von bis zu 50 Männern reduziert ist, da der Frost die Arbeiten erheblich erschwert.[259] Meistens sind die Arbeiter während des Winters in Hütten untergebracht, um während der Kälte die vielen Steine nach vorgefertigten Entwürfen und Rissen zuzuhauen, die dann im Frühling in und an der Kathedrale verarbeitet werden. Diese Hütten sind nicht zu verwechseln mit der Bauhütte

der Stadt, die für die organisatorischen Belange des Kathedralbaus zuständig sind.[260] Zur Bauhütte gehören sämtliche qualifi-
zierten Arbeiter, angefangen bei den Steinmetzen und Steinbildhauern, über die Maurer, bis zu den Zimmerleuten, Glasern und
Glasmalern. Teilweise leben die Arbeiter in Häusern, die der
Bauhütte der Kathedrale gehören.[261] Die übrigen Mitarbeiter
müssen anderswo unterkommen. Der Baumeister, der die Hütte
anführt, ist Mitglied einer Bruderschaft, die aus Baumeistern
verschiedener Kathedralstädte besteht.

Wie Gervasius berichtet, beginnen die eigentlichen Bauarbeiten in Canterbury mit dem Einriss des alten Chors. »Darüber
hinaus wurde in diesem ganzen Jahr nichts getan ...«[262] Wir
sprechen hier von einem Zeitraum von einem Jahr, von September 1174 bis September 1175. Die logistische Planung für den
Neubau der Kathedrale schien in diesem Jahr geschehen zu sein.

Wie in Canterbury, so standen die Chorherren in Chartres vor
der gewaltigen Frage, ob die Reste des abgebrannten und einge-
stürzten Chors niedergerissen werden sollten oder nicht. Unser
Baumeister Anonymus von Chartres wird jedoch aller Wahrscheinlichkeit einer Bruderschaft angehört haben, die große
Erfahrung mit abgebrannten Kirchen und Kathedralen hatte. So
war beispielsweise die Notre-Dame-Kathedrale von Cambrai bereits um 1148 abgebrannt und neu aufgebaut worden.[263] Villards
de Honnecourt Zeichnungen in seinem berühmten Portfolio
geben von den späteren Bauarbeiten in Cambrai Aufschluss.
Villard wird also nicht nur in Cambrai, sondern auch beim Neuaufbau von Chartres anwesend gewesen sein.

Wie in Canterbury wird Baumeister Anonymus von Chartres
die Ruine der niedergebrannten Kathedrale mit anderen Kunst-
fertigen begutachtet haben. Da die Verheerung des Brandes in
Chartres den Aufzeichnungen zufolge noch schlimmer war als in
Canterbury zwanzig Jahre vorher, wird das Gremium dem Domkapitel geraten haben, einen neuen Bau zu errichten – unabhän-
gig davon, ob das Volk dem zustimmte oder nicht. Denn zu ge-
fährlich wäre es gewesen, auf beschädigten Fundamenten und
Bündelpfeilern eine neue Kathedrale zu errichten. So wie in Canterbury.

Doch die Möglichkeiten unseres Baumeisters Anonymus von Chartres für die neue Kathedrale waren räumlich begrenzt. Da er den Neubau aufgrund von städterechtlichen Aspekten nicht an einem völlig anderen Ort errichten konnte, blieb ihm nichts anderes übrig, als die Dimensionen der Krypta, die sogenannte Unterkirche, die beim Brand von 1194 verschont geblieben war, durch ein neues Fundament einzufassen. Die Krypta bildete also das Maß für die neue Kathedrale.

Nach einer Zeichnung des Fulbertus-Schülers Andreas von Mici aus dem Jahr 1028 war die romanische Kathedrale des Fulbertus dreischiffig, wie eine gewöhnliche romanische Basilika, mit einem erhöhten Langhaus und zwei niedrigeren Seitenschiffen. Sie wies einen abgerundeten Chorumgang mit drei großen Kapellen im Osten auf. Ferner hatte sie zwei Türme im Westen, von denen jeweils Treppen in die Krypta hinunterführten.[264]

Ich zeige zur Westfassade. »Und jetzt stellen wir uns Chartres im Jahr 1194 vor. Nur die beiden Türme und die Reste der Westfassade lässt man stehen. Dem Neubau der Kathedrale mussten grundlegende Planungen durch Baumeister Anonymus von Chartres vorausgehen. Über den tatsächlichen Bauablauf existieren aber keine schriftlichen Quellen.«[265]

Ich deute Chmiel, mir zu folgen. Wir gehen zum südlichen Vierungspfeiler.

»Die Planung begann mit der Vermessung«, sage ich. »Nachdem Baumeister Anonymus von Chartres mit seinen Assistenten die Baustelle untersucht hatte, stellte er erste Messungen außerhalb des Fundamentes an. Vielleicht vermaß er gemäß dem Maß des königlichen Fußes von heute 32,50 Zentimetern.[266] Viel plausibler ist es jedoch, dass der römische Fuß im nördlichen Frankreich zur Zeit des Kathedralbaus Verwendung fand, der ungefähr 29,23 bis 29,8 Zentimeter maß.[267] Doch letztendlich wird der Messvorgang für den Baumeister schwierig gewesen sein, denn durch die Labilität des Seils und die Abnutzung des Messstabes, wird er zwangsweise Abweichungen erhalten haben.«[268]

Chmiel sagt: »Ich kann mir vorstellen, wie es abgelaufen ist. Zugrunde legte Anonymus eine geometrische Form, um die ersten Messpunkte zu finden. In Chartres ist es das Pentagramm,

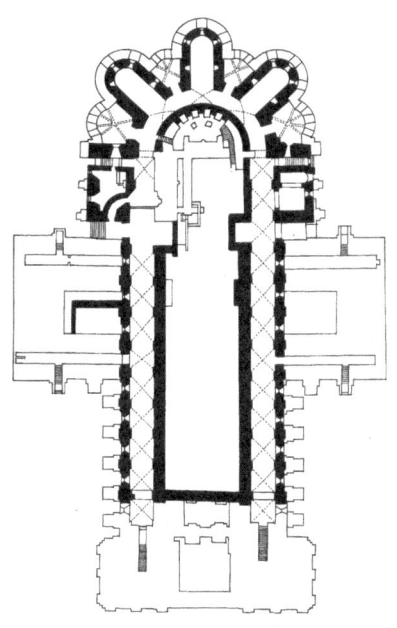

Abb. 13: Nach einer Zeichnung des Fulbertus-Schülers Andreas von Mici aus dem Jahr 1028 war die romanische Kathedrale des Fulbertus dreischiffig wie eine gewöhnliche romanische Basilika, mit einem erhöhten Langhaus und zwei kleineren Seitenschiffen. Sie hatte zwei Türme im Westen, von denen jeweils Treppen in die Krypta führten.
© gemeinfrei, nach René Merlet und Jules A. Clerval, Un Manuscrit Chartrain du Xie siècle : Fulbert, évèque de Chartres, Impr. Garnier, Chartres, 1893

das Fünfeck. Diese Form fanden wir auch in der Kathedrale von Soissons und der Basilika von Saint-Quentin.«[269]

»Okay, weiter!«, ermuntere ich Chmiel.

»Um einen rechten Winkel zu finden – bei der Verwendung von Seilen und Pflöcken äußerst schwierig –, benutzte der Baumeister das Dreieck aus dem Satz des Pythagoras. Die beiden *Katheten* – die kürzeren Seiten des Dreiecks – bilden einen rechten Winkel. So ergibt sich ein Verhältnis von 3:4:5. Dieses pythagoreische Dreieck erhielt Baumeister Anonymus von Chartres durch ein Seil, in das er im Abstand eines Fußes mit Hilfe eines Messstabes jeweils zwölf Knoten einarbeitete.«

Ich bin beeindruckt. »Es klingt beinahe so, als ob du dabei gewesen wärst.«

»Die Zahl Zwölf«, fährt Chmiel fort, »liegt dem platonischen Körper des Dodekaeders zugrunde, der aus zwölf gleichseitigen Fünfecken besteht. Das Fünfeck wiederum enthält ein Dreieck mit rechtem Winkel. Wie wir auch gesehen haben, teilen sich die Diagonalen dieses gleichseitigen Fünfecks zweimal mit unter-

115

schiedlichen Längen auf. Sie bilden ein goldenes Dreieck, eine Gestalt des goldenen Schnitts.«

Hier spricht die Autorität des Physik-Lehrers und ich kann ein Grinsen nicht unterdrücken.

Chmiel sagt: »Es war unumgänglich, dass sich Baumeister Anonymus von Chartres mit Messstab, Knotenschnur, Richtschnur und Richtscheit bei der Vermessung des Areals an der Krypta orientierte und so den goldenen Schnitt anwandte.«

»Anders ging es nicht«, sage ich. »Gemäß der sieben freien Künste setzte Anonymus von Chartres die pythagoreische Wissenschaft ein: Er legte die Knotenschnur zu einem rechtwinkligen Dreieck zusammen. Auf diese Weise erhielt er die erste Markierung auf dem alten Fundament der Fulbertus-Kathedrale.«

Wir gehen zum südöstlichen Vierungspfeiler. Chmiel zeigt auf den Boden. »Hier muss er den ersten Markierungspflock eingepflanzt haben. Dann wiederholte er die Prozedur nach der Abmessung mit der Knotenschnur, mit den Richtschnüren und Richtscheiten. Aufgrund des alten Fundaments der Fulbertus-Kathedrale konnte der Baumeister etwa 16,44 Meter für die Breite der Vierung ausmessen, was ungefähr 50,58 Königsfüßen entspricht.«

»Dadurch erhielt Anonymus von Chartres die Maße von 16,44 Metern Breite und 13,99 Metern Länge der Vierung«, sage ich.[270] »Genau genommen ist die Vierung von Chartres also kein Quadrat, sondern ein Viereck, wobei die Breite des Querhauses kleiner ist als die Breite des Langhauses.«

Ich zeichne eine Grafik in mein Notizbuch und zeige sie Chmiel. Er nickt. »Es ist eher ein Trapez.«

»Baumeister Anonymus zog von den 16,44 Metern die 13,99 Meter ab«, fährt Chmiel fort. »Er erhielt das Ergebnis von 2,45 Metern. Wie wir heute sehen können, entspricht die Breite der Bündelpfeiler der Vierung samt ihren Diensten annähernd dieser Breite von 2,45 Metern. Ich habe es mit einem Maßband vermessen. Stimmt genau.«

Ich nicke anerkennend. »Dieses Maß würde für die Steine gelten, die später durch Schablonen auf die Steine gezeichnet, von den Steinmetzen passgenau zugehauen und den Maurern über-

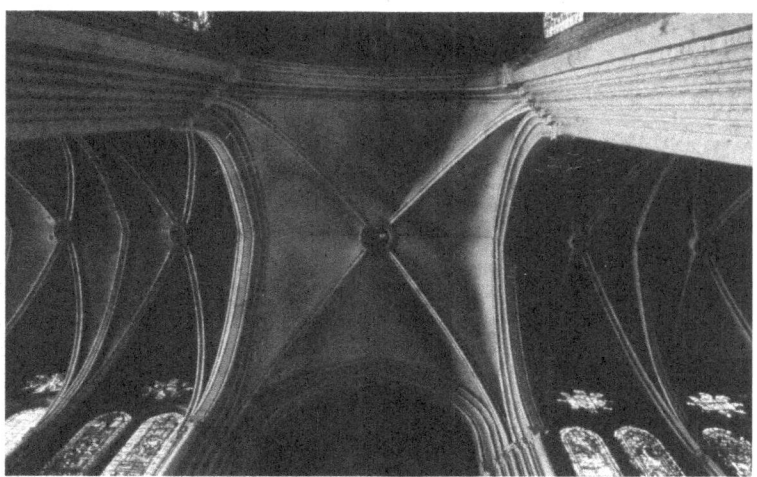

einandergeschichtet werden mussten«, sage ich. »Die Pfeiler der Vierung würden kantoniert sein. Das heißt, ein kantonierter Pfeiler besteht aus einer Säule, die von vier Halb- oder Dreiviertelsäulen – auch Dienste genannt – eingerahmt wird. Der Sinn dieser sogenannten kantonierten Bündelpfeiler besteht darin, dass die zusätzlichen kleineren Säulen, die sich an die große Säule schmiegen, eine viel größere Stabilität bieten.«

»So weit so gut«, sagt Chmiel. »Aber dann …«

Ich zeichne im Notizbuch einen Kreis um die vier Vierungspfeiler, zeige es Chmiel und sage: »Dem französischen Kunsthistoriker Jean Villette zufolge passierte nun Folgendes: Baumeister Anonymus von Chartres zog mit Hilfe des Knotenseils einen Kreis um die vier Vierungspfeiler mit dem Maß von 16,44 Metern, wobei der Kreis die Mitte der östlichen Vierungspfeiler schnitt, die Kanten der westlichen Vierungspfeiler jedoch nur berührte.«

»Verstehe«. Chmiel nimmt mir den Kugelschreiber aus der Hand und zeichnet ein Quadrat um den Kreis. »Daraus konstruierte Anonymus von Chartres dann ein Quadrat, das sich genau in die Maße des Kreises einfügte. Dann verdoppelte er die Entfernung vom Mittelpunkt der Vierung, sodass er einen noch größeren Kreis um den Vierungskreis ziehen konnte. Und so weiter. Entlang der Flucht der Vierungspfeiler konnte nun Baumeister Anonymus im Westen wie im Osten die Standorte weiterer Bündelpfeiler markieren, die später die Joche des Langhauses westlich der Vierung und des Chors östlich der Vierung bilden würden.«[271]

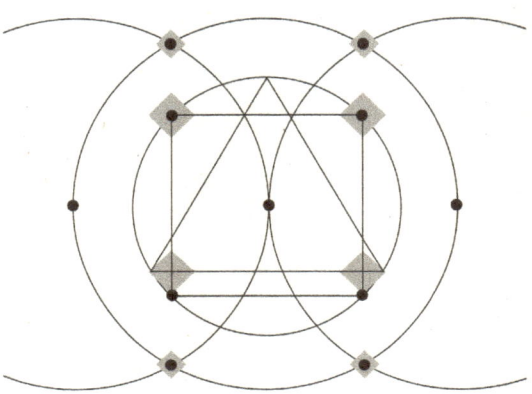

Abb. 15: Baumeister Anonymus von Chartres zog mit Hilfe des Knotenseils einen Kreis um die vier Vierungspfeiler mit dem Maß von 16,44 Metern. Der Kreis schnitt die Mitte der östlichen Vierungspfeiler und berührte die Kanten der westlichen Vierungspfeiler jedoch nur. Daraus konstruierte er dann ein Quadrat, das sich genau in die Maße des Kreises einfügte. Dann verdoppelte er die Entfernung vom Mittelpunkt der Vierung, so dass er einen noch größeren Kreis um den Vierungskreis ziehen konnte. Und so weiter. Entlang der Flucht der Vierungspfeiler konnte nun Baumeister Anonymus im Westen wie im Osten die Standorte weiterer Bündelpfeiler markieren.
© Tobias Daniel Wabbel, nach Jean Vilette

»Da haben wir es«, flüstere ich. »Den Beleg dafür, dass der Neubau der Kathedrale von Chartres mit der Vierung begann.[272] Baumeister Anonymus von Chartres plante auf diese Weise die gesamte Kathedrale. Eine denkbar geniale Lösung.«

Chmiels Augen glänzen. »Waren die ersten vier Punkte der Vierung vermessen und die Standorte der anderen Joche und der Türme bestimmt, konnte Anonymus von Chartres mit dem Lot und der Lotwaage den rechten Winkel der ersten Mauern zur Abstützung der Vierungspfeiler festlegen. Mit der Richtschnur prüfte er, ob die Mauern in der richtigen Flucht aufgeschichtet wurden.«

»Das Maß der 50 Königsfüße wiederholt sich in verschlüsselter Form in der Kathedrale. Dementsprechend konsequent war es von Anonymus von Chartres, mit dem Viereck zu beginnen – ganz im Sinne von Peter von Roissy und Peter von Celle. Nun wusste der Baumeister, wo sich das Langhaus und der Chor befinden sollten. Die nördlichen und südlichen Querhäuser bildeten eine unsichtbare ästhetische Grenze.«

»Aber was passierte dann?«, fragt Chmiel. Er kratzt sich am Kopf und schaut nachdenklich zum Chor im Osten.

»Ich glaube, dann begann die eigentliche Planung der Kathedrale. Höhe, Breite und so weiter. War die Vermessung abgeschlossen, konnte Baumeister Anonymus von Chartres über praktische Details nachdenken. Aufgrund der Vermessung berechnete er die Höhe der Kathedrale, die seines Erachtens vom Standpunkt der Statik sinnvoll war, ohne, dass er befürchten musste, von herabstürzenden Bauteilen erschlagen zu werden. Dann überprüfte er anhand der Karten, die ihm vorlagen, woher er die nötigen Steine bekommen würde. Weitere Berechnungen stellte er über die Steine an, die für gewisse Partien der Kathedrale, etwa die Querhäuser oder das gesamte Strebewerk, notwendig waren.«

»Anonymus muss lange überlegt haben«, sagt Chmiel, »wie lange seine Meistersteinmetze benötigen würden, um die von ihm erdachten geometrischen Muster mit Zirkel und Winkel auf die Steine zu übertragen und die Formen anschließend mit Spitzeisen und Knüpfel aus den Steinen herauszuhauen. Er kalkulierte, wie viel Holz für die Verschalungen, Baugerüste und Lastenkräne benötigt würden. Er grübelte wochenlang über Kosten der Bestandteile der in Blei gefassten Glasfenster, die aus Quarzsand, Soda, Kalk und Metall bestanden.«

Wir setzen uns in die vordere rechte Sitzreihe links vom Mittelgang und blicken auf den Altarraum. Der Küster bereitet den nächsten Gottesdienst vor, füllt Messwein nach, legt Hostien bereit, wechselt die Kerzen aus. Die Sänger:innen des Chors stimmen nun ein lebendiges Osterlied an.

»Er wird sich dann den Kopf über solche Feinheiten zerbrochen haben, wie: Wie viel Geld stellt das Domkapitel für die Anfertigung der Skulpturen zur Verfügung?«, sage ich. »Sollen in Chartres die besten Steinbildhauer des Abendlandes arbeiten oder nur durchschnittlich begabte Handwerker? Woher bekomme ich die besten Handwerker, wenn sie bereits auf anderen Baustellen arbeiten? Warum sollten sie ihre Baustelle verlassen und nach Chartres kommen? Wie viele Steinbrecher, Steinmetze und Steinbildhauer, Zimmermänner, Maurer, Mörtelmischer usw. benötige ich, um die mathematischen Größen meines Bauplans in eine Kathedrale umzuwandeln?«

Chmiel zieht eine sorgenvolle Grimasse. »Und zuletzt überkamen ihn bestimmt massive Zweifel, dass er der gewaltigen Aufgabe gewachsen sein könnte. Baumeister Anonymus fragte sich, ob die Erfahrung, die er als Baumeister auf solchen Kathedralbaustätten wie etwa Laon gesammelt hatte, ausreichten, um einen Bau zu errichten, der alle anderen Kathedralen an Schönheit in den Schatten stellte. Eine krasse Aufgabe.«

»Erst als Baumeister Anonymus von Chartres sich eine klarere Sicht verschafft hatte, konnte die eigentliche Arbeit beginnen«, sage ich.

Wir stehen wieder auf und stellen uns vor die Vierung, mit dem Altar und dem Chor im Rücken, und blicken das Langhaus hinunter Richtung Westfassade.

»Die eigentliche Arbeit begann mit der Beschaffung und dem Transport der Steine«, sage ich. »Und was hier so lächerlich einfach klingt, war ohne motorisierte Fahrzeuge eine enorme Herausforderung. Der Steintransport war teurer als die eigentliche Gewinnung der Steine. Aus logistischer Sicht war es für Baumeister Anonymus günstiger einen Steinbruch in der Nähe der Stadt Chartres auszuwählen. Der einzige Ort, der hierfür in Frage kam, war Berchères-les-Pierres, etwa zwölf Kilometer südöstlich von Chartres, der auf dem Gebiet der Templerkomturei von Sours lag.«[273]

»Anonymus wird dem Domkapitel gesagt haben, was möglich war und was nicht«, sagt Chmiel. »Er wird revidiert, wieder debattiert und schließlich eine Endfassung des Bauplans mit seiner Kalkulation in den Händen gehalten haben. Außerdem wird er sich mit den Templern und dem Grafen von Blois, dem das Land gehörte, auseinandergesetzt haben. Denn Alix von Frankreich, die Tochter König Ludwig VII. und Frau von Graf Thibault V. von Blois, dem Sohn des Neffen des Templergründers Hugo von Champagne, schenkte im Jahr 1192 das Haus und die Ländereien von Sours dem Templerorden.[274] Dazu zählten auch die Steinbrüche von Berchères-les-Pierres. Regnault, der Bischof von Chartres, drohte jedem mit Exkommunikation, der sich gegen die Nutzung dieser Ländereien durch die Templer aussprach.[275] Und wenn die Templer die Hoheit über die Steine hatten, dürften sie wohl auch bei der Gestaltung der Kathedrale ein Wörtchen mitgeredet haben. Auch Alix von Frankreich sowie Graf Theobald von Blois. Vielleicht finden wir dazu Hinweise in der Kathedrale.«

»Es gibt keine Unterlagen, die belegen, dass der Steinbruch Berchères-les-Pierres den Templern gehörte«, widerspreche ich. »Aber sie besaßen Land in der Nähe. Ob der Steinbruch dazu gehörte, ist ungewiss. Es ist jedoch nicht unwahrscheinlich, dass der Bischof von Chartres die Steine von ihnen kaufen musste, wenn der Steinbruch den Templern gehörte. Aber auch ohne Steinbruch würde der Bischof einen Schuldschein oder Kredit erhalten haben, denn das Geld reichte bekanntlich nicht.«

Chmiel schweigt kurz. Dann sagt er: »Wie auch immer, die von den Steinbrechern in Berchères-les-Pierres mit Spitzhacken herausgearbeiteten Steine wurden bereits vor Ort von den Steinmetzen auf die benötigten Maße grob zugehauen. Anders war es nicht möglich.«

»Ja, Maurer müssen vorher Schablonen nach Berchères gebracht haben«, überlege ich laut. »Damit rissen die Steinmetze die Formen mit Winkel und Zirkel an und hauten die Steine mit Knüpfel, Sprengeisen, Steinbeil, Scharriereisen, Spitz- und Zahneisen anschließend auf Maß zu.[276] Auf diese Weise sparten unser Baumeister Anonymus und das Domkapitel erhebliche Transportkosten. Dabei wird man mehrere Wege gewählt haben, um die Steine nach Chartres zu bringen.«

»Jeder Stein wurde von den entsprechenden Steinmetzen mit seinem Symbol versehen. Das Steinmetzzeichen war das Erkennungszeichen des Steinmetzes. Die Anzahl der Steine, die er mit diesem Zeichen versehen hatte, gab über seinen Lohn Auskunft, den das Domkapitel ihm am Ende der Woche schuldete.«

»Die Steinquader wurden dann mit Ochsenkarren nach Chartres gebracht«, sage ich, »und nicht auf dem Wasserweg mit Booten, da die Flüsse der Eure und Loire aufgrund des niedrigen Wasserstandes nicht befahrbar waren.[277] Die Steine wurden in Chartres an der Baustelle abgeladen. Allein der Transport aller Steine, die für das Fundament benötigt wurden, wird viele Wochen gedauert haben.«

Chmiel denkt nach. »So weit so gut«, sagt er dann. »Es scheint, dass es drei Phasen gab: die Vermessung und Planung, die Organisation und schließlich den Bau. Das war alles kein Kinderspiel wie in Ken Folletts *Die Säulen der Erde*. Und weniger Sexszenen«, lacht Chmiel. »Und dann?«

»Schließ' wieder die Augen«, grinse ich.

»Bitte nicht wieder warmes Bier und Hafergrütze!«, fleht Chmiel. Ich forme das Gourmet-Zeichen mit Daumen und Zeigefinger.

»Keine Sorge, wir sind in Frankreich des Jahres 1194.«

Der Bauvorgang beginnt mit dem Fundament. Zu diesem Zweck heben Hilfsarbeiter Gruben um die alte Krypta aus. Dann beginnen die Maurer, mit Erde, Sand, gebranntem und anschließend gelöschtem Kalk und Wasser mit der Mörtelmischhacke den Zement herzustellen.[278] Mit Hilfe des Lots und der Lot-Waage können die Maurer prüfen, ob sie das Mauerwerk gerade und in der richtigen Flucht gesetzt haben. Die Maurer vermauern die zugehauenen Steine nun gemäß der Anweisungen von Baumeister Anonymus von Chartres an den vier Messpunkten für die Vierung.

Eiserne Fungenanker verbinden die Steine miteinander, um sicherzugehen, dass sie nicht verrutschen. Steinmetze haben vorher Löcher auf der Sicht- und Rückseite eingearbeitet, in die eiserne Steinzangen greifen. Die Steinzangen sind mit Seilen befestigt, die zu hölzernen Laufrädern führen. Hilfsarbeiter treten diese Laufräder, um die schweren Steine durch den Seiltransport anheben zu können.

Arbeiter ziehen über Säulenkräne leichtere Steine, Mörtel und Werkzeuge in Eimern, die an Seilen befestigt sind, hoch. Ein solcher Säulenkran hat die Form eines »T«, an dessen Enden zwei Rollen befestigt sind, die die Seile transportieren. Die Maurer stehen auf erhobenen Baugerüsten, die sie über massive Holzplanken besteigen können. Sie lenken die Steine, die in der Steinzange verankert sind, in die richtige Position. Sie legen den Mörtel mit der Kelle auf den Steinen aus und verankern und verfugen den Stein anschließend.

Sobald die Vierungspfeiler stehen, befestigen die Maurer westlich der Vierung auf Anweisung des Baumeisters eine Stützmauer, so dass die Vierungspfeiler dort frei stehen können, wo Anonymus sie vorgesehen hat. Durch die Stützmauer muss Meister Anonymus also nicht befürchten, dass das Mauerwerk einstürzt. Dies geschieht ebenso an den östlichen Vierungspfeilern, wo Maurer zwei provisorische Strebepfeiler mit in der Erde eingelassenen und mit Holz verschalten Mörtelsockeln anbringen. Das allein dauert Monate.

Dann folgt das Mauerwerk des Untergeschosses auf der Westseite, auf dem dann die Seitenschiffe beruhen. Nachdem Baumeister Anonymus durch seine Berechnungen und Vermessungen die Maße für die Bündelpfeiler des Langhauses ermittelt hat, werden diese Steine anhand von Schablonen im Steinbruch zugehauen. Zimmerleute konstruieren meterhohe, durch Planken begehbare Holzgerüste mit mehreren Etagen, als die Mauer immer höher wächst. Allein um die schweren Steinblöcke über die Kräne und Winden nach oben zu ziehen, benötigen sie dutzende Männer, die jeden Tag nichts anderes tun, als Steine zu heben.

Die Maurer verschließen dann die Arkaden der Seitenschiffe von außen mit Mauerwerken und überdachen sie anschließend mit einem Gewölbe. Die Seitenschiffe sind mit Zugankern aus Holz versehen. Das soll verhindern, dass das Gewicht über die Spitzbögen der Arkaden nach unten und außen drückt und somit das Mauerwerk zum Einsturz bringt.[279] Die Zuganker halten die Arkadenmauern zusammen. Das Langhaus reicht zunächst nur bis zur Höhe des Triforiums. In der Winkelung des Langhauses zu den Querschiffen sollen behelfsmäßig abgebrachte Mauern in Sockelhöhe die statische Unterstützung sichern.[280]

Östlich der Vierung ziehen die Maurer unterdessen die Wände des Untergeschosses zum Chorabschnitt hoch. Sie wölben anschließend das Langhaus mit einem vorläufigen Dach ein, das sie später wieder abnehmen. Diese Vorstufe der Kathedrale ist nicht gerade lichtdurchflutet, denn die Obergaden fehlen. Das Mauerwerk für die Obergaden würde erst in den nächsten Jahren entstehen.[281] Doch zumindest können nun erste Gottesdienste abgehalten werden. Das neue, halbhohe Langhaus schließt an die noch stehenden Partien der Westfassade an.

Als das Langhaus mit seinen Obergadenlichtern, der Chor und der Hochchor stehen, wird die Kathedrale mit einem Dachstuhl versehen. Erst danach können die Zimmerleute die Konstruktion des Gewölbes durchführen. Das Gewölbe entsteht zur gleichen Zeit wie das Strebewerk, um ein statisches Ausgleichsmoment zwischen den vertikalen Schubkräften von oben und den horizontalen Seitendrücken zu schaffen.

Ich tippe Chmiel auf die rechte Schulter. »Du kannst die Augen wieder öffnen.«

Chmiel imitiert ein Schnarchen, öffnet blinzelnd die Augen und grinst: »Wenn es nur so einfach gewesen wäre, wie du es gerade erzählt hast.«

»Es existieren keine Quellen, die eine detaillierte Auskunft über den Fortschritt der einzelnen Bauphasen in Chartres geben könnten«, gestehe ich. »Fest steht jedoch, dass die Kathedrale größtenteils im Januar des Jahres 1221 vollendet war, was aus einer Urkunde des Domkapitels über die Sitzordnung des Chorgestühls hervorgeht.[282] Daher können wir heute daraus schließen, dass zumindest der Chor, wahrscheinlich aber die gesamte Kathedrale, im Jahr 1221 größtenteils fertiggestellt und für den Gottesdienst benutzbar war.«

»Ich habe gelesen, dass das Langhaus zeitlich weit vor dem Chor vollendet wurde, durch Untersuchungen von Holzresten der Gerüste, die über den Kapitellen der Säulen von den Handwerkern einfach abgesägt und im Stein belassen wurden.«

»Ja, man hat die Abstände der Jahresringe der Hölzer untersucht und mit älteren dendrochronologischen Untersuchungen
von Hölzern im Mittelalter abgeglichen«, sage ich. »Demnach
stellte sich heraus, dass die Seitenschiffe des Langhauses bereits
um das Jahr 1200 vollendet, während die Seitenschiffe des Chors
erst um 1210 fertiggestellt waren.«[283]

»Aber ich habe mich gefragt, ob all das so stattgefunden hat,
wie wir es gerade rekonstruiert haben und wie auch die meisten
Kunsthistoriker über den Bauvorgang denken. Oder war es anders?«

»Der australische Architekt John James glaubt, dass der Bauvorgang in Chartres völlig anders abgelaufen sei.«

»Da bin ich aber gespannt. Muss ich die Augen schließen?«

»Nein«, lache ich. »Im Gegenteil. Halte die Augen bloß auf. Du
wirst sehen, warum.«

»Erzähl!«

Die Schwierigkeit, die einzelnen Bauphasen der Kathedrale einer
bestimmten Jahreszahl zuzuordnen, versuchte der australische
Architekt John James zu umgehen, indem er sich die Bauschich-
ten am Gebäude und auch die Fehler in den Steinen und am Gemäuer genauer ansah. James untersuchte die Kathedrale sprich-
wörtlich Stein für Stein, um herauszufinden, ob mehr als nur ein
Architekt an der Planung und Ausführung des Baus beteiligt war.
Aufschlussreich war für ihn, dass viele Steine verschiedenartige
Steinbearbeitungstechniken und auch voneinander abweichende
geometrische Gestaltungsschablonen aufzuweisen scheinen.

James glaubte, dass die horizontalen und vertikalen Schichten
verschiedenartig zugehauener Steine über die gesamte Länge der
Kathedrale hinweg darauf schließen lassen, dass verschiedene
Bauhütten am Werk waren und es keineswegs nur einen Archi-
tekten und Baumeister gab. Vielmehr schloss James aus seiner
Beobachtung, dass mehrere Teams von Handwerkern im Auftrag
von mehreren Bauunternehmern an der Kathedrale arbeiteten.
Einen Baumeister hat es seines Erachtens nie gegeben.

Gemäß der Theorie von John James leiteten besonders fach-
kundige Handwerker diese Mannschaften der verschiedenen

Bauunternehmer an. James ordnete verschiedene Schichten der Kathedrale verschiedenen Bautrupps und daher auch Bauperioden zu. Aus Ermangelung an überlieferten Namen versah er die Bautrupps der Einfachheit halber mit Farben: Scharlachrot, Bronze, Rosa, Oliv, Rubinrot, Kobaltblau, Rot, Jadegrün und Grün.[284] James glaubte, neun Bauunternehmer identifizieren zu können, die mit neunundzwanzig verschiedenen Werkkampagnen am Bau der Kathedrale beteiligt waren.

James zieht diese Schlussfolgerung beispielsweise aus interessanten Details wie etwa zwei verschiedenartig zugehauenen Rankenblättern an einem Gesims unterhalb eines Fensters des südlichen Querhauses. James zufolge müssen hier zwei unterschiedliche Baumannschaften tätig gewesen sein.[285] Die Teams Bronze und Oliv mussten verschiedene Schablonen entworfen haben, aufgrund derer sie später die Steine bearbeiteten – und das Ergebnis waren jene abweichenden Blattwerke. So sieht James die gesamte Kathedrale durchzogen von einer Fülle von abweichenden Formen, die nur dem geübten Steinbildhauer oder Architekten auffallen.

Jeder Leiter seines Teams war demnach ein kleiner Baumeister, der für seinen eigenen Bereich der Kathedrale zuständig war. Die neun Baumannschaften der verschiedenen, mit dem Domkapitel vertraglich gebundenen Bauunternehmer arbeiteten zwar nicht direkt zusammen, übernahmen jedoch die Entwürfe der Vorgänger und führten ihre eigenen stilistischen Verfeinerungen durch. James zufolge war das Team mit der Bezeichnung Scharlachrot ab 1194 für die Anfänge des Baus zuständig. Ein Jahr später wurde das Team Scharlachrot durch das Handwerkerteam Bronze abgelöst. Im Jahre 1196 begann das Team Rosa, gefolgt von Team Oliv im Jahre 1197. Dann schien ein Turnus einzusetzen, demzufolge das Team Bronze im Jahre 1198 wieder die Leitung der Bauarbeiten übernahm, gefolgt von Rubinrot im Jahre 1199. Ab dem Jahr 1201 war das Team Bronze bis zum Jahr 1230 tätig.[286] Genau genommen waren die Arbeiter des Teams Bronze die handwerklich maßgebliche Bautruppe, während das Team Scharlachrot die Grundrisse der Kathedrale festlegte.

Für den für uns in Frage kommenden Zeitraum gälte also nach der Theorie von John James, dass die Teams Scharlachrot, Bronze, Rosa und Oliv zwischen 1194 und 1200 für die Errichtung der Partien des Langhauses westlich der Vierung verantwortlich waren. Das Team Bronze stellte dann ab dem Jahr 1200 die Errichtung des gesamten Chorabschnitts mit seinem Umgang und den angeschlossenen Kapellen fertig.

Die Theorie von John James weist jedoch einige enorme Logiklöcher und Ungereimtheiten auf. Wie wir anhand des Wiederaufbaus der Kathedrale von Canterbury ab dem Jahr 1174 durch Wilhelm von Sens gesehen haben, war es üblich, einen alleinigen Baumeister zu bestimmen, der die Arbeiter unter sich anwies. Wie Gervasius von Canterbury in seinem Bericht *Chronica maior* berichtet, war das Wilhelm von Sens. Nachdem Wilhelm von Sens durch den Sturz von einem Baugerüst im Jahr 1178 so schwer verletzt wurde, dass er seine Aufgabe als Baumeister nicht mehr erfüllen konnte, ernannte das Domkapitel einen Nachfolger, Wilhelm der Engländer. Er galt als ebenso *kunstfertiger* Mann, wie Wilhelm von Sens.

Ferner würde die Arbeit durch verschiedene Bautrupps voraussetzen, dass die Bauunternehmer in finanzielle Vorleistungen traten. Angesichts der gewaltigen Aufgabe, eine Kathedrale zu bauen, wäre es für die Bauunternehmer sehr teuer geworden, für mehrere hundert Arbeiter gleichzeitig bis zum Ende der Saison im Spätherbst in Vorkasse zu treten. Die gängige Entlohnungspraxis durch die Domkapitel der Kathedralen war es jedoch, die Arbeiter wöchentlich zu bezahlen und nicht für jedes abgelieferte Werkstück. Eine Entlohnung nach fertig gestellten Werkstücken traf nur auf die freien Handwerker zu, die keiner Bauhütte angehörten und wie bezahlte Söldner von Kathedrale zu Kathedrale zogen. Der Großteil der Arbeiter gehörte jedoch der entsprechenden Bauhütte der Kathedrale an.

Ein weiterer Einwand zu James' Theorie bezieht sich auf die Kommunikation zwischen den verschiedenen Bauunternehmern. Wenn es keinen Baumeister und daher auch keinen übergeordneten Plan gab, der den Bauleuten vorlag und dem die Arbeiter nicht entnehmen konnten, welche Steine wo gemauert oder zu einem bestimmten Profil geschlagen werden sollten, dann hätte die Kathedrale eine wesentlich andere Gestalt als wir sie heute vor uns sehen.

Tatsächlich wäre die Kathedrale heute eine wilde Mischung aus verschiedenen Steinbearbeitungstechniken, die weit über die kleinen architektonischen Ungereimtheiten hinausgehen, die John James durch seine Untersuchung glaubte entdeckt zu haben. Es wäre demnach für das Team Rosa unmöglich gewesen, nachzuvollziehen, nach welchen Vorgaben das Team Bronze arbeitete und für das Team Bronze wäre es unmöglich gewesen, die Techniken und Stile des Vorgängerteams Scharlachrot zu verstehen und fachgerecht umzusetzen. Und so weiter. Chaos wäre die Folge gewesen. Am Ende wären die ersten bescheidenen Versuche, eine Kathedrale zu bauen, mit dem Einsturz des Rohbaus quittiert worden.

Dieses Problem der Koordination hätte sich noch verschlimmert, wenn ein Mangel an finanziellen Mitteln das Domkapitel gezwungen hätte, die Arbeiten aussetzen zu lassen. Die Folge: Die jeweiligen Teams wären nicht zusammengeblieben. Vielmehr wären einzelne Arbeiter abgezogen, um als freie Maurer oder Steinmetze auf anderen Baustellen ihren Lebensunterhalt zu verdienen, beispielsweise in Bourges, wo ab 1195 eine weitere großartige Kathedrale entstand. Tatsächlich wären dann also die Teams wie Scharlachrot, Bronze, Rosa oder Oliv sehr schnell verschwunden. Dies hätte unweigerlich bedeutet, dass ein Bauplan verschiedener Gebäudepartien, der vielleicht ansatzweise unter den Leitern der Teams kursierte, völlig zunichte gemacht oder zumindest andauernd neu verworfen und abgeändert worden wäre. Diesen Eindruck erweckt die Kathedrale eindeutig nicht.

Ein weiteres Argument gegen die Theorie von John James ist die Tatsache, dass die beim Brand von 1194 verschonten Partien der Kathedrale in den Neubau integriert und nicht komplett abgerissen wurden, wie in Canterbury. Verschiedene vertraglich an das Domkapitel gebundene Baumannschaften hätten aus Gründen der Einfachheit die Reste der alten Fulbertus-Kathedrale abgerissen, um einen kompletten Neubau hochzuziehen.

Doch auch das geschah aus einem einfachen Grund nicht: Die platonische Bildprogramm des Westportals spielte eine immense

Rolle. Ferner legte das Domkapitel von Chartres großen Wert darauf, dass der Gottesdienst so schnell wie möglich wieder Gläubige aus Chartres und der engeren Umgebung anziehen sollte. Darüber hinaus lag es im Interesse des Bischofs von Chartres, dass sehr schnell so viele Pilger wie möglich durch den Schleier der Jungfrau Maria bereitwillig mit klingender Münze in den Opferstock spendeten.

Auch ist es sehr zweifelhaft, dass die Baumannschaften zwischen den Jahren 1194 und 1220 neunundzwanzig Mal gewechselt hätten, wenn ausreichend Geld vorhanden war, um die Kathedrale innerhalb vergleichsweise kurzer Zeit durch ein oder zwei Teams für die ersten Gottesdienste aufzubauen. Da die Kathedrale von Chartres innerhalb von sechsundzwanzig Jahren funktionsfähig war, können wir feststellen, dass trotz dokumentierter Geldknappheit ab 1197 rätselhafterweise doch genug Geld vorhanden war, um den Bau zu vollenden. Die mysteriösen Geldgeber hätten Ergebnisse sehen wollen. Neue Handwerker hätten wieder neu angelernt und sie sich zunächst mit den bereits angewandten Techniken und Stilen vertraut machen müssen. Das hätte Zeit viel gekostet.

Die künstlerischen Diskrepanzen an gleichen Werkstücken, die jedoch Steinmetze und Maurer auf unterschiedliche Weise fertigten, können wir nicht damit erklären, dass hier verschiedene Baumannschaften beteiligt waren. Teilweise befinden sich diese verschiedenartig gefertigten Werkstücke direkt nebeneinander. Warum sollte eine Baumannschaft ausgerechnet einen Stein bearbeiten und dort setzen, wo er heute zu finden ist und den Stein daneben auslassen, so dass er dort Jahre später erst von einem anderen Team eingesetzt wird? Es wäre für das Team einfacher gewesen, die Zeichnungen über eine Schablone auf alle in Frage kommenden Steine aufzuzeichnen und dann in einer Massenproduktion herzustellen. Das geschah auch größtenteils.

Das sind starke Indizien dafür, dass ein übergeordneter Plan existierte, der von einem einzigen Baumeister, der vielleicht einen oder zwei kundige Stellvertreter hatte, stammte. Unterschiedliche Figuren und Formen gleicher Werkstücke lassen sich damit erklären, dass oftmals Kapitelle und ähnliche Werkstücke bei der Bearbeitung durch einen Fehler zersprangen. Also mussten die Steinmetze schnell ein neues Werkstück anfertigen. Manchmal kam es auch vor, dass der Steinmetz sich einfach irrte, weil er die Proportionen falsch zugehauen hatte. Dementsprechend hatte das von ihm gefertigte Werkstück eine andere Breite oder Höhe oder einfach ein stilistisch geringfügig andersartiges Aussehen. Doch wegen dieser Fehler war das besagte Werkstück noch lange nicht das Ergebnis einer anderen Baumannschaft.

Ungeachtet all dieser Argumente, die eindeutig gegen seine umstrittene Theorie sprechen, postulierte John James durch seine Beobachtungen an der Kathedrale, dass das Domkapitel von Chartres noch nicht einmal in bescheidenem Ausmaß an der ikonografischen Gestaltung der Skulpturen beteiligt war.[287] Nach dieser Sichtweise von John James war es für das Domkapitel nur wichtig, dass die Kathedrale eine einheitliche Linie im Fundament und in der Planung einhielt. Der Rest sei das Werk der Bauunternehmer gewesen.

Das wiederum hätte bedeutet, dass das gesamte Bildprogramm des nördlichen und südlichen Querhauses – angefangen bei Adam und Eva aus der Genesis des Alten Testaments bis zum Jüngsten Gericht in der Offenbarung des Johannes – durch die Steinmetze und Steinbildhauer selbst erdacht worden sei. Und das ohne irgendein theologisches Konzept. Da jedoch das Nord- wie auch das Südportal thematisch bis in kleinste Details durchdacht und aufeinander abgestimmt sind, ist auch diese Annahme John James unsinnig. Es stellt sich die Frage, wie jemand etwas Derartiges ernst nehmen kann.

»Die Theorie von John James hat jedoch einen Vorteil«, sage ich. »Sie zeigt uns, wie die Kathedrale von Chartres gewiss *nicht* entstanden ist: nämlich durch verschiedene Bauunternehmer, die ihre Arbeiter an der Kathedrale nach Gutdünken ohne einen übergeordneten Bauplan arbeiten ließen und die erst nach erbrachter Leistung bezahlt wurden. Daher kommen wir zu dem erstaunlichen Ergebnis, dass es nur einen Baumeister mit Stellvertretern gab, die eine große Mannschaft von Handwerkern anwiesen. John James Theorie ist somit schlichtweg falsch.«[288]

Chmiel sagt: »Der Bauherr der neuen Kathedrale von Chartres entschied sich gegen den Abriss des Westportals, weil es eine monumentale Botschaft enthält. Eine Botschaft, die Licht ins Dunkel über den Aufenthalt und die Natur eines gewaltigen ideellen Schatzes bringt. Angesichts der neuen Fakten sehe ich die Kathedrale von Chartres und ihre Erbauer mit völlig anderen Augen.«

»Allerdings. Ich auch.«

Chmiel blickt sich in der Kathedrale um. »Fällt dir was auf?«

»Was?«

»Wir sind die letzten Besucher hier.« Tatsächlich, es ist sehr ruhig geworden.

Ich blicke auf die Armbanduhr. In wenigen Minuten schließt die Kathedrale. Mein Magen knurrt. Chmiel blickt auf sein Smartphone und zeigt mir ein Foto, das ihm seine Frau vom Abendessen geschickt hat. Er grinst mit gespielter Empörung: »Meine Frau und die Kinder können zuhause sein und Spaghetti Bolognese essen. Und wir müssen hier gleich kaltes Bier trinken.«

Wir verlassen die Kathedrale. Folgende Erkenntnisse gehen mir durch den Kopf:

- Das Stiftszelt und der Salomonische Tempel hatten maßgeblichen Einfluss bei der Entwicklung der Gotik. Demzufolge auch die Objekte der Bundeslade und der Gesetzestafeln. Der geistige Vater der Gotik, Abt Suger von Saint-Denis, sah sich selbst als Wächter der Bundeslade.
- Der Brand der alten Fulbertus-Kathedrale von 1194 war die perfekte Rechtfertigung für den Neubau einer Kathedrale im gotischen Stil.
- Die Konstruktion des Neubaus geschah unter der Verwendung der platonischen Körper, des Fünfecks, des Dodekaeders, des goldenen Dreiecks und des goldenen Schnitts.
- Die Finanzierung des Neubaus der Kathedrale von Chartres war laut Chronik zunächst nur für drei Jahre gesichert. Danach geschah »ein Wunder« durch die Jungfrau Maria.
- Demnach war die Finanzierung überhaupt nicht gesichert. Der Bericht über die Wunder der Jungfrau Maria ist unglaubwürdig.

- Wie beim Neubau der Kathedrale von Canterbury leitete sehr wahrscheinlich nur ein Bauhüttenmeister mit mehreren untergebenen Stellvertretern eine feste Baumannschaft an.
- Der Baumeister der Kathedrale von Chartres war vorher am Bau der Kathedrale von Laon und später auch in Soissons beteiligt.
- Der Baumeister war ein Meister seiner Kunst und war mit der Umsetzung des platonischen Wissens der Schule von Chartres betraut.
- Wahrscheinlich hatte der Baumeister eine klerikale Ausbildung in einem Kloster genossen. Er war geschult in den Wissenschaften des Quadriviums der sieben freien Künste, insbesondere in Geometrie, Arithmetik, Musik, pythagoreischer Zahlenmystik und biblischen Texten.
- Anonymus von Chartres wusste den goldenen Schnitt perfekt einzusetzen und mit den biblischen Dimensionen des Stiftszelts in Einklang zu bringen.
- Am Westportal der Kathedrale von Laon findet sich der gleiche falsche lateinische Begriff für das Wort »Bundeslade« wie am Nordportal von Chartres. Der Steinmetz hat hier auf Anweisung des gleichen Baumeisters und insbesondere des Domkapitels gehandelt, denn die Skulpturen liegen einem gemeinsamen Konzept zugrunde.
- Die Westfassade von Laon entstand zur gleichen Zeit wie das Nordportal von Chartres: ab 1210.
- Die Joche des Langhauses und des Chors werden zur Vierung hin größer. Es ist ein Hinweis, dass der Vierung besondere Beachtung zu schenken ist.
- Der Neubau der Kathedrale von Chartres begann mit der Vierung, die eine Anspielung auf das Allerheiligste des Salomonischen Tempels war.
- Baumeister Anonymus von Chartres integrierte die alte Westfassade von 1134, die beim Brand von 1194 stehen geblieben war.

»Was haben also all die Anspielungen auf den Salomonischen Tempel in Chartres zu bedeuten?«, frage ich.

Am Nordportal von Chartres weisen zwei Reliefzylinder auf den Verlust der Bundeslade durch den Raub der Philister hin. Die Mehrdeutigkeit der Information lässt jedoch auch eine andere Interpretation zu: dass die Lade in Chartres verschwand oder verborgen wurde.
© Tobias Daniel Wabbel

III. Die Geheimnisse

»sîn varwe im nimmer ouch zergêt:
man muoz im sölher varwe jehn,
dâ mit ez hât den stein gesehn,
ez sî maget ode man,
als dô sîn bestiu zît huop an,
sæh ez den stein zwei hundert jâr,
im enwurde denne grâ sîn hâr.
selhe kraft dem menschen gît der stein,
daz im fleisch unde bein
jugent enpfæht al sunder twâl.
der stein ist ouch genant der grâl.«

Wolfram von Eschenbach, *Parzival,* Buch IX, 469,18–28

1. Die Israeliten von Chartres

Samstagmorgen. Inzwischen habe ich Fotografien aus allen erdenklichen Winkeln der äußeren Kathedrale und der Portale angefertigt. Nachdem Chmiel und ich uns am Vortag für neun Uhr am Westportal verabredet hatten, betreten wir die Kathedrale. Nach zwei Stunden des Studiums der Fenster setze ich mich auf einen der Stühle im Langhaus, während Chmiel sich den Fenstern des Südportals widmet. Da ich stets einen Armee-Kompass in meinem Rucksack einpacke, hole ich ihn heraus, um die Ostung der Kathedrale zu überprüfen. Ich erwarte jedoch keinerlei große Abweichungen.

Doch jetzt beobachte ich, wie sich die Kompassnadel im Nordosten einpendelt. Die Eingänge von Kirchen befanden sich vor dem 4. Jahrhundert in Anlehnung an den Salomonischen Tempel stets im Osten.[289] Die Kathedrale von Chartres weist keine direkte Ostung zum Sonnenaufgang auf. Diese Ausrichtung zum Sonnenaufgang galt als Verherrlichung von Jesu Auferstehung.[290] Ferner symbolisierte es das im Osten gelegene Himmlische Jerusalem.[291] Es stand aber auch für das Paradies im Osten.[292] Vielmehr entdecke ich, dass die Kathedrale eine Abweichung von 43,5 Grad Richtung Nordosten zeigt.

Ich schnappe meine Sachen und gehe zum Hochchor. Unterwegs treffe ich Chmiel. Die Tür zum Chorbereich ist nun geöffnet. Ich baue mein Stativ in der Mitte des Altarraums vor dem Chorgestühl auf und montiere das Teleobjektiv auf die Kamera. Dann begutachte ich die Fenster des Hochchors. Chmiel packt sein Fernglas aus der Stofftasche. Ich sehe in der Halbrunde fünf Fenster des Hochchors, zwei weitere gliedern sich am Langchor an. Im Objektiv der Kamera erscheinen die Scheitelfenster des Hochchors auf zwölf Uhr vor mir. Es sind biblische Gestalten von Maria und ihrem Sohn Jesus, gebettet auf leuchtend blauen, violetten und roten Farben.

Direkt unter ihr finde ich eine Darstellung von Marias Heimsuchung ihrer Verwandten Elisabeth, der sie die frohe Botschaft von der kommenden Empfängnis mitteilte und die ihrerseits mit

Abb. 16: Die sieben Fenster des Hochchors deuten in ihrer typologischen Botschaft auf die Bundeslade hin.
© *Tobias Daniel Wabbel*

Johannes dem Täufer schwanger ging. Darunter sehe ich die Verkündigung des Engels, der Maria entsprechend des Lukas-Evangeliums mitteilt, dass der Heilige Geist über sie kommen und sie dadurch schwanger würde.

Die Medaillons sind von unten nach oben zu »lesen«. Die Verkündigung der Schwangerschaft Marias mit Jesus durch einen Engel geht der Heimsuchung voran. Beide Motive werden durch Maria mit dem Jesuskind gekrönt.

»Was soll das sein?«, frage ich und zeige auf die Darstellung der Maria.

»Dieser merkwürdige Jesus ist mir auch schon aufgefallen«, sagt Chmiel. »So was habe ich noch nie gesehen.«

»Jesus ist in Gestalt eines Mannes mit Tonsur dargestellt?«, frage ich. »Er sieht aus wie ein Mönch. Das ist definitiv kein Kind. Die Darstellung weicht von allen Portraits ab, die ich bislang von Jesus als Kind gesehen habe. Wer ist also dieser Mann auf dem Schoß der Jungfrau Maria? Es ist geradezu grotesk.«

Abb. 17: Das Zentralfenster zeigt die Jungfau Maria mit dem Jesuskind. Jesus ist hier jedoch sehr unkonventionell dargestellt. Das Jesuskind ist ein Mönch mit Tonsur.
© *Tobias Daniel Wabbel*

Im Fenster rechts daneben sind der Prophet Jesaja und Moses, der Anführer der Israeliten, zu sehen. Zu Moses Füßen finde ich eine Szene aus dem Exodus, dem 2. Buch Mose. Die zwölf Stämme Israels irrten vierzig Jahre durch die Wüste Sinai, auf der Suche nach dem gelobten Land. Gott ließ das Manna vom Himmel regnen.[293] Moses befahl daraufhin den Israeliten, das Manna vom Wüstenboden aufzulesen und zu essen. Die Bibel berichtet auch, dass Moses einen Krug mit Manna füllen ließ, um ihn *vor* die Bundeslade zu stellen.[294] Im Neuen Testament wird hingegen beschrieben, wie der Krug mit dem Manna *in* die Bundeslade gestellt wird, zusammen mit dem grünenden Stab von Moses Bruder Aaron, der den Israeliten gezeigt hatte, dass der Stamm der Levi für die Hohepriesterschaft auserwählt war.[295]

»Alle sieben Fenster scheinen auf den ersten Blick typologische Anspielungen auf die Empfängnis der Jungfrau Maria zu sein«, sagt Chmiel. »Denn Moses erscheint mit dem brennenden Dornenbusch aus dem Buch Exodus.«[296]

»Stimmt, der Busch, der nicht verbrennt, ist typologisch betrachtet gleichbedeutend mit der unbefleckten Empfängnis der Maria mit Jesus Christus«, sage ich.[297]

Abb. 18: Die Fenster des Hochchors weisen auf die Bundeslade und die Israeliten hin. Zwei Männer füllen einen Korb mit Brot. Während ihrer Wanderung durch den Sinai sandte JHWH den Israeliten das Manna vom Himmel. Auf diese Weise überlebten sie und erreichten schließlich das gelobte Land Kanaan.
© *Tobias Daniel Wabbel*

Chmiel reibt sich mit der linken Hand den Nacken und ächzt. »Ich sollte Yoga machen, wie meine Frau.« Dann murmelt er: »Im Fenster daneben erkenne ich Aaron, den Bruder Mose. Er ist der Hohepriester. Man erkennt ihn an den zwölf Halbedelsteinen auf seinem goldenen Brustschurz. Er durfte als einziger Israelit das Allerheiligste des Stiftszeltes betreten, um die Bundeslade mit dem Blut der Opfertiere zu besprengen.«

»Hier scheint wieder viel Typologie am Werk zu sein«, antworte ich. »Der blühende Stab des Aaron steht als weitere Eigenschaft für die Jungfräulichkeit Marias: Die Blüte des Stabes ist Maria, die Knospe hingegen das Jesuskind. Über Aaron ist ein engelhaftes Wesen mit sechs Flügeln zu sehen.«

»Ein *Seraph*«, merkt Chmiel an. »Sowohl dieses als auch das rechte Fenster vom Zentralfenster aus gesehen, haben einen Seraph. Beide Seraphim schwenken Weihrauchgefäße. Es bedeutet, dass die Kathedrale der Jungfrau Maria geweiht ist.«[298]

Er denkt nach, dann sagt er: »Heißt das nicht im Umkehrschluss ...?«

»Genau«, antworte ich. »Wenn wir die Jungfrau wieder typo-

_ogisch betrachten, dann steht sie für die Bundeslade. Es hieße, dass die Kathedrale der Bundeslade geweiht ist.«

Chmiel senkt sein Fernglas. Ich richte mich auf. Wir sehen uns entgeistert an. »Was heißt das konkret?«, fragt er.

»Wir erweitern unsere Arbeitshypothese«, antworte ich. »Eine Bundeslade mit Gesetzestafeln soll angeblich in Rom im Vatikan aufbewahrt worden sein, wie es in der *Descriptio* von Johannes Diakonus aus dem Jahr 1100 und in Nicolaus Maniacutius' Schrift *Historia Imaginis Salvatoris* im Jahr 1145 bestätigt wird. Und Bischof Antonius von Nowgorod reist im Jahr 1200 nach Konstantinopel. Dort sieht er eine Bundeslade mit den Gesetzestafeln in der Kathedrale *Hagia Sophia*. Priester verehren sie dort. Diese Bundesladen waren Machtinstrumente. Es stellt sich also eine Frage: Sollte die Bundeslade in Konstantinopel durch die Teilnehmer des Vierten Kreuzzugs im Jahr 1204 geraubt werden, um sie nach Frankreich zu bringen?«

»Du meinst als eine Art Reliquie, die hier in Chartres ausgestellt würde?«

»Ja, schon«, sage ich. »Der Adelige Ludwig von Chartres zum Beispiel schenkte der Kathedrale nach der Plünderung Konstantinopels 1204 den Schädel der Heiligen Anna, Marias Mutter. Neben dem Hemd der Maria war das eine lukrative Reliquie, die Pilger ihre Geldbeutel zücken ließ. Man stelle sich nun einmal vor, wenn eine Bundeslade mit den Gesetzestafeln in Chartres ausgestellt worden war.«[299]

»Für 1197 ist in der Marien-Chronik von Chartres erwähnt, dass der Geldstrom ausblieb«, gibt Chmiel zu bedenken. »Die Arbeiter konnten nicht mehr bezahlt werden. Die Reliquie von Chartres ging auf Wanderschaft, sogar im Ausland. Das allein ist nur ein Bruchteil, um die Kosten zu decken. Also könnten zum Beispiel die Tempelritter Reliquien verliehen haben. Die Templer hätten dem Bischof von Chartres vorgeschlagen haben können, dass die Bundeslade zukünftig nach Chartres kommen würde. Allein diese sensationelle Ankündigung hätte den Bischof in die Lage versetzt, reiche adelige Geldgeber zu finden.«

Ich sehe, wie sich das Licht der Sonne, das durch die Hochchorfenster fällt, in Chmiels Augen spiegelt. Als sich uns eine

Touristin mit einem Kathedralführer in den Händen nähert, flüstert er mir zu: »Wie gesagt, da die Bundesladen im Vatikan und in der Hagia Sophia in Konstantinopel nicht aus der Zeit Salomons stammten, könnte man beschlossen haben, eben diese originale Bundeslade mit ihren mosaischen Gesetzen aus dem Salomonischen Tempel in Jerusalem zu suchen und nach Frankreich zu bringen.«

»Du meinst, die Anspielungen auf den Salomonischen Tempel hier in Chartres könnten Hinweise dafür sein?«

Er nickt. »Lass uns weitersuchen«, drängt Chmiel.

Wir suchen weiter. Unterhalb von Aaron entdecke ich die Darstellung eines Mannes mit seiner Familie. Über ihm steht der Name »Gaufridus«. Bislang konnte niemand die Identität dieses Mannes und Stifters des Fensters zuverlässig erklären. Eindeutig ist es nicht Bischof Gaufridus von Chartres, denn er trägt keine Bischofsmütze und keinen Bischofsstab. Der dargestellte Gaufridus (Gottfried) im Fenster trägt ein dunkelblaues Gewand über einem hellgrünen Hemd. An seinem Gürtel prangt eine goldene

Abb. 19: Kunsthistoriker sind sich uneinig darüber, wer Gaufridus gewesen sein könnte, der hier unterhalb von Moses Bruder Aaron mit seiner Familie dargestellt wurde.
© *Tobias Daniel Wabbel*

139

Schatulle. Offensichtlich ist er ein Edelmann. Dafür spricht auch die Edelfrau links an seiner Seite, die, ebenso wie Gottfried, zu einem Banner mit einem roten Stiefel oder Beinling aufschaut. Gottfried betet die Jungfrau an, während sein Sohn die Stange rechts neben ihm mit dem Banner des Beinlings festhält.

»Was bedeutet dieses Banner?«, fragt Chmiel.

»Ein Kunsthistoriker sieht darin das Symbol von Arthur, eines Sohnes von Gottfried, dem zweiten Herzog der Bretagne.[300] Gottfried war einer der fünf Söhne des englischen Königs Heinrich II. Demzufolge wäre Gottfried von Bretagne ein Bruder von Richard Löwenherz und Johann Ohneland gewesen. Die Schwierigkeit ist jedoch, dass das Wappen der Familie der Herzöge von Bretagne mit drei Beinlingen über einem goldenen Sparren auf rotem Untergrund eine völlig andere Darstellung ist.«

Chmiel winkt ab. »Aber wir haben es hier jedoch nur mit einem *einzigen* roten Beinling auf weißem Grund zu tun und überdies sehr wahrscheinlich nicht mit einem Wappen.«

»Wenn es ein Wappen ist, dann könnte es auf eine alteingesessene Familie aus Sion im schweizerischen Kanton Wallis/Valais hinweisen, das im 11. Jahrhundert durch das Adelsgeschlecht von Savoyen beherrscht wurde.[301] Ein Wappen aus Sion weist etwa einen roten Beinling mit zwei Tulpen und einem goldenen Davidstern darüber auf.«

»Könnte passen«, sagt Chmiel. »Das Haus Savoyen war durch die Heirat von Alix von Savoyen mit König Ludwig VI., den Dicken, mit dem Königshaus der Kapetinger verwandt.[302] Amadeus III., der Bruder von Alix, begleitete den Sohn Ludwigs VI., Ludwig VII. im zweiten Kreuzzug ins Heilige Land. Doch auch das ist eher unwahrscheinlich.«

»Manche Kunsthistoriker glauben, dass es sich um die Familie des Strumpfmachers Gaufridus handelt.«[303] Ich schüttele den Kopf. »Doch angesichts der Tatsache, dass das Pendant von Gaufridus auf der anderen Seite niemand Geringeres als der Hohepriester Aaron ist, erscheint diese Deutung nicht schlüssig zu sein.«

»Kein Strumpfmacher wäre so reich und mächtig, um sich an einer derartig prominenten Stelle im Hochchor verewigen zu können«, spottet Chmiel. »Höchstens ein sehr reicher Adliger oder

König. Ohnehin spielten nur die Tuchmacher eine besondere Rolle in Chartres. Von Strumpfmachern ist hier keine Rede. Ein weiteres Argument dagegen ist die Tatsache, dass sich die Fensterstifter der Handwerker nur einen kleinen Ausschnitt des jeweiligen Fensters erkaufen konnten. So ist auch diese Theorie nichtig.«

Gewiss ist jedoch, dass Gaufridus mit seiner Familie über das Banner des roten Beinlings hinweg zur Jungfrau Maria aufschaut. Das ist ein interessanter Hinweis. Er schaut somit direkt auf die Bundeslade.

Zwei Fenster vom Zentralfenster – von links aus betrachtet – erkenne ich König David, der als Vorfahr von Jesus gilt. König David brachte die Bundeslade nach Jerusalem zurück, nachdem die Philister sie in der Schlacht von Aphek geraubt und anschließend wieder an die Israeliten zurückgegeben hatten, weil sie Pest und Beulen verursachte. Sie stürzte das Götzenbild des Gottes Dagon mit ihren göttlichen Kräften vom Sockel.[304]

»Das ist interessant!«, unterbricht Chmiel plötzlich unser konzentriertes Schweigen. »Unter König David ist der Prophet Hesekiel zu sehen, der in seiner Weissagung von der künftigen Gottesstadt ein Bild vom neuen Tempelbezirk entwirft und dabei exakte Maße angibt, die ihm Gott übermittelt und anschließend beschreibt, wie Gott in den neuen Tempel einzieht.«[305]

»Hesekiels Prophezeiung von der verschlossenen Tür des Tempels gilt als eine typologische Entsprechung für die Jungfrauengeburt der Maria«, bemerke ich nüchtern.

»Typologie-Typologie!«, nörgelt Chmiel. »Es könnte auch ein Hinweis auf die Maße dieser Kathedrale als Abbild des Salomonischen Tempels sein. Und im Vatikan und in der Hagia Sophia standen Bundesladen mit Gesetzestafeln. Es sind handfeste Objekte gewesen und keine typologischen Spinnereien.«

Ich muss unweigerlich grinsen. »Natürlich sind die Fenster nicht nur rein typologisch zu betrachten, wie Abt Suger von Saint-Denis bereits bemerkte. Man muss sie auch wortwörtlich nehmen. Nur die *litterati* verstehen die Botschaft.«[306]

Über König David und dem Propheten Hesekiel entdecke ich erstmals einen *unverhüllten* Hinweis auf die Bundeslade der Israeliten. Ich sehe einen Cherub in Menschengestalt, dessen

Flügel sich vor ihm überkreuzen. Dieses Wesen entspricht den geflügelten Bullen, die gemäß des 2. Buch Mose auf dem Gnadenthron, dem Deckel der Bundeslade, befestigt waren.[307] Zwischen ihren Schwingen manifestierte sich JHWH, um mit dem Hohepriester Aaron zu kommunizieren.

Zwei Fenster weiter rechts, auf zwei Uhr von mir aus betrachtet, sehe ich den Propheten Daniel, der im Exil die bösen Träume des Königs Nebukadnezzar II. zugunsten Babylons deutete, woraufhin der Herrscher des Zweistromlandes den Gott der Hebräer pries und Daniel mit Speisen und Trank ehrte, die dieser jedoch ablehnte, weil sie nicht »koscher« waren. In einer anderen Erzählung besiegte Daniel den Drachen der Babylonier, indem er ihm einen Ballen aus gebranntem Pech, Talg und Haaren zum Fraß vorwarf, woraufhin der Drache zersprang und die Priester Daniel zur Strafe in die Löwengrube warfen.[308]

Interessant, denke ich. Hier haben wir wieder den Drachen als Motiv – in Verbindung mit der Bundeslade.

Unterhalb von Daniel finde ich die Darstellung von Tuchhändlern. Offensichtlich ist dies ein Hinweis auf die Stifter des Fensters. Allerdings ist das nicht so einfach, denn ich sehe einen Tuchhändler, der ein Tuch über einen Kasten wickelt. Dann zucke ich zusammen, denn ich entdecke links und rechts unterhalb der Tuchhändlerdarstellung zwei stilisierte Templerkreuze. Ich weise Chmiel darauf hin.

Oberhalb von Daniel erscheint der Prophet Jeremia. Typologisch betrachtet weist er in seiner Prophezeiung von der Ankunft des gerechten Sprosses auf die Geburt von Jesus Christus hin. »Aber Jeremia war auch der Prophet, der die Invasion durch die Truppen des babylonischen Königs Nebukadnezzar II. prophezeite«, sagt Chmiel.

Ich sage: »Noch interessanter ist, dass Jeremia gemäß der apokryphen Schrift des zweiten Buches der Makkabäer die Bundeslade und das Stiftszelt in einer Höhle am Berg Nebo versteckte.[309] Ein anderer Bericht des jüdischen Geschichtsschreibers Eupolemos berichtet, dass Jeremia die Bundeslade und den Tempelschatz vor dem Einfall der Babylonier im Jahr 587 v. Chr. in einer Höhle unter dem Tempelberg von Jerusalem versteckte.«[310]

»Du meinst Jeremia ist also eindeutig mit dem Versteck der Bundeslade verbunden?«

Ich nicke. »Nicht nur das. In Verbindung mit dem Propheten Hesekiel, der für die Dimensionen des Salomonischen Tempels steht, ist Jeremia, der die Bundeslade gemäß Eupolemos unter dem Tempelberg versteckte, besonders interessant.«

Chmiel schaut mich merkwürdig berührt an. »Die Urheber dieser Fenster hätten durch die Wahl der Propheten Hesekiel und Jeremia darauf hinweisen können, dass die Bundeslade hier in Chartres durch die Dimensionen verschlüsselt wurden. Das Fenster stützt unsere Arbeitshypothese, dass Chartres und die Bundeslade eng verbunden sind.«

»Exakt. Es passt genau in der Konzept von der Vierung, durch die der Bau der Kathedrale begann und der laut Petrus von Roissy das Allerheiligste des Salomonischen Tempels gemeint ist.«

»Verstehe«, sagt Chmiel. »Die Jungfrau Maria ist hier typologisch gesehen die alttestamentarische Entsprechung zur Bundeslade. In anderen Worten: Die Darstellungen in den sieben Fenstern des Hochchors, die auf die Geburt Jesu Christi hinweisen, sind eigentlich ein verborgener Hinweis auf die Bundeslade.[311] Darauf deuten das Manna, der verhüllte Kasten der Tuchhändler, die Propheten Hesekiel, Jesaja und Jeremia sowie Moses, Aaron und König David hin. Diese biblische Entsprechung von Jungfrau und Bundeslade deckt sich mit der Schrift *Mosaici Tabernaculi*, in der Peter von Celle, der spätere Bischof von Chartres, seine Gedanken über die Bundeslade und das Stiftszelt niederschreibt.« Er blickt mich nachdenklich an.

»Was sagt die Kunstgeschichte dazu?«, fragt Chmiel.

»Ein Kunsthistoriker fragt«, sage ich, »warum die Bundeslade nicht direkt im Zentralfenster des Hochchors dargestellt wurde, wenn die Künstler den Auftrag hatten, eine typologische Entsprechung für die Jungfrau Maria darzustellen.«[312]

»Mir ist völlig klar, warum«, sagt Chmiel. »Eine Darstellung der Bundeslade an diesem Ort würde tatsächlich auf die Jungfrau Maria hinweisen.«

»Es wäre ein zu offenes jüdisches Symbol in Zeiten von Judenpogromen gewesen«, sage ich. »Papst Innozenz III. feindete um

1205 in einem Brief die Juden an. Das feindselige Verhalten von Papst Innozenz III. markierte einen Wendepunkt des Vatikans. In einem Brief an König Philipp II. Augustus, an die Bischöfe von Paris, Sens und anderen Städten, äußert Innozenz III. sein Misstrauen gegenüber Juden, die seiner Auffassung nach mit ihrem Unglauben, dass Christus der Messias war, das Christentum unterminieren würden. Er sorgte damit für eine massive Verstärkung des Antijudaismus in Europa.[313] Und das, obwohl Innozenz sich eigenhändig von der Anwesenheit der Bundeslade im Vatikan in der Laterankapelle überzeugt hatte.«

»Dann ist klar, dass jegliche jüdische Symbolik hier in Chartres verborgen werden musste. Selbst der König musste das verheimlichen, wenn er Sympathien für das Judentum hegte. Umgekehrt also weist alles in diesem Hochchorfenster auf die Bundeslade hin. Es ist eine versteckte Botschaft.«

Ich zeige auf die Jungfrau Maria mit dem Jesuskind. »Aber wer ist dieser Mann auf dem Schoß der Jungfrau Maria?«

Wir gehen entlang der kunstvoll geschnitzten Holzbänke des Chors etwas nach hinten, bleiben stehen und blicken wieder hinauf. Chmiel richtet sein Fernglas auf das mittlere Hochchorfenster und sagt: »Wenn wir zugrunde legen, dass Maria kein Kind hält, sondern einen Mann und die fehlenden Haare eher auf eine Tonsur hinweisen, dann haben wir es hier mit dem Zisterzienserabt, geistigen Vater des Templerordens und großen Marienverehrer Bernhard von Clairvaux zu tun. Bernhard war am 7. Mai 1150 in Chartres, um einen neuen Kreuzzug zu organisieren. Bernhard von Clairvaux stand in regem Austausch mit allen Adligen und Geistlichen Europas. Er wurde bereits 1174 heiliggesprochen und hatte zu Lebzeiten besondere Kontakte zu den Grafen der Champagne und …«

»Zum französischen Königshaus«, ergänze ich. »Sieh dir die Maßwerkfenster des Langchores an. Die Geschichte hinter diesen Fenstern ist sehr faszinierend.«

»Warum?«

Wir wenden uns um und blicken hinauf zu den Obergaden. In den Obergadenfenstern des Hochchors sind auffallend viele Angehörige des französischen Königshauses um König Ludwig VIII. abgebildet, erkläre ich. In diesen Figuren findet sich ein Gesamtkonzept wieder, das an das vierte Buch Mose erinnert. In diesem Buch, *Numeri* genannt, schildert der unbekannte Verfasser, wie sich die Stämme der Israeliten gemäß der Anweisungen von JHWH in einem Kreis um das Stiftszelt des Mose anordnen sollen: »Und der Herr redete zu Moses und Aaron: Die Israeliten sollen um das Stiftszelt her sich lagern, ein jeder bei seinem Banner und Zeichen, nach ihren Sippen.«[314]

So sollen die Stämme Juda, Issachar und Sebulon östlich und die Stämme Ruben, Simeon und Gad südlich des Stiftszelts kampieren. Ephraim, Manasse und Benjamin schlagen westlich des Stiftszelts ihre Lager auf. Schließlich befiehlt JHWH, dass sich die Sippen von Dan, Asser und Naftali nördlich des Stiftszelts niederlassen. Interessanterweise soll der Stamm der Levi nicht mitgezählt werden.[315] Also haben wir es hier eigentlich mit dreizehn Stämmen zu tun, nicht nur mit zwölf.

Ich zeige auf die Fenster des Langchores, auf denen Abbildungen von Rittern auf Pferden, die Banner tragen, zu sehen sind. Auf einem der Banner erkenne ich die Bourbonenlilie. »Siehst du die Wappen dort oben?«

Chmiel schaut durch sein Fernglas. »Ich sehe das Wappen der Kapetinger.«

»Exakt. Die Stifter dieser Fenster sind bekannt«, sage ich. »Unter ihnen ist nicht nur Ludwig VIII. und sein Sohn, Ludwig IX. Zu den Stiftern gehört auch das einstige Konkurrenzgeschlecht der Grafen von Champagne, die sich später durch die Heirat von Adèle von Champagne und Blois mit König Ludwig VII. und den Kapetingern vereinten.«[316]

»Die Grafen der Champagne? Hugo I. von Champagne war der Gründer des Templerordens.«

Das Haus der Grafen von Champagne spielt hier in Chartres eine enorme Rolle, fahre ich fort. Der Stifter eines der Hochchorfenster und von drei Fenstern im nördlichen Langchor war Theobald VI., ein Großneffe von Hugo I. von Champagne, dem Gründer des Templerordens. Graf Theobald VI. von Champagne war auch gleichzeitig der Graf von Blois und Chartres.

Die herausragenden »Stämme«, mit denen wir es hier in der Kathedrale von Chartres zu tun haben, sind also die Kapetinger und die Grafen der Champagne und Blois. Wenn wir uns vor Augen halten, dass der Regent und Benediktinerabt Suger seinen König Ludwig VII. als König David ansah und sich selbst als König Salomon, der mit seiner Abteikirche von Saint-Denis eine gotische Manifestation des Salomonischen Tempels errichten ließ, wird die israelitische Tradition offensichtlich.[317]

»Und was ist das?«, fragt Chmiel und deutet auf eine Szene auf neun Uhr im äußersten linken Fenster des Hochchors. »Das ist doch der Apostel Petrus, wenn ich mich nicht irre.«

Ich schaue durch meine Kamera. »Ich sehe Petrus, der von Jesus Christus einen Schlüssel erhält.«[318]

Ich schweige einige Sekunden. Dann sage ich: »Gemäß der Auslegung des Peter von Celle öffnet der Apostel Petrus mit dem Schlüssel schließlich die himmlische Bundeslade.[319] Und zwischen ihm und Jesus Christus befindet sich ein Altar, der die Bundeslade darstellen soll.[320] Der gesamte Hochchor ist daher ein Hinweis auf die Bundeslade, oder sogar noch eher auf die mosaischen Gesetzestafeln. Es geht um das göttliche Gesetz.«[321]

»Dann ist der Schlüssel, den Petrus von Christus erhält, hier in der Kathedrale verborgen, um die Bundeslade aufzuschließen und das mosaische Gesetz zu sehen.«

»Petrus' Schlüssel könnte symbolisch sein …«

»Nein, es weist auf etwas Reales hin«, widerspricht Chmiel. »Petrus deckt sich mit den Propheten Hesekiel und Jeremia. Alles deutet auf die Bundeslade oder die mosaischen Gesetzestafeln hin. Ich habe Zweifel daran, dass das nur symbolisch-typologisch gemeint ist, wenn wir uns an die Geschichten über die Bundesladen im Vatikan und in der Hagia Sophia erinnern.«

»Die Stifter der Fenster des Langchors sind dargestellt, wie die Stämme Israels«, erwidere ich, »die gemäß des 4. Buch Mose um das Stiftszelt lagern. In anderen Worten: Die Kathedrale von Chartres ist ein steinernes Stiftszelt in gotischem Gewand und die »Stämme« der Kapetinger und der Grafen von Champagne lagern um sie herum. Warum?«

Jetzt zuckt Chmiel zusammen und ich schaue ihn erstaunt an.

Er schlägt sich mit der rechten flachen Hand an die Stirn und sagt: »Die Dialektik an der Westfassade. Die Jungfrau mit einem Drachen im Arm weist möglicherweise auf die Bundeslade hin und genauer genommen auf die Offenbarung des Johannes, in der es heißt, dass die Bundeslade im himmlischen Tempel erscheint. Hier ist der Zusammenhang mit Petrus, der den Schlüssel zur himmlischen Bundeslade erhält. Denn es heißt in der Offenbarung, dass der Tempel Gottes im Himmel sich auftun würde und die Lade seines Bundes im Tempel erscheint.«[322]

Wir schweigen wieder und untersuchen die Fenster. »Es ist für mich völlig klar«, sagt Chmiel. »Hier in den Fenstern des Hochchores der Kathedrale von Chartres wird die Bundeslade geöffnet. Darauf weist die Schlüsselübergabe an Petrus. Nachdem die Lade in Gottes Tempel sichtbar wurde, erscheint gemäß der Offenbarung des Johannes der Drache der Jungfrau.«[323]

Ich sage: »Die gewaltige Frage, die sich uns nun stellt, ist: Waren die Adelsfamilien der Grafen von Champagne und der Königsfamilie der Kapetinger, die sich als wahre Israeliten ansahen, im Besitz der Bundeslade oder der steinernen Gesetzestafeln Mose?[324] Unsere Arbeitshypothese lautet also präzise: Könnte hier in Chartres die echte Bundeslade samt Gesetzestafeln aus der Zeit des Salomonischen Tempels geruht haben, so wie sich in der Kapelle St. Laurentius im Vatikan und in der Hagia Sophia jüngere Kopien der Bundeslade mit den Gesetzestafeln befanden?«

Chmiel gluckst: »Das klingt nicht im Entferntesten so abwegig, wie die Behauptung der Äthiopier, dass die Bundeslade sich in der Kirche Maria Zion in Aksum befinden würde, nachdem Menelik I. sie von König Salomon raubte.«

Ich winke ab. »Die vermeintliche Bundeslade in Äthiopien ist längst als Kopie aus dem 14. Jahrhundert entlarvt.[325] Dieses Märchen ist eine Erfindung des mittelalterlichen Äthiopiens und genauer der Schrift *Kebra Negest – Ruhm der Könige* – aus dem 14. Jahrhundert. Der Äthiopist Professor Edward Ullendorf durfte diese gefälschte Lade 1941 in der Kirche in Aksum sehen.[326] Es ist nichts als eine leere Holzkiste. Und der Historiker und Judaist Professor Tudor Parfitt fand heraus, dass in Äthiopien keinerlei Überlieferung existiert, die vor und nach dem Kebra Negest von der Anwesenheit einer israelitischen Bundeslade in Äthiopien berichtet.«[327]

Chmiel reibt sich nachdenklich das Kinn. »Zusammengefasst hieße das also: Wenn die Skulptur der Dialektik am Westportal für die platonische Suche nach der göttlichen Wahrheit mit Hilfe der menschlichen Vernunft und Logik steht, dann symbolisiert der Drache auf ihrem Arm den ideellen oder sogar materiellen Schatz, der hier in Chartres möglicherweise verborgen wurde oder verborgen werden *sollte*. Aber was heißt das nun konkret?«

Ich zucke die Achseln. »Wir müssen abduktiv vorgehen wie Bruder William von Baskerville in *Der Name der Rose*.«[328]

»Abduktiv? Ich kenne nur Deduktion und Induktion, also vom Allgemeinen zum Speziellen bzw. vom Speziellen zum Allgemeinen zu schlussfolgern.«

»Die Abduktion stammt von dem Semiotiker Charles Peirce, den Umberto Eco sehr bewunderte. Peirce ging es darum, aus vorhandenem Wissen verlässliches neues Wissen zu schaffen und somit neue Ideen einzuführen, die die Wissenschaft voranbringen.«[329]

»Und Abduktion heißt?«

»Das bedeutet, dass wir Schlussfolgerungen aus unbekannten Ursachen treffen, die aus bekannten Folgen entstehen.«

»Hä?«

»Die erste Phase ist unsere Hypothese: Die Bundeslade war hier in Chartres. Die zweite Phase beinhaltet, dass wir deduktiv nach allen ikonographischen Zeichen suchen, die hier in Chartres auf die Bundeslade hinweisen. Dann machen wir eine Vorhersage: die Zeichen bestätigen die Möglichkeit, dass die Lade hier war. Das ist der klassische Weg der Deduktion, also der Schlussfolgerung vom Allgemeinen zum Speziellen. In der dritten Phase versuchen wir die deduktiv gewonnenen Erkenntnisse qualitativ-induktiv zu bestätigen, also zu verifizieren. Können wir all diese Beobachtungen nicht in Einklang bringen mit der Hypothese, fängt alles wieder von vorne an und wir müssen die Hypothese ändern. Wir klassifizieren die sichtbaren und unsichtbaren Zeichen und müssen sie interpretieren. Wir suchen nach Merkmalzusammenhängen. Peirce sagte also, dass man über den Tellerrand hinaussehen muss. Umberto Ecos Erkennungscodes erweitern, die kognitiven und kulturellen Zwänge sprengen.«

Chmiel stöhnt genervt. »Heißt das, dass die Planer der Kathedrale den Baumeister Anonymus von Chartres anwiesen, Zeichen und Hinweise für den Verbleib eines ideellen oder materiellen Schatzes wie der Bundeslade zu verschlüsseln?«, bohrt er weiter.

Ich werfe ratlos die Hände in die Luft. »Wenn es so war, dann, wie gesagt, müssten hier jüdische Symboliken und Zeichen in und an der Kathedrale verborgen sein, so wie am Hochchor oder dem Davidstern im Labyrinth. Diese wären aber nur für Eingeweihte erkennbar. Unsere Beobachtungen stützen bislang unsere Hypothese.«

»Aber wie genau sind die Hintergründe der Adelsfamilien hier in Chartres? Und gäbe es nicht historische Überlieferungen darüber, dass der König von Frankreich oder die Grafen der Champagne im Besitz der Bundeslade waren?«

»Doch, die gibt es ...« Ich zwinkere Chmiel verschwörerisch zu. »Das Haus Courtenay, das sich unter anderem als Stifter auf den Fenstern des Langchors verewigen ließ, war ein Seitenzweig der Kapetinger«, erkläre ich. »König Ludwig VI., genannt der Dicke, heiratete Alix von Moyenne aus dem Haus Savoyen. Ihrer Ehe entsprang der Sohn Peter I. von Frankreich, der sich durch die Ehe mit einer Elisabeth in die Familie Courtenay einheiratete.«

»Klingt kompliziert.« Chmiel kräuselt die Lippen.

»Aber ohne die familiären Verknüpfungen durchdringen wir die Kathedrale nicht.«

Chmiel zieht eine genervte Grimasse. Ich berichte weiter.

Das Königsgeschlecht der Kapetinger, das auf Hugo Capet im 9. Jahrhundert zurückgeht, heiratete in die Grafenhäuser aus strategischen Gründen ein, um somit die Macht in Frankreich auszubauen. So ist auch das Haus Courtenay, das seinen Stammsitz in Montargis südlich von Paris hatte, mit der Familie des niederen Adels von Montlhéry verwandt, die wiederum in der Gegend von Troyes residierten. Die Montlhéry waren Barone und daher Vasallen des Hauses von Champagne. Dem Haus Montlhéry entstammte auch der Dichter Christian von Troyes. Er soll ein unehelicher Sohn des Barons Milon II., Herr von Bray und Montlhéry, sein.[330] Manche Historiker vermuten, dass Christian von Troyes im Kloster Saint-Loup-de-Troyes seine geistliche Ausbildung genoss und somit auch wahrscheinlich mit den sieben freien Künsten in Berührung kam. [331]

Christian von Troyes wurde um 1140 geboren und arbeitete zunächst am Hof der Grafen von Champagne für Marie, der Tochter Ludwigs VII. und Eleonor von Aquitanien. Marie heiratete mit Heinrich I. in das Grafenhaus von Champagne ein. Für Marie verfasste Christian von Troyes das Epos *Lancelot*. Er kam während seiner Arbeit am Hofe der Grafen von Champagne und durch die Stadt Troyes in engem Kontakt mit den jüdischen Weisheiten des Talmud-Gelehrten Rabbi Raschi. Hiervon zeugt sein Versroman *Perceval – Li Contes del Graal* aus dem Jahr 1190, den er Graf Philipp I. von Flandern widmete. Die Häuser Champagne und Flandern waren eng befreundet. Philipp I. von Flandern hatte Marie von Champagne sogar einen Heiratsantrag gemacht. Wahrscheinlich ist, dass Christian von Troyes sein Werk über den Heiligen Gral am Hof von Champagne verfasste.

In dieser etwa 9000 Verse umfassenden, unvollendeten Erzählung in Altfranzösisch berichtet Christian von Troyes von einem jungen Einfaltspinsel namens Perceval, der in die Welt hinauszieht, um Ritter zu werden. In einer Burg stößt er auf eine seltsame Gesellschaft, die sich von einem »heiligen Ding« – *une sainte chôse* – ernährt. Dieses heilige Ding spendet der auserwählten Schar unerschöpflich Speise und Trank. Genau dieses Bild erinnert sehr stark an die Mannalese, die wir gerade im Hochchorfenster gesehen haben. Die Israeliten, die gemäß des Exodus auf der Suche nach dem gelobten Land durch den Sinai irren, lesen das himmlische Brot Manna vom Wüstenboden auf. Die Israeliten entsprechen der auserwählten Schar aus Christian von Troyes *Perceval,* die sich vom Heiligen Gral ernähren. Christian von Troyes beschreibt mit dem Bankett die jüdische

Feierlichkeit Seder am Beginn des Pessachfestes zum Gedenken an den Auszug aus Ägypten.[332] Die Manuskriptfassung von *Li Contes del Graal* aus Montpellier bestätigt, dass der Träger des Grals ein Jude ist.[333] Der Gral hat also eindeutige jüdische Eigenschaften.

Den heiligen Gral, der unbegrenzt eine göttliche Speise bereithält, beschreibt auch der fränkische Dichter Wolfram von Eschenbach (1170–1220) in seinem Gralsepos *Parzival* etwas weniger diffus. Wolfram bekundet, dass er Christian von Troyes' Erzählung sehr gut kenne. Christian irre sich und er habe genaueres Wissen darüber. Wolfram nennt den heiligen Gral *Lapsit Exîllis*, was genau übersetzt »dünner Stein« bedeutet. Das altfranzösische Wort »grêle« für »dünn« deckt sich mit dem Begriff »Gral«.[334] Der Gral ist also nicht der Kelch, mit dem einst das Blut Jesu Christi aufgegangen worden sein soll, wie es Robert de Boron auf der Basis des apokryphen Nikodemus-Evangeliums beschrieb, sondern ein *dünner Stein*. Wolfram beschreibt den Verschlag, in dem der Gral aufbewahrt wird, als aus »Wurzel und Reisig« gemacht, aber auch mit Gold überzogen: eine goldene Holzkiste. In Wolframs Erzählung wird Parzival Zeuge, wie eine auserwählte Schar von Tempelrittern den Gral bewacht, die der Dichter als »templeîse« bezeichnet.[335] Die Gralsburg nennt Wolfram *Munsalvaesche.*[336]

In anderen Worten: Der Templerorden war im Besitz eines biblischen Artefaktes, das aus Holz gefertigt und mit Gold überzogen war. In diesem goldenen Behältnis lag ein dünner Stein, der unerschöpflich eine göttliche Speise spendete. Wir haben hier die Beschreibung der Bundeslade mit den steinernen Gesetzestafeln und dem Krug mit der himmlischen Manna-Speise vor uns. Auch Wolframs Gral hat jüdische Eigenschaften.

Laute Orgelmusik erfüllt plötzlich die Kathedrale und wir zucken zusammen.

»Es stellt sich dann die Frage:«, sagt Chmiel. »Woher hätten Christian von Troyes und Wolfram von Eschenbach vom Besitz der Bundeslade durch die Grafen der Champagne oder der Kapetinger wissen können, falls es so war?«

»Die einzige Möglichkeit hätte darin bestanden«, sage ich, »dass Christian das Wissen um den Gral von seinen Arbeitgebern, Marie von Champagne und Philipp I. von Flandern, vertraulich übermittelt bekam. Marie war die Tochter von König Ludwig VII. und Eleonor von Aquitanien, und mit Heinrich I. von Champagne verheiratet.«

»Und Maries Ehemann Heinrich I. von Champagne war der Sohn des Theobald II. von Champagne«, ergänzt Chmiel. »Theobald II. von Champagne erbte das gesamte Vermögen und den Besitz des rätselhaften Grafen Hugo I. von Champagne, des Templergründers.«

»Womit wir am Ursprung der Templer angelangt sind«, sage ich.

»Und jetzt?«

»Lass uns die Fenster des Chorumgangs ansehen. Ich habe da etwas entdeckt.«

2. Das Martyrium des heiligen Stephanus

Im südlichen Teil des Chorumgangs treten wir vor die mit einem Eisengatter abgeriegelte Nikolauskapelle. Davor brennen Kerzen in einem gusseisernen Ständer neben einem Opferstock. Zwei ältere Damen sitzen auf einer Bank und sind in stille Gebete versunken.

Chmiel holt wieder sein Fernglas hervor und ich stelle mein Stativ mit der Kamera auf. Wir untersuchen die Bleiglasfenster der Kapelle. Ich entdecke das Leben des Thomas Beckett, des Kanzlers des englischen Königs Heinrich II., der Chartres öfter besucht hatte und dessen Freund Johannes von Salisbury Kanzler der Schule von Chartres wurde. Ich identifiziere die Darstellungen der Märtyrergestalten der heiligen Margarete von Antiochien und der heiligen Katharina von Alexandrien, einer der gelehrtesten Frauen des Christentums. Und auf das Leben des heiligen Nikolaus folgt die Geschichte des Remigius. Remigius war der erste Bischof von Reims, der Namenspatron für die

Abteikirche Saint-Remi war, die Abt Peter von Celle gründete, bevor er Bischof von Chartres wurde. In der Hauptchorkapelle finde ich das Leben der Apostel vor: Paulus, Andreas, Simon und Judas Thaddäus.

Einer dieser Apostel ist Jakobus der Ältere, dessen Leichnam einer Legende zufolge nach seiner Enthauptung mit einem Schiff nach Galicien im Nordwesten Spaniens gelangte, wo er beigesetzt wurde. Später errichtete man der Legende zufolge auf seinem Grab eine Kapelle, dann eine Kirche, die schließlich zu einer Kathedrale, der heutigen Santiago de Compostela, erweitert wurde. Noch heute ist Chartres eine Station auf dem Pilgerweg nach Santiago de Compostela.

»Da ist nichts«, murmelt Chmiel.

Wir gehen weiter. Ich identifiziere durch mein Teleobjektiv einige Stationen aus dem Leben Karls des Großen. Ich lese CAROLUS MAGNUS in Unzialschrift. Seine Abbildung in diesem Fenster verdankt Karl der Große seiner Heiligsprechung durch den deutschen Kaiser Friedrich Barbarossa, der sich selbst gerne in der Tradition des großen fränkischen Regenten abbilden ließ. Dementsprechend ist Karl der Große auf seinem Ross in Rittermontur auch mit einem Heiligenschein versehen.

»Wieder nichts«, sagt Chmiel.

Wir gehen wieder weiter und bleiben nun vor der sogenannten Märtyrerkapelle stehen. Vor uns befindet sich ein Pulk von englischen Touristen, offenbar eine Studien-Reisegruppe, die mehrheitlich aus Lehrern besteht, denn der Führer der Gruppe wird bei jedem zweiten Satz unterbrochen und mit gefährlichem Halbwissen verbessert.

»In England ist es anscheinend auch so wie in Deutschland«, entschuldigt sich Chmiel und hebt abwehrend die Hände. Ich klopfe Chmiel tröstend auf die rechte Schulter.

Wir lugen an den Menschen vorbei und ich staune über die Farbenpracht. Ich sehe die Darstellungen der Märtyrer Vincenz, des Patrons des Weberhandwerks und Pantaleons, des Patrons der Ärzte. Ich sehe den Lokalheiligen von Chartres, Caraunus, dessen Knochen Gläubige hier verehrten. Interessanterweise beteten Gläubige in Chartres immer nur Reliquien an. Doch im

Gegensatz zu manch anderen großen Kathedralen Frankreichs, wie etwa in Reims oder Saint-Denis, ist hier kein einziger Bischof oder sonstiger Geistlicher bestattet worden.

Unter Caraunus findet sich am Fuße des Fensters die Darstellung von Steinmetzen und Steinbildhauern, die mit Bildhauereisen und Knüpfel Skulpturen aus dem Stein heraushauen. In einer Arkade ist ein Zirkel zu sehen, Symbol für den Baumeister. Ich schließe daraus, dass diesem Fenster und dieser Kapelle eine besondere Rolle zukommt, denn die Stifter des Fensters, möglicherweise der Baumeister selbst, hat diese Fenster in der Stephanus-Kapelle gestiftet.

Warum?

»Kennst du die Geschichte von Stephanus?«, fragt Chmiel. Bevor ich antworten kann, erfahre ich die dramatische Geschichte dieses Märtyrers.

»Stephanus war der erste von insgesamt sieben Erzdiakonen zu einer Zeit, als sich die christliche Urgemeinde von Jerusalem nach dem Tod Jesu Christi bildete. Die Apostel Jesu hatten diese sieben Diakone gesegnet und somit zu Aposteln der zweiten Generation ernannt. Der Hintergrund dieser Handlung war die zunehmende Armut und der Streit zwischen den zu Christen konvertierten, aramäisch- und griechisch-stämmigen Witwen und Waisen, die immer mehr Betreuung benötigten. Die Apostel hatten angesichts dieser wachsenden Zahl von Bedürftigen immer weniger Zeit, sich in angemessener Weise um die Gemeinde zu kümmern.[337] Die Segnung der Erzdiakone war also eine reine Arbeitsteilung.

Doch dem ersten Erzdiakon war keine gute Zukunft beschert. Stephanus sei voll Gnade und Kraft, hätte Wunder und große Zeichen unter dem Volk getan, so weiß die Apostelgeschichte. Die Juden zettelten einen Streit mit Stephanus an, doch dieser wusste mit seiner Weisheit und Güte zu trumpfen. Als die Verleumder keine Argumente hatten, ließen sie falsche Zeugen gegen ihn aussagen und schoben ihm Gotteslästerungen in den Mund. Die jüdischen Aufrührer stachelten den Ältestenrat und die Schriftgelehrten gegen Stephanus auf, der daraufhin abgeführt und des Verrats am jüdischen Volk beschuldigt wurde.[338]

In einer flammenden Rede, die von den ersten abrahamitischen Wurzeln des Judentums über Moses und seiner Begegnung mit JHWH auf dem Berg Horeb im Sinai, bis über die Götzenanbetung des Goldenen Kalbs der Israeliten und der Errichtung des Stiftszelts mit der Bundeslade reicht, versucht Stephanus zu zeigen, wie sehr er die jüdische Religion liebt. Und jetzt wird es bemerkenswert, denn Stephanus preist JHWH, der Mose auf dem Berg Horeb auftrug, die Stiftshütte für die Bundeslade mit den Gesetzestafeln nach seinen Angaben zu bauen. Und er preist Salomon, der den Tempel für die Lade errichten ließ.«[339]

In anderen Worten: Stephanus preist hier das Stiftszelt mitsamt ihren Inhalten, also auch die Bundeslade und die Gesetzestafeln, denn es ist das Gesetz JHWHs, das die jüdische Religion zu dem machte, was sie auch heute noch ist. Ein Königreich von Priestern, ein heiliges Volk.[340] Demzufolge ist Stephanus die einzige Gestalt des Neuen Testaments, die mit der Bundeslade und vor allem den mosaischen Gesetzestafeln verbunden ist. Er preist zwar die Schätze des Salomonischen Tempels, weiß aber, dass das Heil in Jesus Christus liegt. Seine Rede wird jedoch nicht sehr wohlwollend aufgenommen. Man vertreibt ihn aus der Stadt und steinigt ihn außerhalb von Jerusalem zu Tode. Bevor er stirbt, fällt Stephanus auf die Knie und schreit: »Herr, rechne ihnen diese Sünde nicht an!«[341] Dann stirbt er.

»Wenn die Kapelle Stephanus geweiht ist, der die Bundeslade preist, und Bilder von der Errichtung der Kathedrale enthält ...«, sage ich.

Doch Chmiel unterbricht mich. Er stößt mich mit dem Ellenbogen an. »Sieh mal genau hin.«

Ich suche das Stephanus-Fenster ab. Ich sehe die Szenen der Handauflegung der Apostel und Stephanus' Ernennung zum Erzdiakon. Ich sehe die Debatte des Stephanus mit dem Hohepriester und den Schriftgelehrten der Juden. Ich sehe Stephanus und die zwei Zeugen, die seine vermeintliche Gotteslästerung bezeugen und identifiziere Stephanus' Verleugnung seiner Beschuldigung gegen Gott zu lästern und sein Todesurteil durch den Rat der Ältesten. Es folgt die Steinigung und das Begräbnis des Stephanus. Juliana, eine Witwe, die aus Versehen Staphanus' Leichnam mit nach Konstantinopel nimmt, erkenne ich in der Mitte des Fensters.

Dann folgt eine Szene, in der der Leichnam des Stephanus auf ein Schiff verladen wird, um ihn wieder ins Heilige Land zu bringen. Dämonen versuchen dann, das Schiff kentern zu lassen. Doch es erreicht sicher die Küste. Darüber erwarten eine Menschenmenge und zwei Krüppel die Ankunft des Märtyrers. Ganz links oben wird dann der Leichnam in einem goldenen Schrein in die Stadt zurückgebracht. Der Bischof schließt sich der Prozession an. Im Scheitel des Fensters erkenne ich, wie zwei Engel die Seele des Stephanus aufnehmen.

»Da stimmt was nicht«, sage ich. Ich schwenke die Kamera wieder zu dem goldenen Schrein zurück und sage: »Der Schrein des Stephanus wird von zwei Männern mit goldenen Stangen getragen, so wie die Bundeslade durch die Israeliten. Unter dem Schrein ist ein weißes Tuch zu sehen. Und unter dem Schrein ist ein grüner Zweig oder Stab.«

»Stimmt. Und der Zweig oder Stab blüht«, sagt Chmiel.

Mir stockt der Atem. »Dieser Schrein mag zwar im Konsens der Geschichte ein Reliquienschrein für die Gebeine des Stephanus sein«, sage ich. »Doch angesichts der Tatsache, dass er eine verblüffende Ähnlichkeit mit der mittelalterlichen Darstellung der Bundeslade aufweist, ist es offensichtlich, dass die Glasmaler hier die Bundeslade dargestellt haben.«

»Dafür spricht der grüne blühende Stab unter dem goldenen Kasten«, pflichtet Chmiel bei. »Es kann sich hierbei nur um den Aaronstab handeln. Das weiße Tuch ist ein Hinweis auf die Camisia der Maria, das hier in Chartres ruht. Warum taucht das Hemd der Maria in einem Stephanus-Fenster auf?«

Jetzt stockt nicht nur mein Atem, sondern auch mein Herz für einen kurzen Moment. Ich rufe gegen den Lärm der Orgel an: »In dem Medaillon des Stephanus-Fensters könnte für die Eingeweihten dokumentiert worden sein, dass die Bundeslade in Chartres war oder hierhin kommen sollte. Der goldene Kasten, der grüne Aaronstab und das Camisia-Hemd Mariens sind eindeutige Symbole.«

Die Lehrergruppe blickt sich zu uns um. »Germans«, sagt jemand.

»Die haben überhaupt keine Ahnung, was hier vorgeht«, gluckst Chmiel.

»Nein«, sage ich. »Es wird immer merkwürdiger. Das muss ich zugeben.«

Ich setze mich vor die Kapelle und notiere die neuen faszinierenden Fakten in meinem Notizbuch.

Ich frage mich: Wenn die Kathedrale von Chartres der Wohnstatt des hebräischen Gottes JHWH entspricht, wie konnten dann die Häuser der Kapetinger und der Grafen von Champagne in den Besitz der Bundeslade und die darin enthaltenen Gesetzestafeln gelangt sein? Und gibt es weitere Hinweise an oder in der Kathedrale von Chartres, die unsere Arbeitshypothese erhärten, dass die Lade samt den Gesetzestafeln möglicherweise hier war? Ist alles nur Propaganda der Kapetinger, um sich über an-

dere Adelshäuser zu erhöhen? Und wer war an dieser geheimen
Suche nach dem größten archäologischen Artefakt der Mensch-
heitsgeschichte beteiligt?

3. Das Vermächtnis
   des Hugo von Champagne

Wir sitzen auf Stühlen im nördlichen Querhaus und fragen uns,
welche Rolle das Grafenhaus von Champagne gespielt haben
könnte. Vor uns huschen Touristen hin- und her. Der Geräusch-
pegel steigt an, denn nun ströhmen weitere Busladungen von
Touristen in die Kathedrale. Noch immer probt der Orgelspieler.
Er stimmt die Toccata in D-Moll von Bach an.

»Die Schlüsselrolle in dieser geheimnisvollen Geschichte spielt
Graf Hugo I. von Champagne, der um 1074 als dritter Sohn von
Theobald I. geboren wurde«, sagt Chmiel. »Hugo I. von Champagne trieb regen Handel mit jüdischen Kaufleuten der Region.
In Troyes, dem Hauptsitz der Familie, gab es zu dieser Zeit ein
jüdisches Viertel mit einer Synagoge unweit der Talmudschule
von Rabbi Raschi und seinen Söhnen. Du erinnerst dich? Wie
waren da.«

Ich nicke. »Sicher.«

»Sein Vasall war ein gewisser Hugo, der aus einer kleinen Stadt
namens Payns etwa acht Kilometer nordwestlich von Troyes
stammte.«[342]

Ich denke nach. Dann sage ich: »Der Graf wird sich deshalb
auch für die jüdische Religion interessiert haben. Denn sonst
wäre er nicht 1104 zusammen mit Hugo von Payns und dessen
Bruder Stephan zu einer Pilgerreise nach Jerusalem aufgebro-
chen. Es ist bemerkenswert, dass sie die strapaziöse und gefährliche Reise ins Heilige Land auf sich nahmen, das nach der Eroberung Jerusalems durch die Kreuzfahrer von marodierenden
Banden und Wegelagerern heimgesucht wurde.«

Chmiel fährt sich nachdenklich durch die Haare und sagt

schließlich: »Aber was unternahmen die beiden Hugos in dieser Zeit in Jerusalem? Die historischen Quellen schweigen sich darüber aus.«

»Doch es ist anzunehmen, dass die beiden Hugos während ihres Aufenthaltes im Heiligen Land durch ihre Adelsbeziehungen sofortigen Zutritt zu heiligen Stätten und Palästen bekamen«, wende ich ein. »Hugo I. von Champagne war mächtiger als der französische König Ludwig VI. Die Ländereien des Grafen waren um ein Vielfaches größer als das Kronland der Kapetinger.«

»Die beiden Hugos ...«, sinniert Chmiel und knabbert am Nagel des kleinen rechten Fingers. »Sie werden die *Descriptio Lateranensis Ecclesiae* des Johannes Diakonus aus dem Jahr 1100 mit der Erwähnung der vermeintlichen Bundeslade samt Gesetzestafeln im Vatikan gekannt haben. Sie werden auch die Berichte über die Bundeslade in der von Kaiser Justinian erbauten Hagia Sophia in Konstantinopel durch den Geschichtsschreiber Prokopius von Caesaraea gekannt haben. Die Zisterzienser versorgten sie vielleicht mit den Dokumenten.

Die beiden Hugos werden sich also gefragt haben: Ist die echte Bundeslade aus dem Salomonischen Tempel noch immer in Jerusalem? Der Talmud erwähnt, dass die Hohepriester die Lade vor dem Einfall der Babylonier unter dem Tempelberg versteckten. Also werden die beiden Hugos ebenfalls eine Arbeitshypothese entwickelt haben. So wie wir.«

Ich nicke. »Sie gründen den Templerorden und lassen sich auf dem Tempelberg in Jerusalem nieder. Sie stellen in Jerusalem Nachforschungen zu biblischen Artefakten an. Aber anders als wir, verfügen sie über mächtige Sponsoren für ihre Suche.«

»Die 1-Million-Euro-Frage lautet: Haben sie die echte Bundeslade gefunden?«

Die Gerüchte um verborgene biblische Schätze liegen nach dem ersten Kreuzzug in der Luft. Es herrscht Goldgräberstimmung unter den Adligen. Wahrscheinlich haben die Kreuzzugschronisten Fulcher von Chartres und Albert von Aachen diese Informationen dem jüdischen Talmud, dem Kommentar zur hebräischen Bibel, entnommen, der ebenfalls davon ausgeht, dass die Hohepriester die Bundeslade samt den mosaischen Gesetzestafeln 587 v. Chr. unter dem Tempelberg in Sicherheit brachten. Die Tatsache, dass es keine zeitgenössischen Berichte über den Aufenthalt von Hugo I. von Champagne und seines Vasallen Hugo von Payns zwischen den Jahren 1104 und 1108 gibt, lässt darauf schließen, dass sie kein Aufsehen erregen wollten.

»Nur eine Verschwörungstheorie«, kommentiert Chmiel augenzwinkernd.

Als die beiden Hugos aus Jerusalem im Jahre 1108 zurückkehren, suchen sie Stephan Harding in der Zisterzienserabtei von Cîteaux auf. Stephan Harding korrigiert zu diesem Zeitpunkt die Fehler der lateinischen Bibel – der *Vulgata* – anhand von hebräischen Originaltexten.[343] Stephan Harding persönlich gibt an, dass er aus Unkenntnis des Hebräischen die Hilfe von burgundischen Rabbinern in Anspruch nehmen muss.[344] Der Abt wird so in jüdische Geheimnisse eingeweiht, die sich durch die Berichte im babylonischen Talmud und der Kreuzzugschronisten andeuten – Geheimnisse über den Verbleib der Bundeslade und der mosaischen Gesetzestafeln. Diese Informationen, die Abt Stephan Harding mit Graf Hugo I. von Champagne und Hugo von Payns teilt, müssen sensationell sein.

Denn nachdem sie Stephan Harding konsultieren, reisen Graf Hugo I. von Champagne und sein Vasall Hugo von Payns im Jahr 1114 erneut überstürzt nach Jerusalem ab. Doch Hugo von Payns beschließt, in Jerusalem zu verweilen. Ein möglicher Grund ist, nach einem Basislager für eine längere Expedition in Jerusalem Ausschau zu halten. Hugo I. von Champagne kehrt in die Champagne zurück. Wir sprechen hier davon, dass sich ein Mann mit seiner bescheidenen Schutztruppe zu Pferden und zu Fuß durch Wüsten und Gebirge und zu Schiff über das von Piraten heimgesuchte Mittelmeer auf den beschwerlichen Weg in seine Heimat macht. Diese Reise kann viele Monate oder sogar über ein Jahr dauern und sehr schnell tödlich enden. Aber die Gefahren scheinen Hugo I. von Champagne nicht im Geringsten abzuschrecken. Die Aussicht, in Jerusalem etwas wahrlich Ungeheuerlichem auf der Spur zu sein, könnte ihn angetrieben haben. Anders ist diese Eile nicht zu erklären.

1120 erscheinen dann Hugo von Payns und sein Stellvertreter, der Ritter Gottfried von Saint-Omer, in Jerusalem am Hofe von König Balduin II.[345] Sie fragen den König, ob sie seinen Palast in der ehemaligen Al-Aqsa-Moschee als Lager nutzen können. Der König setzt die Ritter nicht etwa wutentbrannt vor die Tür, sondern gestattet ihnen, sich in seinem Palast häuslich einzurichten.[346] Wahrscheinlich ist dieses schnelle Einverständnis des Königs die Frucht der Bemühungen Hugos von Payns. Tatsächlich zieht König Balduin II. am Ende des Jahres 1120 sogar völlig aus, um sich in der Davidsburg niederzulassen.[347]

Nun haben Hugo von Payns und Gottfried von Saint-Omer freie Hand für ihre Suche nach Artefakten. Offensichtlich gelingt es den beiden, weitere Adelige zu finden, die sich ihrer Mission anschließen. Es folgen Andreas von Montbard, Payen von Montdidier, Archambaud von St. Amand und Gottfried Bisol – sowie drei weitere Männer: Roral, Gundemar und Gottfried.

Gerade die Wahl von Andreas von Montbard ist kein Zufall. Andreas ist verwandt mit dem Grafen von Burgund und durch seine Schwester ein Onkel von Bernhard von Clairvaux, des Zöglings von Abt Stephan Harding von Cîteaux. Gottfried von Saint-Omer, Payen von Montdidier und Archambaud von St. Amand sind Angehörige des mittleren Adels aus der Picardie. So gut wie nichts ist bekannt über die Herkunft von Gottfried Bisol, Roral, Gottfried und Gundemar. Wilhelm von Tyrus bezeichnet diesen Bund um Hugo von Payns in seiner Chronik als *Arme Bruderschaft Christi vom Salomonischen Tempel zu Jerusalem*.[348] Die Templer, wie sie heute genannt werden, geloben Keuschheit, Armut und Gehorsam.

Arm sind sie jedoch nicht. Denn zwischenzeitlich unterstützt Graf Fulko V. von Anjou die Templer mit dreißig angevinischen Silberstücken im Jahr.[349] Wir können auch davon ausgehen, dass König Balduin II. den Templerorden finanziell bezuschusst.[350] Graf Hugo I. von Champagne wohnt der mysteriösen Vereinigung im Jahre 1125 bei.[351] Zuvor hat er seinen Besitz an seinen Neffen Theobald II. übertragen – und seine Frau Elizabeth von Varais verstoßen. Er hat ihr mitgeteilt, dass er unfruchtbar und deswegen niemals der Vater ihres Kindes sei.[352]

»Was für ein mysteriöser Graf und was für eine mysteriöse Truppe von Männern, die an keinerlei Kämpfen teilnehmen«, sage ich. »Und das entgegen der allgemeinen geschichtlichen Darstellung, dass sie die Pilgerwege zwischen Jaffa und Jerusalem sicherten.«

»Merkwürdige Burschen«, sagt Chmiel. »1119 attackieren die Seldschuken und Fatimiden das Königreich Jerusalem und König Balduin II. schlägt die feindlichen Armeen mit seinen eigenen Soldaten zurück. Die Templer um Hugo von Payns lassen ihren König im Stich. Balduin II. wird von 1123 bis 1124 durch seldschukische Truppen in Gefangenschaft genommen. Doch das scheint Hugo I. von Champagne, Hugo von Payns und ihre Leute nicht im Geringsten zu interessieren. Auch als Balduin II. die Stadt Aleppo im heutigen Syrien belagert, verstärken die Templer nicht die königliche Armee. 1125 schlägt Balduin II. die Seldschuken in Azaz. Auch hier keine Spur von den Templern.«

»Wir können festhalten«, sage ich, »dass sich die Templer um den Grafen Hugo I. von Champagne einen Dreck um die Verteidigung des Landes oder die Sicherung der Pilgerwege scherten.«

»Der Gedanke, dass neun Ritter tausende von Mördern und Wegelagerern zurückschlagen können, ist auch völlig absurd«, grinst Chmiel und schüttelt den Kopf. »Geradezu grotesk und ich verstehe nicht, dass Historiker so einen Blödsinn verbreiten konnten. Die Templer lebten nicht in einem Kloster, um dort zu beten und zu arbeiten, sondern äußerst zurückgezogen in den *königlichen* Gemächern der Al-Aqsa-Moschee.«

»Dieses Verhalten spricht für eine inoffizielle Mission in Jerusalem«, sage ich. »Die Höhlengänge unter dem ehemaligen Salomonischen Tempel sind nicht weit entfernt von der Al-Aqsa-Moschee. Tatsächlich existieren noch heute Spuren im Felsendom, die auf das Allerheiligste des Salomonischen Tempels, wo die Bundeslade stand, hinweisen.«[353]

»War es nicht so, dass die Möglichkeit der Pilgerwegesicherung erst im Jahre 1137 von den Baronen und dem Patriarchen von Jerusalem, Garimond, den Templern vorgeschlagen wurde?«, fragt Chmiel.

»So war es«, sage ich. »Dies wird durch eine Urkunde des Burgkastellans von Saint-Omer bestätigt.[354] Die Aufmerksamkeit der Templer galt also von Beginn an etwas völlig anderem. Welcher König räumt schon freiwillig sein Quartier? Welcher Graf verstößt plötzlich seine Frau und sein Kind, gibt all seinen Besitz an seinen Neffen weiter und reist Hals über Kopf nach Jerusalem, um plötzlich seinen Treueeid auf seinen Vasallen als neuen Großmeister zu schwören?«

»Das wäre so, als ob die englische Königin abdankt, um für einen Lord des Unterhauses zu arbeiten«, spottet Chmiel. »Was unternehmen also Hugo I. von Champagne, Hugo von Payns, der neue Großmeister des Templerordens, und ihre Gefolgsleute in Jerusalem? Die Chronik des Fulcher von Chartres berichtet, dass die Templer große Bereiche des westlichen Tempelbezirks umbauen. Sie graben die *Ställe des Salomon* unterhalb der Al-Aqsa-Moschee frei. Diese Ställe fassten gemäß dem Bericht des Pilgers Johannes von Würzburg 2000 Pferde und 1500 Kamele.[355] Die Gewölbe seien so riesig, dass sie selbst der Pfeil eines Langbogens nicht durchmessen kann, so Theoderich, ein anderer Pilger. Darüber hinaus bauen die Templer auch die Al-Aqsa-Moschee um.«[356]

»In den 1980er Jahren entdeckte der israelische Archäologe Meir Ben-Dov unterhalb des Tempelberges einen Tunnel, den er auf das 12. Jahrhundert zurückdatierte. Dieser Tunnel verläuft unterhalb des ehemaligen Hauptquartiers der Templer in der Al-Aqsa-Moschee. Er diente der Erkundung der Höhlensysteme des Tempelbergs von Jerusalem.[357] Meir Ben-Dov identifizierte den Tunnel als das Werk der Templer.«[358]

Chmiel fährt fort: »Graf Hugo I. von Champagne stirbt im Jahr 1126. Am 13. Januar 1129 wohnen Hugo von Payns und sechs weitere Templer in Troyes dem Bischofskonzil bei. Dort wird die Templerregel verabschiedet, die Bernhard von Clairvaux mit verfasst hat. Die Regeln des neuen Ordens orientieren sich an den strengen Statuten des Zisterzienserordens, die Keuschheit, Armut und Gehorsam vorschreiben und strikte Verhaltensregeln vorsehen. Die Regeln tragen die Handschrift von Bernhard von Clairvaux. Er weiht den Orden der Jungfrau Maria. Da ist kein

Platz mehr für Völlerei und Prasserei, wie es bei den Benediktinern vorkam.«

Ich nehme den Faden auf. »Und das Fundament für den Reichtum des Ordens legen die Templerregeln und päpstliche Bullen. Die Templer dürfen Grundstücke besitzen, finanzielle Zuwendungen annehmen und einen eigenen Zins auf Darlehen erheben. Diese Privilegien führen zu gewaltigem Reichtum und einem Höhenflug, den König Philipp IV. von Frankreich am 13. Oktober 1307 durch die Milizen gewaltsam beendet. Aber die Sicherung der Pilgerwege wird in der später 686 Paragraphen umfassenden Templerregel mit keinem Wort erwähnt.«

»Richtig. Die oft kolportierte Sicherung der Pilgerwege durch die Templer findet auch in der Lobrede von Bernhard von Clairvaux keine Erwähnung. In seiner Schrift *Liber ad milites templi – De laude novae militiae,* das Lob auf die neue Ritterschaft, preist Bernhard von Clairvaux den Mönch, der mit dem Schwert für Gott kämpft, an. Bernhard betrachtet seine Schöpfung der Mönchsritter vom Salomonischen Tempel als die *wahren Israeliten.* So lobt Bernhard denn auch den Salomonischen Tempel, wo die Bundeslade mit den anderen Schätzen im Allerheiligsten aufbewahrt wurde, als oberstes Ziel, das es zu erobern gilt.«[359]

»Da haben wir es«, sage ich. »Der Abt von Clairvaux ruft in seiner Lobrede offen dazu auf, die Schätze des Heiligen Landes zu sichern, bevor diese den Armeen des Islam in die Hände fallen. In anderen Worten: Bernhard eröffnet die Reliquienjagd. Dieser Jagd werden Hugo I. von Champagne, Hugo von Payns, Gottfried von Saint-Omer und ihre Leute nachgegangen sein.«

»Wenn wir annehmen, dass sie die Bundeslade mit den mosaischen Gesetzestafeln unter dem Tempelberg fanden, was passierte damit?« Wir stehen auf und gehen durch die Tür des Nordportals ins Freie.

4. Auf der Spur der Gesetzestafeln

»Könnten wir die Spur der Bundeslade und der Gesetzestafeln von Jerusalem nach Frankreich verfolgen?«, fragt Chmiel. »Was geschah mit der Bundeslade, falls die Templer sie nach Frankreich brachten?«

Chmiel blickt in den wolkenlosen Himmel und schaut dann zu dem Geschäft für Glaskunstwerke, das sich schräg von uns gegenüber befindet und von Touristen wimmelt. Durch die Passage vor dem Nordportal kommt eine Gruppe Nonnen. Sie sprechen kein Wort miteinander und gehen an uns vorbei Richtung Westportal.

»Wir bekommen eindeutige Hinweise über den Verbleib der Bundeslade, wenn wir uns mit der Sainte-Chapelle in Paris befassen«, sagt Chmiel. »Die Kapelle wurde 1239 von König Ludwig IX. den Heiligen in Auftrag gegeben und am 26. April 1248 eingeweiht.[360] Sie befindet sich nur einen Steinwurf entfernt von der Kathedrale Notre-Dame auf der Île de la Cité in Paris.«

»Ich war mit meiner Frau da«, sage ich. »Als Kunsthistorikerin ist sie regelrecht euphorisch geworden angesichts der Reliquienschreine und des Wandschmucks.«

»Dann wird euch Folgendes nicht entgangen sein«, sagt Chmiel.

Ludwig der Heilige ist ein ausgesprochen religiöser Mann. Er lässt die Sainte-Chapelle errichten, um dort die Reliquien Jesu Christi aufzubewahren. Zu diesem Zweck greift er tief in die königliche Schatulle. So kostet der Bau mehr als 40 000 Tourneser Pfund. Der Schrein für die Leidenswerkzeuge – *Grande Châsse* genannt – kostet sogar 100 000 Tourneser Pfund.[361] Wenn wir diese Summen mit den Kosten des von Ludwig den Heiligen in die Wege geleiteten sechsten Kreuzzug von 250 000 Tourneser Pfund jährlich vergleichen, ist dies eine immense Summe, die heute vielen Dutzend Millionen Euros entsprechen, wenn nicht sogar mehr.[362] Mit Sicherheit werden hier die Templer dem König unter die Arme gegriffen haben. Eine Freundschaft zwischen dem König und dem Ritterorden ist belegt: König Ludwig IX. tritt im Jahr 1265 dem Templerorden offiziell bei.[363]

Dieser Beitritt zu den Templern wird nicht möglich gewesen sein, ohne dass Ludwig IX. vorher intensive Beziehungen zu ihnen unterhielt. Ohnehin ließ das französische Königshaus seine Gelder seit der Regentschaft von Ludwig VII. im *Temple,* dem Hauptquartier des Templerordens in Paris, aufbewahren.[364] Wenn jemand über die finanziellen Belange des Königshauses der Kapetinger genaue Kenntnisse verfügt, dann sind es zu diesem Zeitpunkt die Templer.

Es muss Ludwig den Heiligen also sehr ernst sein, als er die Relikte Jesu Christi kauft und den Bau der Kapelle finanziert. Zu den Schätzen, die König Ludwig IX. nach peinlich genauer Prüfung ihrer Herkunft kauft, zählen die Dornenkrone, die er 1239 von seinem Vetter, Kaiser Balduin II. von Konstantinopel – aus dem Hause Courtenay –, für 135 000 Tourneser Pfund als Pfand auslöst.[365] Wir müssen uns vor Augen halten, dass Ludwig IX. für die Dornenkrone Christi beinahe so viel bezahlt, wie für den Bau der Kapelle und den Bau des Reliquienschreins zusammen. Ludwig IX. muss besessen sein von Reliquien.

Diese von Ludwig erworbene Dornenkrone wird bereits im Jahr 409 n. Chr. durch den Heiligen Paulinus von Nola erwähnt, der berichtet, dass sie auf dem Berg Zion aufbewahrt worden war. Pilgerberichten zufolge ist diese Dornenkrone dann von Jerusalem nach Konstantinopel gelangt.[366] Ein Stück vom Kreuz Christi und der mit Essig getränkte Schwamm, der dem sterbenden Christus gereicht wurde, um seinen Durst zu stillen, gehören dazu. Auch die Lanze des Longinus, die der Legionär dem Nikodemus-Evangelium zufolge dem gekreuzigten Jesus Christus in die Rippen stieß, um dessen Tod zu überprüfen, besitzt er.[367] Die Pfänder für die Lanze des Longinus und des Bruchstücks vom Kreuz Jesu löst Ludwig IX. bei den Templern aus. In anderen Worten: der König kauft den Templern die Reliquien ab.[368] Wenn die Templer sie aus Konstantinopel haben, ist es nicht unwahrscheinlich, dass sie auch die Bundeslade aus der Hagia Sophia haben, falls sie sie nicht unter dem Tempelberg von Jerusalem fanden.

Ich sage: »Hier haben wir den Beleg dafür, dass die Templer an Reliquien sehr interessiert waren.«

Chmiel nickt und fährt fort ...

Die Templer hüteten bedeutende biblische Artefakte nicht nur als Pfandleiher, sondern als Eigentümer der Reliquien. Nachdem diese Schätze in Paris in der Sainte-Chapelle eintreffen, dürfen sie ab dem Jahr 1244 nach einem besonderen Segen von Papst Innozenz IV. nur König Ludwig IX. und ein auserwähltes Priesterkollegium in der Kapelle sehen und anbeten.[369] Dies erinnert stark an die israelitischen Hohepriester, die alleinig im Allerheiligsten die Bundeslade ansehen durften. Es gibt eine eindeutige Anspielung mit der Tribüne, auf der Ludwig IX. die Reliquien in der Grande Châsse präsentieren ließ. Dieser Sockel ist eindeutig eine Nachbildung der Bundeslade. Ein Manuskript, das heute in der Morgan Library lagert, stammt aus den Jahren 1244–1254, der Zeit also, als die Sainte-Chapelle eingeweiht wurde. Das Pergament zeigt, wie König David die Bundeslade in Jerusalem aufthront. Es ist identisch mit der Sainte-Chapelle.[370]

»Die Sainte-Chapelle ist also nicht nur ein Ort der Verehrung von Christusreliquien?«, frage ich.

»Die Sainte-Chapelle mit ihren Baldachinen und dem Tribünenschirm ist eindeutig eine Nachbildung des Salomonischen Tempels«, sagt Chmiel.[371] »Eine Ausgabe der *Bible Moralisée,* die Ludwigs Mutter Blanca von Kastilien in Auftrag gegeben hatte und am Hof von Toledo in Spanien aufbewahrt wurde, setzt die *Ecclesia*, also die Kirche, mit dem Salomonischen Tempel gleich.«[372]

»Die Sainte-Chapelle war somit dem Tempel in Jerusalem ebenbürtig. König Ludwig IX. brachte Jerusalem und speziell den Salomonischen Tempel nach Paris. Die Bildsprache in den Bleiglasfenstern und der steinernen Reliefs in den Nischen unterhalb der Fenster der Sainte-Chapelle wurde vom königlichen Künstler so konzipiert, dass der Herrschaftsanspruch der Kapetinger durch Szenen des Alten Testaments und insbesondere der Bücher Mose bekräftigt werden sollte. Die Kapetinger und Ludwig IX. sind in der Sainte-Chapelle als Israeliten dargestellt, die eine besondere Gnade von Gott erhalten.«[373]

»Also ein Machtsymbol.«

»Ja, Ludwig der Heilige ließ sich als direkter Nachfahre von Moses darstellen. Wilhelm von Chartres, der Biograph und Kapellan Ludwigs IX., schrieb, dass der König von Frankreich wie Moses handeln solle, der auf dem Berg Sinai die Gesetzestafeln empfing, um Würde und Ehre zu erlangen.«[374]

»Ludwig IX. sah sich als König David, wie schon sein Vorfahr König Ludwig VII.«, sage ich. »Er hatte den direkten Draht zu Gott – und wer den direkten Draht zu Gott hatte, musste das auch nachweisen können. Am besten, indem man die Bundeslade mit den Gesetzestafeln besaß.«

Chmiel zieht sich die Lederjacke über, denn es ist kühl geworden. Er erschauert. »Es wundert mich nicht, dass sich in der Sainte-Chapelle Fenster mit vier Medaillons befinden, in denen König Ludwig IX. und die Kapetinger als Moses und Aaron mit Bundeslade dargestellt sind.[375] Eine andere Szene zeigt, wie zwei Ritter auf einem Pferd sitzen. Es ist das Symbol für den Templerorden. Ein Templer weist auf die Bundeslade.«

»Unter den Reliquien der Sainte-Chapelle befand sich der angebliche Stab des Hohepriesters Aaron.[376] Aber auch die steinernen Gesetzestafeln mit den Zehn Geboten.«

Chmiel sieht mich seltsam erschrocken an. »Die Gesetzestafeln?«

Ich zucke die Achseln. »Zumindest laut Quellen.«

»Das wusste ich nicht.«

»Ich auch nicht«, sage ich. »Bis ich herausfand, dass die Gesetzestafeln schon länger im Besitz des Königshauses gewesen sein sollen. Sie stammten aus Saint-Omer.[377] Die Kirche Chapelle du Marché war wiederum in den Besitz der Gesetzestafeln durch das Adelsgeschlecht von Saint-Omer gelangt. Wir erinnern uns: Gottfried von Saint-Omer war der Stellvertreter des Templergründers und ersten Großmeisters Hugo von Payns.«

»Okay«, raunt Chmiel. »Wenn Hugo von Payns, sein Stellvertreter Gottfried von Saint-Omer und ihre Männer die Bundeslade mit samt den Gesetzestafeln unter dem Tempelberg fanden, könnte der Weg der Bundeslade und der Zehn Gebote so ausgesehen haben ...«

»Wie?«

»Über das Mittelmeer nach Südfrankreich, dann Clairvaux, dann Saint-Omer, anschließend im 13. Jahrhundert in die Sainte-Chapelle – und dann nach Chartres, denn Chartres wurde offiziell erst am 24. Oktober 1260 eingeweiht. Die Templer spielten demnach die Hauptrolle bei der Vervollständigung der Reliquiensammlung von König Ludwig IX. Als Templer war er eingeweiht in die Geheimnisse um Hugo von Payns und ihre mögliche Entdeckung der Bundeslade unter dem Tempelberg.«

»Wenn jedoch der Besitz der Gesetzestafeln der Propaganda diente«, sage ich, »dann *musste* Ludwig IX. sie besitzen. Das konkurrierende Adelsgeschlecht der Plantagenêt war erpicht darauf, diese biblische Erbfolge des französischen Königs zunichte zu machen. Ludwig IX. brauchte demnach handfeste Beweise dafür, die Bundeslade mit den Gesetzestafeln zu besitzen, um sich als König David zu präsentieren und seine göttliche Macht zur Schau zu stellen. Er brauchte noch nicht einmal auf plumpe Fälschungen zurückzugreifen.«

Chmiel nickt. »Zwischen der Bergung der Bundeslade in Jerusalem durch die Templer und der Ausstellung der mosaischen Gesetzestafeln durch Ludwig IX. in der Sainte-Chapelle lagen demnach über hundert Jahre. Wir können sehen, dass die Bundeslade im Reliquieninventar des Vatikans und in der Hagia Sophia auftaucht, sonst aber nirgendwo. Die Gesetzestafeln tauchen in der Sainte-Chapelle auf.«

»Ein Vierpassfenster in den Obergaden des Langchors zeigt König Ludwig VIII. mit einer Tafel – und nicht etwa einem Fenster – in seinen Händen. Dieses Fenster wurde zu Restaurationszwecken entnommen und durch ein anderes ersetzt.«

Chmiel sagt: »Die Familie des *Gaufridus* im Fenster des Hochchores könnte also aus Nachkommen des Templergründers Gottfried von Saint-Omer bestehen.«

Angespornt durch die neuen Fakten gehen wir zurück in die Kathedrale. Ich stelle das Stativ und meine Kamera an der Bestuhlung des Südportals auf und wende mich zum nördlichen Rosenfenster.

»Was sieht du?«, frage ich.

Chmiel blickt angestrengt durch sein Fernglas. »Ich sehe unterhalb der Rose fünf in zwei Zonen eingeteilte Lanzettfenster. Im ersten Fenster auf der linken Seite identifiziere ich den abrahamitischen Priester Melchisedek mit Kelch und Weihrauch und den König der Babylonier, Nebukadnezzar II., mit dem umstürzenden Götzenstandbild.«

»Wieder ein Verweis auf die Bundeslade, die im Tempel des Dagon der Philister untergebracht war und das Götzenbild mit ihrer göttlichen Macht zu Fall brachte. Es folgen im nächsten Fenster König David mit seiner Harfe und darunter König Saul, der sich aus Verzweiflung über den Verlust seiner Macht ins Schwert stürzt und somit Platz macht für David als König eines geeinten Reiches Juda. Im Mittelfenster entdecke ich die Heilige Anna mit ihrem Kind Maria, die Jungfrau Maria, und darunter erneut das Wappen der Kapetinger.«

»Anna ist seltsam dunkelhäutig dargestellt«, merkt Chmiel an.

Abb. 21: König Ludwig IX. und seine Mutter Blanka von Kastilien stifteten u.a. das Rosenfenster des nördlichen Querhauses. Beide Häuser sind in Gestalt der Bourbonenlilie der Kapetinger und der Burg von Kastilien dargestellt. Die Zahl Zwölf prägt die Nordrose, die auf die Könige der Israeliten hinweist.
© Tobias Daniel Wabbel

Ein Fenster weiter sehe ich König Salomon mit einem Zepter in einer Hand und darunter Jerobeam, der das goldene Kalb anbetet. Goldene Kälber tauchen im Alten Testament der Bibel häufiger auf. Als Moses vom Berg Horeb mit den Gesetzestafeln herunterstieg, in die JHWH die Zehn Gebote geschrieben hatte, musste er entdecken, dass die Israeliten in seiner Abwesenheit unter der Anführerschaft von Aaron ein goldenes Götzenbild in Gestalt eines Kalbes anbeteten. Moses ließ das goldene Kalb einschmelzen, zermalmen, in Wasser auflösen und den Götzenanbetern als Trank eintrichtern, bevor er sie zu Tausenden erschlagen ließ.[378]

Im Fenster rechts außen finde ich Aaron mit dem grünenden Stab und dem ägyptischen Pharao, der vom Pferd stürzt. Goldene Kälber tauchen erneut in der Bibel auf, als König Jerobeam, der von 926 bis 907 v. Christus herrschte, in seinem Tempel in Shechem goldene Kälber aufstellen ließ. Er rief die Stämme des Südreichs Juda dazu auf, von JHWH abzulassen und die goldenen Kälber als Ersatzheiligtum zum Salomonischen Tempel in Jerusalem anzubeten.[379] Das goldene Kalb steht daher in beiden Fällen für den Abfall vom Glauben an JHWH zugunsten eines Götzenbilds.

»David und Salomon haben erstaunlich ähnliche Gesichtszüge«, sage ich. »So als ob hier ein und dieselbe Person abgebildet wurde.«

»Tatsächlich! David und Salomon haben die Gesichtszüge von König Ludwig IX.«[380]

Über den fünf Fenstern erkenne ich wieder die Wappen der Königin Blanca von Kastilien und ihres Sohnes Ludwig IX., den Bauherren der Reliquienkirche der Sainte-Chapelle in Paris, jeweils in arkadenartig nach links und rechts größer werdenden Fenstern. Darüber eingebettet ist das gewaltige, zehn Meter große Rosenfenster.

Chmiel setzt das Fernglas ab und reibt sich die Augen. »Es wimmelt von Anzeichen der Kapetinger und insbesondere Ludwigs des Heiligen und seiner Mutter Blanca.«

»Die Königsfamilie hat hier einige Fenster gestiftet. Sie wollte ihren Einfluss auf diese Weise geltend machen.«

Wir untersuchen weiter die Fenster.

In der Nordrose darüber regiert die Zahl Zwölf, denn zwölf äußere Halbkreise zieren das Fenster. Darin erscheinen die zwölf kleinen Propheten: Hosea, Amos, Jonas, Nahum, Sephania, Zacharias, Malachias, Haggai, Habakuk, Micha, Abdias und Joel. Diese sogenannten kleinen Propheten entstammen dem Tanach – der hebräischen Bibel –, und hier dem *Zwölfprophetenbuch*.

Chmiel sagt: »Die zwölf Propheten deuten auf die zwölf Stämme Israels hin – hier haben wir wieder die Anspielung der Stifter Blanca von Kastilien und ihres Sohnes Ludwig IX. auf die Israeliten. Ein Ring aus zwölf Vierpässen mit dem gelben Lilien-Wappen des Königshauses der Kapetinger umgibt einen weiteren Ring von rautenförmigen Fenstern weiter innen. Darin sind die Könige der zwölf Stämme des von König David gegründeten Reiches Juda dargestellt. Es fängt bei König David an, geht über seinen Sohn Salomon, gefolgt von Abia, Iosaphat, Ozias, Acaz, Mahases, Ezechias, Iothan, Ioram, Asa und endet bei Roboam. Das alles im Uhrzeigersinn.«

»Tatsächlich haben wir es hier wieder mit den zwölf Stämmen Israels zu tun«, ergänze ich. »Du erinnerst dich? Die zwölf Stämme der Israeliten sollten gemäß der Anweisung JHWHs um das Stiftszelt und die Bundeslade kampieren.«[381]

Im Zentrum der Stämme Israels ist Maria mit dem Jesuskind zu sehen. Maria entspricht hier wieder in typologischer Sicht der Bundeslade. Maria wird durch einen Kreis von zwölf strahlenförmigen Fenstern umrahmt. Ich finde Darstellungen der Gaben des Heiligen Geistes, dargestellt als Taube, sowie Engel, die Weihrauchfässer schwenken und Kerzen tragen, aber auch Cherubim.

Wir sehen uns verblüfft an. Chmiel sagt: »Die Kathedrale von Chartres muss ein Allerheiligstes beherbergen, so wie der Salomonische Tempel. Die Fenster des Hochchors und der Stephanus-Kapelle teilen uns eine verborgene, nur für den Eingeweihten verständliche Botschaft mit. Vielleicht die Botschaft, dass König Ludwig IX. die Bundeslade mit den Gesetzestafeln hier in Chartres präsentierte.«

»Aber wo wäre das Allerheiligste in Chartres? Und wo sind die Gesetzestafeln?«

»Lass uns wieder rausgehen zum Nordportal«, drängt Chmiel. »Da ist mir etwas aufgefallen, als wir vorhin auf den Stufen saßen.«

5. Die Offenbarung des Nordportals

Chmiel strebt geradewegs auf einen Reliefzylinder am linken Mittelportal zu. Ich erkenne die Säulen sofort wieder. Es handelt sich um die Darstellung der Bundeslade, die in der Schlacht von Aphek durch die Philister geraubt wurde. Darunter stehen die lateinischen Worte HIC AMITITUR ARCHA CEDERIS in einer Mischung aus Unzial- und Antiqua-Schrift in den Sandstein gehauen. Diese Mischung allein ist typografisch betrachtet bemerkenswert.

»Siehst du das hier?«, fragt Chmiel und zeigt auf drei Männer, die in einem Kampf verstrickt zu sein scheinen. »Dieser Mann hier hält eine Lanze und ist mittelalterlich gekleidet. Der andere trägt offensichtlich ein Kettenhemd. Nur ein Zufall, dass die Steinmetze des Mittelalters die Soldaten der Philister wie Ritter darstellten? Oder steckt mehr dahinter? Es scheint die Darstellung der Enkel des Richters Samuels zu sein, die von einem Philister getötet werden und dadurch die Lade verlieren.«

Chmiel zeigt nun auf das Gesicht eines Mannes, der mit seiner Nase die Bundeslade berührt.

Ich schaue mir die Steinmetzarbeit genauer an. »Du hast Recht, das ist mir vorher noch nie aufgefallen. Der Mann berührt mit seiner Nase regelrecht die Bundeslade, die über ihm schwebt.«

»Vielleicht ist es wörtlich zu verstehen. Man stößt hier …« Chmiel zeigt auf den Steinboden unter unseren Füßen. »… mit der Nase auf die Bundeslade.«

»Sie könnte in Chartres direkt vor unseren Augen sein und doch sehen wir sie nicht?«

Ich stelle mich auf die Zehenspitzen und schaue noch genauer hin. In der Bundeslade ist eine der beiden Gesetzestafeln mit den Zehn Geboten, der Stab Aarons und der Mannakrug zu sehen.

»Es ist die exakteste Darstellung über den Inhalt der Bundeslade, die ich jemals gesehen habe«, sage ich. »Tatsächlich existiert
an keiner Kathedrale eine solche Betonung der Geschichte der
Bundeslade.«

*Abb. 22: Reliefzylinder zeigen am
Nordportal das Schicksal der
Bundeslade. Begleitet werden diese
biblischen Szenen durch die
lateinischen Sprüche ARCHA
CEDERIS und HIC AMITITUR
ARCHA CEDERIS.*
© *Tobias Daniel Wabbel*

Chmiel sagt: »Und jetzt sieh dir die Übersetzung an. Wenn
man das T von *Amititur* durch ein C ersetzt, weil das T wie ein C
gestaltet wurde, heißt es »amicitur«, von »Amicio« für *verhüllen*.
DIE BUNDESLADE, DIE HIER VERHÜLLT/ VERBORGEN
WERDEN WIRD.«
Ich berühre die Bundeslade mit den Fingern. »Und *amictus* ist
der Schleier. Die Bundeslade, die mit dem Schleier verhüllt
wurde? Der Steinmetz muss auf Anweisung eines Klerikers ge-

handelt haben. Handwerker konnten damals kein Mittellatein. Wenn wir annehmen, dass der Baumeister von Chartres vorher in Laon war, wird deutlich, dass es einen inoffiziellen Plan gab, mit dem verschlüsselt werden sollte, wo die Bundeslade und wo die Gesetzestafeln verborgen sind.«

Chmiel nickt. »Das Wort CEDERIS ist kein Fehler. CEDERIS müsste zwar eigentlich FOEDERIS heißen, für das Wort *Bund*. In der lateinischen Urbibel *Vulgata* wird die Bundeslade ARCA FOEDERIS genannt. Doch CEDERIS bedeutet auch verschwinden oder abtreten.«

Chmiel zeigt wieder auf das »T« in dem Wort AMITITUR und sagt: »Wenn du genau hinsiehst, ist es gar nicht nötig, das T in dem Wort Amititur durch ein C zu ersetzen. Auch ohne die Ersetzung ist der Spruch sensationell. HIC AMITITUR ARCHA CEDERIS heißt eigentlich …«

Ich schüttle fassungslos den Kopf. »DIE VERLORENE LADE, DIE HIER VERSCHWINDEN WIRD. Die Lade, die in Aphek verloren geht, an die Hebräer wieder abgetreten wird und hier anschließend in Chartres verschwindet. Deswegen wählte der Urheber des Spruchs das Wort CEDERIS, anstelle von FOEDERIS. Mit HIC meinte er tatsächlich den Ort Chartres und keinen Ort in der Bibel.«

Ein Motiv weiter ist die Bundeslade auf einem Karren zu sehen. Die Lade mutet wie eine Truhe an. Die Beschläge haben die Form von Bourbonenlilien. Mäuse und eine Kugel hängen heraus – ein Abbild der fünf goldenen Mäuse und fünf goldenen Beulen, die die Philister als Sühnegabe herstellen mussten, um den Israeliten diese zusammen mit der Bundeslade zu überbringen. Die fünf Mäuse und fünf Beulen stehen für die fünf Könige und Städte der Philister der Städte Aschdod, Gaza, Aschkelon, Gat und Ekron, in denen die Lade jeweils ruhte und Unheil anrichtete.[382] Nachdem die Philister die Bundeslade wieder den Hebräern zurückgaben, wurde sie auf einem Ochsenkarren nach Beth-Schemesch gebracht. Diese Rückführung zeigt das letzte Bild des Reliefzylinders.[383] Die Lade wird auf einem Ochsenkarren gezogen. Darunter stehen wieder die lateinischen Worte ARCHA CEDERIS. Auch hier müsste es wieder ARCA FOEDERIS heißen. Ein Engel schreitet dem Ochsenkarren voran. Sein Kopf ist abgeplatzt. Die Lade verschwindet.

»Was hat all das nun zu bedeuten?«, frage ich. »Vor allem, warum ist hier, wie am Westportal von Laon, das Wort ARCA mit einem H falsch geschrieben? Es wird doch nur mit C geschrieben. Ist es ein Hinweis, auf den Buchstaben C zu achten und Amititur mit C zu ersetzen?«

Chmiel nickt. »Es bedeutet, dass die Bundeslade hier in Chartres gewesen sein könnte. Die Lade war angeblich im Vatikan und auch in Konstantinopel und die Äthiopier behaupten heute noch, sie zu besitzen. Dabei könnte die echte Lade aus dem Salomonischen Tempel, die die Templer vielleicht in Jerusalem fanden, hier in Chartres gewesen sein. Und ich wette einen Kasten Bier, dass sie hier war.«

Chmiel zeigt auf den Reliefzylinder, dann auf den Boden unter uns. »Vielleicht war sie auch hier und ist nun verschwunden. So wie es dort in dem Spruch steht.«

»Das deckt sich mit folgenden Ereignissen«, sage ich. »König Philipp II. August, der Sohn von König Ludwig VII. und Großvater von König Ludwig dem Heiligen, tauchte 1210 in Chartres auf. Der Kunsthistoriker Marcel Bulteau berichtet, dass König Philipp II. August regelmäßige Spenden für die Entstehung des Nordportals gab, so wie später auch sein Sohn Ludwig IX. Interessant in diesem Zusammenhang ist, dass Wilhelm von Chartres zur Zeit von König Philipps II. Besuch der 14. Großmeister des Templerordens war.«[384]

»Die Templer arbeiteten mit dem Königshaus zusammen.« Chmiel zeigt auf den Boden. »Was ist in der Krypta?«

Ich zucke die Achseln. »Das werden Bodenradare herausfinden müssen.«

Ich zeige auf die Darstellung des Mannes, dessen Nase die Bundeslade berührt. »Man stößt mit der Nase auf die Lade. Die Lade ist direkt vor unseren Augen, aber wir können sie nicht sehen.«

»Ja, sie ist unsichtbar. Weil sie verhüllt, also verborgen, wurde.«

Eine Gruppe Touristen ist am Mittelportal angelangt und der Reiseleiter doziert über Jeremia und Isaia. Wir lauschen den Worten, als mir etwas an der Skulptur von Jeremia auffällt. Im

Hochchorfenster ist er ohne das Weihekreuz dargestellt, das er hier nun in den Händen hält. In der Kunstgeschichte steht Jeremias für das kommende Heilsgeschehen von Jesus Christus. Allerdings finde ist es sehr verwunderlich, dass sein Weihekreuz die Form eines Templerkreuzes aufweist. Die Figur, die unter seinen Füßen hockt, deutet mit dem Zeigefinger der linken Hand an den Kopf und fordert auf, nachzudenken. Interessant ist, dass diese Darstellung des Weihekreuzes exakt in dieser Gestalt nur in der Sainte-Chapelle von Ludwig IX. auftaucht.[385] Jeremias steht aber auch für das Versteck der Bundeslade, wie wir bereits gesehen haben. Jeremia versteckt die Bundeslade samt Stiftszelt vor der Invasion der Babylonier unter dem Tempelberg.

Dann fällt mir noch etwas auf. Ein Schlüssel hängt an Petrus rechtem Handgelenk. Es ist der himmlische Schlüssel, den er von Jesus Christus erhält, um die himmlische Bundeslade in der Offenbarung des Johannes zu öffnen. Bemerkenswert ist jedoch, dass Petrus hier eigentlich einen Kelch in der rechten Hand hält, der aber abgebrochen ist. Mit der linken Hand umklammert er einen Stab, dessen Spitze ebenso abgebrochen ist.

»Warum trägt Petrus das Gewand eines israelitischen Hohepriesters mit zwölf Halbedelsteinen?«, frage ich. Chmiel wendet sich zur Skulptur von Petrus um.

Er sagt: »Bei diesem Stab kann es sich nur um den Stab des Aaron handeln. Petrus spielt hier eine besondere Rolle am Nordportal. Er ist der Schlüssel zum Geheimnis. Das hat nichts mit Typologie zu tun, sondern mit der Tatsache, dass Petrus hier durch sein Hohepriestergewand am Nordportal explizit auf die Bundeslade hinweist. Denn nur Aaron durfte Blut auf die Bundeslade sprengen.«

Ich blicke auf meine Armbanduhr und erschrecke. »Höchste Zeit für meinen Kryptabesuch«, sage ich.

Chmiel sagt: »Okay. Ich sehe mich in der Kathedrale weiter um.«

Ich packe meine Ausrüstung zusammen und gehe durch das Nordportal, durchquere die Kathedrale und komme am Südportal wieder heraus. Ich gehe direkt zum Souvenirgeschäft gegenüber der Apsis, wo sich die Touristen für die Führung in der Krypta sammeln.

Abb. 23: Der Apostel Petrus ist hier am Nordportal mit dem Schlüssel dargestellt, mit dem er die himmlische Bundeslade aufschließt. Bemerkenswert ist hier jedoch, dass Petrus als israelitischer Hohepriester erscheint, der den Schurz mit den zwölf Halbedelsteinen trägt. Jeder Edelstein steht für einen israelitischen Stamm.
© Tobias Daniel Wabbel

Abb. 24: Am Nordportal ließ sich König Ludwig IX. (links), der Heilige, in Sichtweite zur Bundeslade darstellen.
© Tobias Daniel Wabbel

6. Die Kirche unter der Kirche

Als unsere Gruppe das unterirdische Gewölbe der Krypta betritt, überwältigt mich die Weitläufigkeit. Jetzt verstehe ich das Wort *Unterkirche*. Ich versuche, die französischen Ausführungen des Führers zu verstehen, konsultiere aber zur Sicherheit im schummrigen Licht meine eigenen Aufzeichnungen im Notizbuch. Demnach ist die Krypta über 230 Meter lang und etwa 6 Meter breit. Sie hat – von den Westtürmen der Kathedrale aus gesehen – die Form eines »U« und beinahe die weitläufigen Dimensionen ihrer gotischen Schwester über ihr. Kein Wunder also, dass der Baumeister der gotischen Kathedrale beschloss, die Dimensionen des alten Fulbertus-Baus beizubehalten, denn diese waren gewaltig genug. Die Krypta wurde zwischen den Jahren 1020 und 1024 aufgrund des Plans von Bischof Fulbertus im Rahmen der Bauarbeiten der romanischen Kathedrale errichtet. In Chartres befindet sich daher die größte Krypta einer gotischen Kathedrale. Zu meiner Linken sehe ich in einigen Metern Entfernung eine doppelseitige Holztür, die den Gang dahinter versperrt.

Zu unserer Rechten schließen sich im Halbrund in der Apsis sieben Kapellen an. Zwei schlanke, hochgewachsene Skulpturen, die vom Königsportal stammen und durch Kopien ersetzt worden sind, hängen an der Wand der Martinskapelle. Ein leichter Luftzug weht von der Eingangstür herunter und streift meine Wange wie ein Gespenst, das es eilig hat. Ich erschauere. Ein amerikanischer Tourist mit blauer Baseballkappe der Yankees auf dem Kopf flüstert seiner Frau zu: »That's weird, ain't it?«

Uns gegenüber befindet sich eine weitere Kapelle mit einem Altar auf der rechten Seite, die Kapelle des heiligen Clemens. Clemens war einer der Erzväter von Rom, der Petrus als Papst in der dritten Generation beerbte. Auf diesem Fresko aus dem 12. Jahrhundert vor uns sehe ich Clemens I. zusammen mit Karl dem Großen. Daneben reihen sich Jakobus der Ältere, der heilige Martin und der heilige Nikolaus auf. Doch neben dem heiligen Martinus identifiziere ich auch Petrus.

Wir gehen weiter. Die Krypta beschreibt eine Biegung. Ich vermute, dass wir uns nun unterhalb des Hochchors im Osten der Kathedrale befinden. Der Chorumgang der Krypta wird von drei großen romanischen Kapellen mit Tonnengewölben gesäumt, die aus der Zeit von Bischof Fulbertus stammen und sich fächerförmig um das Halbrund der Apsis schmiegen. Sie sind länger als die vier kleineren Kapellen dazwischen, die Kreuzrippengewölbe aufweisen und beim Bau der gotischen Kathedrale hinzugefügt worden waren.[386] Als wir den Chorumgang hinter uns gelassen haben, bleiben wir vor einem Brunnen stehen.

Der *Puits de saints-fort* ist die Quelle der »wirkungskräftigen Heiligen«, ein etwa 33 Meter tiefer Brunnen. Er wurde bereits 1082 erstmals erwähnt.[387] Die Sage berichtet, dass die Gebeine von Bischof Frotbold und einigen Chartreser Bürgern, die von den Wikingern am 12. Juni 858 niedergemetzelt worden waren, hier hineingeworfen wurden. Aber der Brunnen wurde auch als wundertätige Quelle angesehen, zu dem Abertausende Pilger strömten, um sich von ihren Gebrechen heilen zu lassen. So wie in Lourdes.[388]

Die Chorherren von Chartres schütteten den Brunnen im 15. Jahrhundert zu, weil Scharen von Pilgern sich von dem Wasser Heilung von ihren Krankheiten erhofften. Der Klerus befürchtete, dass dieser Ort der heidnischen Verehrung einen schlechten Einfluss auf die Christen von Chartres ausüben würde. Also schüttete man den Brunnen zu und versiegelte ihn durch eine Mauer. Archäologen legten den Brunnen im Jahr 1901 wieder frei.[389] Die gesamte Krypta scheint von Brunnen durchzogen zu sein. So existierte ein Brunnen am Strebepfeiler W6NII zwischen dem Nordturm und dem Nordportal, der beim gotischen Neubau ausgespart wurde.[390]

Ich lehne mich an die Mauer des Brunnens und schaue, geschützt durch ein Gitter, in die Tiefe. Das Lampenlicht verliert seine Kraft in der Dunkelheit des Schachts. Zu meiner Verblüffung entdecke ich mehrere Löcher in der kreisrunden Wand des Brunnens. Offensichtlich muss jemand in der Vergangenheit untersucht haben, ob parallel zum Brunnen noch andere Schächte existieren.

Wir passieren eine hölzerne Trennwand und gehen durch einen langen Gang, der mit roten Weihekreuzen bemalt ist. Wir kommen auf der anderen Seite in der Kapelle der Notre-Dame de Sous-Terre heraus. Diese Kapelle diente der Verehrung der sogenannten Schwarzen Madonna. Als wir vor dem Altar stehenbleiben, blicke ich zurück und sehe die hölzerne Figur der Jungfrau Maria mit dem Jesuskind auf ihrem Schoß. Diese Holzfigur ist eine im Jahr 1976 angefertigte Kopie der Schwarzen Madonna, die zwischenzeitlich in der oberen Kathedrale ausgestellt war. Sie wurde während der Französischen Revolution zerschmettert und am 20. Dezember 1793 vor dem Westportal der Kathedrale verbrannt. Kunsthistoriker schätzen, dass die Originalfigur aus dem 11. oder 12. Jahrhundert stammte.[391]

Deshalb ist davon auszugehen, dass die Schwarze Madonna von Chartres ein Echo heidnischer Kulte zur Anbetung der fruchtbaren Erdmutter ist und dann bei der Christianisierung in Maria mit dem Gotteskind umgewandelt wurde. Eine gallorömische Tonfigur, die Archäologen im Jahr 1858 in Chartres fanden, zeigt eine Frau mit zwei Kindern in ihren Armen.[392] Die Erdmutter kommt sowohl bei den Römern (»Tellus/terra Mater«), als auch bei den Germanen vor (»Nerthus«).

Die heidnische Erdmutter reicht jedoch nicht aus als Erklärung für das Phänomen der Schwarzen Madonnen. Denn in Bezug auf Schwarze Madonnen haben Ochsen die besondere Aufgabe des Auffindens und Entdeckens. So wird etwa die Schwarze Madonna im spanischen Olot in der Provinz Gerona, die aus dem 12. Jahrhundert stammt, mit einem Ochsen unter ihren Füßen dargestellt. Die Madonna soll dort ausgegraben worden sein, wo ein Ochse die Stelle mit seinem Brüllen verriet.[393]

Im katalonischen Gebirgsland von Núria kursiert die Sage vom Heiligen Giles (Ägidius), der ein geschnitztes Abbild der Schwarzen Jungfrau Maria anfertigte. Er versteckte sie in einer Höhle, als er Opfer der Christenverfolgung zu werden drohte. Im Jahr 1072 suchte der syrische Pilger Amadeus aus Damaskus, den ein Engel nach Spanien brachte, nach der Jungfrau. Der Engel teilte ihm mit, dass er an einem weißen Stein zwischen zwei Flüssen eine Kapelle errichten solle, denn darunter sei ein kostbarer

Schatz verborgen. Er fand die Stelle, als ein Ochse mit den Hufen an der Stelle scharrte und das Versteck der Höhle verriet.[394]

Anwohner der Bergregion von Mogrony in Katalonien verehren eine Kopie der Schwarzen Madonna aus dem 12. Jahrhundert in der Felsenkirche St. Pere. Auch sie fanden zwei Ochsen an einer Quelle.[395] Die Schwarzen Madonnen von Notre-Dame-de-Sarrance, Font-Romeu-Odeillo-Via, Notre-Dame-de-Polignan in Montréjeau sowie Notre-Dame-d'El-Coral in Prats-de-Mollo in den Pyrenäen und Notre-Dame-de-Manosque in der Provence entdeckten der Sage nach ebenfalls Ochsen.[396] Auch die Schwarze Madonna von Clery (Loiret) südöstlich von Orleans und unweit von Chartres kam durch zwei pflügende Ochsen zutage. Diese Madonna soll später Jeanne d'Arc verehrt haben.[397] All diese Schwarzen Madonnen haben also gemeinsam, dass sie aus dem 11. bis 13. Jahrhundert stammen und das Attribut des Ochsen aufweisen. Ferner sind Schwarze Madonnen oft in der Nähe von Quellen und Brunnen lokalisiert.[398]

Der templerisch-zisterziensische Bezug ist erstaunlich: Der Zisterzienserabt und geistige Vater des Templerordens, Bernhard von Clairvaux, verehrte die Jungfrau Maria so sehr, dass er vier glühende Homilien über sie verfasste. Anlass war ein entrücktes Erlebnis, das er in der Kirche St. Vorles in Châtillon-sur-Seine gehabt haben soll.[399] Als junger Mönch in Châtillon soll er die Jungfrau Maria in Gestalt einer lebendig gewordenen Holzstatue der Schwarzen Madonna darum gebeten haben, zu beweisen, dass sie eine Mutter sei: *Monstra te esse matrem.* Als Antwort spritzte sie Bernhard aus einer ihrer Brüste Milch auf die Lippen.

Besonders eindrücklich zeigt dieses Ereignis ein auf das Jahr 1300 datiertes Altarbild in der ehemaligen Templerkapelle von Palma de Mallorca. Es zeigt Bernhard von Clairvaux in weißer Zisterzienserrobe kniend vor Maria mit dem Jesuskind und ist das früheste Bildnis der »Lactation« des Bernhard von Clairvaux.[400] Es befindet sich heute im Museum von Mallorca und wird als Kunst des Templerordens betrachtet.[401] Die Regel des Templerordens, die Bernhard von Clairvaux 1128 auf dem Konzil von Troyes mitformulierte, redigierte und abgesegnete, wimmelt von Gebeten und Anspielungen an die Jungfrau Maria. Absatz

306 der französischen Templerregel etwa sieht vor, dass morgens im Templerhaus zuerst die Jungfrau Maria in einem Gebet geehrt werden solle, da Maria der Anfang des Ordens gewesen sei und, so Gott wolle, auch das Ende.[402] Die Besessenheit des Templerordens in Bezug auf die Jungfrau Maria geht soweit, dass sie Reliquien verehrten, wie das hölzerne Schnitzbild der Maria, das ein heilendes Balsam absondern sollte und Nonnen im Kloster Saidnaiya in Syrien aufbewahrten.[403]

Abb. 25: Der Blick in den nördlichen Gang der Unterkirche von Chartres offenbart die gewaltigen Dimensionen.
© *Tobias Daniel Wabbel*

Wir bleiben vor einer Gittertür stehen, der Führer schaltet das Licht ein. Die Touristen tuscheln untereinander in Italienisch, Deutsch, Englisch, Japanisch. Wahrscheinlich verstehen viele von ihnen die Ausführungen des Führers nicht. Wir steigen Stufen hinunter und befinden uns in der Gruft des Bischof Lubinus im karolingischen Teil der Krypta. Das Licht erhellt einen halbrunden, weitläufigen Raum, der von drei markanten Säulen geprägt ist. Zwei Säulen stehen im Halbrund der Apsis der Lubinus-Gruft.

Die andere, dritte Säule schmiegt sich zur Hälfte an die Wand der Krypta. Die unteren Teile der Säule reichen vermutlich bis ins achte Jahrhundert zurück. Der obere Teil ist neu. Die Säule reicht etwa neunzig Zentimeter tiefer als das Fundament der Krypta. Eine Säule wurde im 19. Jahrhundert angebracht, um zu verhindern, dass Teile der oberen Kathedrale durch die Decke der Krypta stürzen. Zwischen den Säulen steht ein Altar mit einem vergoldeten Reliquienschrein. Hinter den beiden Stützsäulen sind fünf Fenstereinfassungen zu sehen. Das hier war zur Zeit von Lubinus die Apsis der Kirche. Durch die Fenster blickte man im 9. Jahrhundert auf Chartres hinab.

Die Touristen verlassen die Lubinus-Gruft und ich fotografiere. Als ich allein bin, befällt mich ein Gefühl der Beunruhigung. Denn es ist erdrückend still. So still, dass ich mein Blut in den Ohren rauschen höre. Kalt ist es nicht. Trotzdem bemerke ich, dass ich leicht zittere. Entweder ist es die Spannung, den Anschluss an die Führung zu verpassen oder die Angst, hier unten allein zu sein. Ich fotografiere weiter.

Mir wird bewusst, dass ich mich in einem Raum befinde, der bereits zur Zeit von Lubinus auf vorchristlichen Überresten der carnutischen Druiden erbaut worden war. Denn bereits Julius Cäsar berichtet in seiner Chronik *De Bello Gallico,* dass sich im Gebiet der Stadt Chartres der keltische Stamm der Carnuten niedergelassen habe.[404] Genau genommen berichtet Cäsar davon, dass die Druiden hier sehr gelehrte Leute waren und sogar Griechisch lesen und schreiben konnten.[405] Der Geschichtsschreiber Titus Livius berichtet über die Carnuten.[406] Selbst der griechische Mathematiker und Astronom und Philosoph Claudius Ptolemäus erwähnt sie.[407]

Diese carnutischen Bauten, die hier zwei Jahrtausende vor der Kathedrale standen, haben wahrscheinlich aus Dolmen bestanden. Das keltische Wort »Dolmen« steht für *Taol Men,* also Tafelstein und beschreibt eine Grabanlage, die mit einer großen Steinplatte abgedeckt war und von kleineren Findlingen getragen wurde. Noch heute existiert etwas außerhalb von Chartres der Dolmen *La Pierre qui Tourne* mit einer sieben Meter großen Abdeckplatte. Jedoch waren diese druidischen Anlagen nicht so groß wie eine christliche Kirche. Daher bleibt es ein Rätsel, dass die romanische wie auch die gotische Kathedrale von Chartres eine Abweichung von 43,5 Grad aufweist. Wahrscheinlich ist jedoch, dass sich die frühe Kathedrale an einer heidnischen – gallischen oder römischen – Kultstätte ausrichtete, denn Christen wandelten oft druidische Kultplätze in Kirchen um.

Papst Gregor der Große (590–604) richtete einen Brief an Abt Mellitus, der dem heiligen Augustinus von Canterbury bei der Missionierung Englands im Jahr 601 beiwohnen wollte. Darin schrieb ihm Papst Gregor, dass die Götzentempel nicht zerstört werden sollten, sondern nur die Götzen selbst, die sie in den Tempeln befänden. Es sollen Altäre gebaut und Reliquien aufbewahrt werden. Papst Gregors Idee war, dass das heidnische Volk gegenüber dem Christentum nicht so ablehnend reagieren würde, wenn die alten heidnischen Tempelanlagen umfunktioniert würden. Die Vertrautheit erleichtere es, anstatt eines Götzen den wahren Gott anzubeten.[408]

So wird im 4. Jahrhundert bereits eine erste Kirche auf dem Kamm des Hügels von Chartres erwähnt. Die *Vieille Chronique* berichtet, dass Aventin im ersten Jahrhundert nach Christus von den Heiligen Altin und Eodald zum Bischof von Chartres ernannt worden sei.[409] Der Kunsthistoriker Marcel Bulteau vermutete, dass die erste Kirche an der Stelle stand, an der sich heute Notre-Dame-sous-Terre mit der Schwarzen Madonna befindet. Er ging davon aus, dass die Truppen Kaiser Diocletians sie zerstörten.[410] Um 557 wird Leobinus – unser Lubinus – zum Bischof geweiht und errichtet hier die ersten Fundamente seiner Kirche. Doch um 594 vernichtet ein Feuer Chartres und die Bischofskirche, die aus Holz gebaut war. Feuer scheint die Geschichte der Stadt Chartres zu prägen. Denn es geht hitzig weiter.

743 brennt Hunald, der Herzog von Aquitanien, Chartres und die Kirche ab. 858 übernehmen die Wikinger diese Kampfpraxis und fallen in Chartres ein, brandschatzen und lassen keine Holzbohle auf der anderen. Zu diesem Zeitpunkt muss bereits eine steinerne Kirche mit hölzernem Dachstuhl stehen, die eine Abweichung von der Ostung aufweist, denn die Mauerreste in der Lubinus-Gruft deuten darauf hin. Der Hauptzweck des Neubaus der karolingischen Kirche von 858 ist es, das Camisia-Hemd der Jungfrau Maria aufzubewahren, die Karl der Kahle, ein Enkel

Karls des Großen, im Jahre 876 der Stadt gestiftet hatte. Die Sage von der *Virgo paritura,* der Jungfrau, die gebären wird, spukt hier schon sehr lange in den Köpfen der Menschen von Chartres und macht ihre Stadt heilig. So verkraften die Einwohner von Chartres die Katastrophe der Wikinger-Invasion und bauen die Kirche wieder auf. Die Reste dieser karolingischen Kirche sehe ich nun vor mir.

Der Ruhm der Stadt Chartres verbreitet sich schnell im Mittelalter. Im Jahr 962 fällt die Bischofskirche von Chartres erneut einer Feuersbrunst zum Opfer. Die tapferen Bewohner von Chartres bauen die Kirche wieder auf. Um 1020 brennt sie abermals ab. Mit jedem Neuaufbau wird sie größer. Bis sie schließlich von Bischof Fulbertus mit der Krypta ihre heutige Form erhält. Am 5. September 1134 brennt wieder ein Großteil der Häuser von Chartres. Das Feuer macht auch vor der romanischen Kathedrale des Bischofs Fulbertus nicht halt. Kurz danach werden die heute noch sichtbaren Gemäuer der Westtürme errichtet, die schließlich das Inferno vom 10. Juni 1194 überstehen. Die bewegte Geschichte der Stadt Chartres ist hier unten in der Krypta regelrecht greifbar.

Ich sehe mich um. Vor meinen Füßen erblicke ich eine in den Boden eingelassene Betonplatte. Den Karten in der Fachliteratur zufolge muss es sich um die sogenannte »Schatzkammer« handeln.[411] Dieser Raum unterhalb der Lubinus-Gruft wird mit einem Niveau von etwa 8,14–8,43 Meter unterhalb des oberen Kathedralbodens angegeben. Warum die Gruft verschlossen wurde, ist nicht bekannt. Fakt ist dennoch, dass unterhalb der Krypta ein weiterer Raum existiert, sozusagen als zweites Untergeschoss.

Den Aufzeichnungen zufolge hat dieser unterirdische Raum eine halbrunde Deckenwölbung. Wahrscheinlich wurde er genutzt, um die Camisia der Jungfrau Maria in Sicherheit zu bringen, als die Kathedrale im Jahr 1194 brannte.[412] Vielleicht wurde er aber auch benutzt, um ältere, größere Dinge zu verbergen: Eine goldene Kiste würde hineinpassen, steinerne Tafeln ohnehin. Tatsächlich ist der Raum neben dem Brunnen auf der Nordseite der Krypta die tiefste bekannte Stelle der Kathedrale.

Als ich das Ende der Lubinus-Gruft erreicht habe, sehe ich eine Treppe. Sie führt zu einem Punkt auf der südöstlichen Seite des

Chors der Oberkirche. Ich will die Taschenlampe aus dem Rucksack herausholen, doch ich muss zu meinem Unmut feststellen, dass ich sie im Hotel vergessen habe. Was mache ich nun? Ich hole mein Benzinfeuerzeug aus der Jackentasche und steige die Treppe hoch. Als ich am Ende angelangt bin, stelle ich enttäuscht fest, dass die Tür verschlossen ist – und zu meinem Verdruss gibt das Feuerzeug den Geist auf. Ich steige wieder hinunter und beschließe, die andere Seite der Lubinus-Gruft zu erkunden. Mein Herz pocht. Doch die Neugier verjagt meine Angst.

Wer die Lubinus-Gruft durch den Seiteneingang betritt, findet zu seiner Rechten Stufen, die zur karolingischen Krypta hinaufführen. Dieser Bereich ist jedoch nur am Aufgang beleuchtet.

Abb. 26: In der Krypta befindet sich der Brunnen »Puits de Saints forts« an einer Stelle, an der carnutische Druiden in vorchristlicher Zeit die Erdmutter angebetet haben sollen. © Tobias Daniel Wabbel

Tatsächlich befinde ich mich in einem unförmigen Gang, der in das Felsmassiv der Krypta hereingetrieben wurde, der zu einer künstlich angelegten Höhle führt. Ich erschauere wieder, als ich zurückblicke, denn die Gesteinsformationen verschlucken das Licht. Als ich die Stufen hochsteige und oben ankomme, starre ich in absolute Schwärze. Ich kann nicht ermessen, wie weit der Raum in die Tiefe reicht. Jetzt kommt mir die Idee, das Licht meines Smartphones einzuschalten.

Abb. 27: Der karolingische Bereich der Krypta stammt aus dem 9. Jahrhundert.
© Tobias Daniel Wabbel

Zu meiner Linken führen Stufen hoch zu einem Abschnitt des Raumes, dessen Boden von seiner Form her schwer definierbar ist. Er scheint ein Überrest von einer Art Gruft zu sein. Direkt vor mir erstreckt sich die karolingische Krypta. Es ist ein viereckiger Raum.

Die Luft riecht nach Steinstaub. Ich tappe vorwärts. Das kleine Licht des Smartphones offenbart einen Blick auf die karolingische Krypta. Mörtelreste und Kabel, die auf Restaurierungsarbeiten hinweisen, liegen im Geröll. Doch im Grunde ist hier nicht viel zu sehen, außer Mauerresten und Staub.

Abb. 28: Ein Fresko in der Krypta der Kathedrale von Chartres zeigt eine dunkelhäutige Jungfrau, die sogenannte Schwarze Madonna.
© Tobias Daniel Wabbel

Ich knie mich hin und betaste den Boden. Doch ich kann keine Ritzen ausmachen, die auf eine Abdeckplatte oder ähnliches hindeuten könnten. Ob ein Hohlraum unter der karolingischen Krypta existiert, könnten nur Bodenradare feststellen. Der Raum zwischen den Gängen der Krypta ist jedoch archäologisch so gut wie unerschlossen und unerforscht. So ist auch die Urstätte der Kathedrale, von dem der erste Bau ausging, bisher unentdeckt.[413]

Ich beschließe, schnellstens zurückzugehen, um nicht den Anschluss an die Führung zu verpassen. Ich wage mich nur langsam über den Laufsteg vor, immer darauf bedacht, dass ich nicht abrutsche. Bei dem Gedanken, hier in der Krypta eingesperrt zu werden, bricht mit der Schweiß aus. Als ich das Ende des Stollens erreicht habe, stolpere ich hastig die Treppe hinauf und nehme mit großer Dankbarkeit das Tageslicht wahr, das durch die wenigen Fenster der Unterkirche fällt. Ich bleibe stehen und lausche wieder. Ich höre Gesprächsfetzen der Führung. Ich eile weiter – und finde den Anschluss. Der Führer scheint nicht im Geringsten daran interessiert zu sein, dass ich die Krypta einige Minuten auf eigene Faust erkundet habe. Ich schließe daraus, dass er Verständnis für die Neugier der Touristen hat.

Wir verlassen die Krypta am Ausgang vor dem Nordportal. Die Helligkeit lässt meine Augen schmerzen. Wind zerrt an meinen Haaren. Im Souvenirgeschäft *La Crypte* stöbere bei den Führern und Souvenirs und entdecke ein Buch über die Krypta von einem Autor namens Charles Stegeman. Ich kaufe es zusammen mit einem Feuerzeug mit Labyrinthabbildung und begebe mich zum Südportal. Als ich die Stufen erklommen habe, und vor dem rechten Seitenportal stehe, tippt mir jemand auf die Schulter.

»Hast du was entdeckt?«

Ich zucke zusammen und drehe mich um. Es ist Chmiel.

Ich erzähle ihm, was ich über die Schwarzen Madonnen und ihren aufregenden Bezug zu Ochsen und Bullen weiß. Chmiel hebt hellhörig die Augenbrauen als ich ihm erkläre, dass die Schwarze Madonna oder Jungfrau mit dem Kind immer mit dem Bild des Ochsen verbunden ist. Der Ochse weist auf eine Stelle, an der die Jungfrau verborgen ist.

»Erinnerst du dich an Laon?«, fragt Chmiel.

Ich nicke. »Natürlich. Am Westportal der Kathedrale von Laon befindet sich eine dunkelhäutige Jungfrau. Im Inneren findet sich eine Nachbildung einer Schwarzen Madonna. So wie hier an der Fensterrose des Nordportals.«

»Mit einem Unterschied«, sagt Chmiel. »Die Türme der Kathedrale von Laon schmücken 16 Ochsen. Und was haben wir gelernt? Die Jungfrau entspricht typologisch gesehen der Bundeslade. Der Ochse bewacht die Bundeslade, also die Jungfrau.«

Er grinst mit gespielter Blasiertheit, schaut mich von oben bis unten an und zeigt auf meine mit grauem Steinstaub bedeckte Hose. »Während du William von Baskerville gespielt hast, habe ich auch etwas entdeckt.«

Ich klopfe den Staub von der Hose weg. »Was hast du gefunden?«

»Wir haben den Schlüssel gefunden. Im wahrsten Sinne des Wortes.«

7. Der Schlüssel des Heiligen Petrus

»Schau dir alle drei Portale an«, sagt Chmiel. »Und dann sag mir, was du siehst.«

Ich mustere die Skulpturen des rechten Portals des südlichen Querhauses. Es zeigt in der äußersten Archivolte auf der linken Seite einen Drachen. In zweiter Reihe finden sich einige Apostel Jesu. Ich identifiziere Paulus, Thomas, Jakobus den Jüngeren, Johannes, Andreas, Jakobus den Älteren und Matthäus. Und schließlich wieder Petrus.

»Petrus scheint eine Schlüsselrolle zu spielen«, stelle ich fest. »Er taucht auch in der Krypta auf einem Fresko auf.«

Chmiel schweigt weise.

Ich untersuche weiter das Portal. In den inneren, linken Archivolten finden sich die Protagonisten der kirchlichen Hierarchie, angefangen beim Papst, den Erzbischöfen, Patriarchen, gefolgt von den Bischöfen, Äbten, den Diakonen und einfachen Klerikern. In den inneren rechten Archivolten hingegen wird diese Hierarchie durch Ritter und Mönch, Priester und Kaiser, Subdiakone und Laien verdeutlicht. Interessant ist hier, dass der Ritter neben dem Mönch dargestellt ist.

Ich zeige auf den Ritter neben dem Mönch und sage: »Ritter und Mönch in Personalunion ist nichts anderes als ein Templer.« Chmiel grunzt zustimmend.

Das Tympanon des rechten Portals des südlichen Querhauses ist geprägt von der Erscheinung Christi. Er wird flankiert von zwei Engeln unter ihm. Das Portal zeigt die Darstellung der sogenannten Bekenner. Diese zeichneten sich durch eine besonders inbrünstige christliche Milde aus. Dazu zählen der heilige Martin, der zusammen mit Knappen unterhalb von Christus dargestellt ist und in der nächsten Szene darunter seinen Mantel mit dem Schwert teilt. Aber auch der heilige Nikolaus erscheint hier, erkennbar an dem sterbenden Mann und seinen drei Töchtern. Die Legende will, dass Nikolaus von Myra mit neunzehn Jahren zum Priester geweiht wurde und von seinen an Pest gestorbenen Eltern ein großes Vermögen erbte, das er einem alten Mann spendete, um zu verhindern, dass sich dessen Töchter als Prostituierte verdingen mussten.

In den Gewänden sind die Bekenner und bedeutenden Bischöfe und Päpste dargestellt, darunter der heilige Laudomarus, ein Abt von Montiers au Perche, Papst Silvester I., ferner der erste der vier Lehrer der lateinischen Kirche, Bischof Ambrosius von Mailand sowie Bischof Nikolaus von Myra. Das rechte Gewände weist die Skulpturen des heiligen Martin, des Kirchenvaters Hieronymus, des Papstes Gregor I. der Große und des weströmischen Kaisers Avitus auf, der bei der Schlacht in den katalaunischen Feldern – oberhalb der Stadt Troyes in der Champagne – gegen die Hunnen den rechten Armeeflügel befehligte und dabei starb. Als ich genauer hinsehe, entdecke ich unterhalb der Darstellung des Hieronymus die Synagoge in Gestalt einer Frau, Symbol für den jüdischen Glauben.

»Die Synagoga!«, rufe ich. »Symbol für den jüdischen Glauben.«

»Sehr gut. Weiter bitte.«

Dem Drachen auf der linken Seite ist auf der rechten äußeren Archivolte Petrus gegenübergestellt.

»Petrus und Drache bilden also eine Entsprechung – zusammen mit Cherubim ist es besonders interessant. Es heißt, der jüdische Schatz, der durch den Drachen und die Cherubim verdeutlicht werden, kann durch Petrus aufgefunden werden. Aber ich bin mir noch nicht sicher, ob Petrus die überragende Rolle in dieser Suche spielt.«

»Hervorragend«, ruft Chmiel. »Lass uns zum Mittelportal gehen.«

Ich vermerke diese Besonderheiten in meinem Notizbuch und wir gehen weiter zum Mittelportal des südlichen Querhauses. In den Archivolten finden sich die Patriarchen und Propheten, darunter Reihen mit Engeln, Erzengeln, Cherubim und Seraphim. Darunter befindet sich eine Darstellung des Jüngsten Gerichts. Auf der linken Seite leiten die Engel die Seelen in den Himmel. Auf der rechten Seite schreiten die verlorenen Seelen der Verderbten in die Hölle, geleitet von Luzifer höchstpersönlich. In der Mitte des Weltgerichts hält der Erzengel Michael die Seelenwaage, die für jede Seele Auskunft gibt, ob sie nun in den Himmel aufsteigt oder in die Hölle stürzt.

Darunter finden sich im rechten Gewände von außen nach innen Matthäus, Bartholomäus, Jakobus der Jüngere, Jakobus der Ältere, Johannes und Paulus. In der Mitte thront Jesus Christus auf dem sogenannten Trumeau-Pfeiler auf einem Drachen und einem Löwen.

»Wieder der Drache«, sage ich.

Im linken Gewände beeindrucken mich die Skulpturen der Apostel Jesu: Judas Thaddäus, Simon Kananäus, Thomas, Philippus, Andreas und schließlich wieder – Petrus.

»Schon wieder Petrus«, sage ich.

Petrus hält in seiner rechten Hand zwei Schlüssel. Üblich ist die Darstellung nur eines Schlüssels in Bezug zu Petrus. Ich erinnere mich jetzt an die Darstellung von Petrus am Nordportal. Dort baumelt nur ein ungewöhnlich großer Schlüssel an seinem Handgelenk.

»Petrus ist merkwürdig dargestellt«, sage ich. »Dieser Petrus hält zwei Schlüssel.«

Ich gehe noch dichter an die Portalfiguren des linken Gewändes heran. Durch mein Teleobjektiv erkenne ich über Judas zwei kleine Figuren. Ich identifiziere sie als König Salomon und die Königin von Saba, denn sie sind ähnlich gestaltet wie am Nordportal. Ich notiere wieder diese Merkwürdigkeit.

Chmiel nickt.

»Es gibt zwischen Petrus und Salomon eine Übereinstimmung«, sage ich. »Sowohl Petrus als auch König Salomon tauchen am West-, Nord- und Südportal auf. Sie erscheinen sowohl in Fenstern, als auch in Skulpturen. Eine weitere interessante Tatsache ist, dass unterhalb von Jakobus dem Jüngeren ein Jude erscheint. Immer wieder gibt es also kleine Andeutungen auf die jüdische Religion.«

Chmiel schaut mich eindringlich an, wie ein Lehrer, der einen Schüler bei einer Abiturprüfung mustert. »Das bedeutet?«

»Petrus hält den Schlüssel zum jüdischen Schatz hier in Chartres. Die Tatsache, dass Petrus und Salomon an jedem Portal auftauchen, bedeutet, dass dies hier in Chartres der Salomonische Tempel ist. Genauer genommen ist hier in Chartres der himmlische Tempel, in dem Petrus die Bundeslade aufschließt.«

»Und darin liegen?«

»Die Gesetzestafeln.«

Ich gehe nun zum linken Portal des südlichen Querhauses. Das hier ist das sogenannte Märtyrerportal. Es fängt bei Theodorus an und geht über Stephanus, Papst Clemens I. und Laurentius am linken Gewände des Portals. Auf der anderen Seite im rechten Gewände scheinen Vincentius, Dionysius, Rusticus und Georg zu Lebzeiten wie in Stein erstarrt und nach Chartres gebracht worden zu sein.

Ich erinnere mich an die detaillierte Darstellung des Märtyrers Stephanus in der Kapelle der Apsis, der in seiner Verteidigungsrede den Salomonischen Tempel und die Bundeslade preist. Ich wundere mich, warum die Bauherren der Kathedrale diesem Märtyrer so viel Aufmerksamkeit schenkten, da doch Chartres keine Stephanus-Kathedrale wie etwa Bourges oder Meaux ist, sondern der Jungfrau Maria geweiht ist. Tatsächlich gibt es hier in Chartres mehr Hinweise auf Stephanus als in Bourges oder Meaux. Über der Gewändeskulptur von Stephanus ist eine Szene zu sehen, die diese Rede mit seiner Lobpreisung des Salomonischen Tempels vor dem hohen Rat darstellt.

Ich notiere diese seltsamen Fakten in meinem Notizbuch und schaue mir anschließend die Darstellung des Märtyrers Georg an. Der heilige Georg ist hier als Templer dargestellt. Er trägt einen Vollbart, eine Mönchskutte über einem Kettenhemd und einen Schild mit einem Templerkreuz.

Abb. 29: Die Schöpfer des Südportals stellten den Heiligen Georg in Gestalt eines Tempelritters dar. Georg wurde um 1120–1128 zum Schutzpatron der Templer, als sich die ersten neun Templer um Hugo von Payns in Jerusalem zusammenfanden.
© Tobias Daniel Wabbel

Direkt unterhalb von Stephanus entdecke ich zu seinen Füßen abermals eine Figur mit jüdischen Eigenschaften.

Ich sage: »Hier am Südportal haben wir es mit einer verborgenen Anspielung auf die Bundeslade – in Gestalt der Stephanus-Legende – und die Templer – in Gestalt des heiligen Georg – zu tun. Im Zusammenhang mit Petrus, der den Schlüssel von Jesus Christus erhält, mit dem er im himmlischen Tempel die Bundeslade aufschließt, ist das äußerst interessant. Unser Augenmerk wird also auf Petrus und die Apokalypse gerichtet sein müssen, wenn wir herausfinden wollen, warum hier so viele Anspielungen auf das Judentum vorhanden sind.«

»Besser hätte ich es nicht formulieren können«, sagt Chmiel.

»1, setzen, du alter Streber!«

»Ich bin zwanzig Jahre jünger als du, ich muss noch einiges erreichen bis zur Rente!«, lache ich. Ich fertige von allen drei Portalen detaillierte Fotografien an. Dann packe ich meine Sachen zusammen und wir verschwinden um die Kathedrale herum am Nordportal vorbei zur Académie de Bière, einer Studentenkneipe. Als wir eintreten, schwappt uns laute Rockmusik entgegen. Wir bestellen irisches Bier und nehmen auf einer Eckbank Platz. Ich packe mein Notizbuch aus und fasse die neuen Forschungsergebnisse zusammen:

- Die Fenster des Hochchores stellen Gestalten des Alten Testaments dar und sind ein verborgener Hinweis auf die Bundeslade mit den Gesetzestafeln.
- Eine der Gestalten ist der Apostel Petrus, der in einem Hochchorfenster von Jesus Christus den Schlüssel für die Öffnung der Bundeslade im himmlischen Tempel erhält.
- Die Stifter dieser Fenster waren unter anderem die Grafen von Champagne und das Königsgeschlecht der Kapetinger.
- Einer der Hauptstifter dieser Fenster war König Philipp II., dessen Frau Alix von Champagne die Tochter von Marie von Champagne war. Der Großonkel Maries von Champagne war der Templergründer Hugo I. von Champagne.
- Das Königshaus stiftete bedeutende Summen, um den Aufbau des Nordportals von Chartres zu finanzieren.
- Am Nordportal von Chartres findet sich eine Inschrift, die darauf hinweist, dass die Bundeslade nach Chartres gebracht werden sollte oder aber in Chartres war bzw. verschwand. Wenn ja, stellt sich die Frage, ob es die Bundeslade war, die die neun Gründungstempler um Hugo von Payns ab 1120 möglicherweise unter dem Tempelberg von Jerusalem fanden.

- König Ludwig IX., genannt der Heilige, stiftete einige bedeutende Fenster in Chartres, die alttestamentarische Gestalten und Szenen zeigen. Er ließ in Paris, unweit der Kathedrale Notre-Dame, die Sainte-Chapelle errichten, um dort die wichtigsten biblischen Reliquien unterzubringen. In der Sainte-Chapelle finden sich Darstellungen der Bundeslade in Bezug zum Königshaus der Kapetinger. Die Tribüne der Sainte Châsse stellt die Bundeslade dar.
- Ludwig der Heilige ließ sich am Nordportal von Chartres, dessen Entstehung er finanziell unterstützte, als Skulptur verewigen.
- Ludwig der Heilige war im Besitz von mosaischen Gesetzestafeln. Sie stammten aus Saint-Omer. Die Frage ist, ob sie echt waren.
- In der Krypta von Chartres existiert ein als »Schatzkammer« bekannter Hohlraum unterhalb des Steinbodens, der aus unbekannten Gründen angelegt wurde und in der vermutlich die Camisia der Jungfrau Maria versteckt wurde, als die Kathedrale abbrannte.
- Die Schatzkammer erinnert stark an das geheime Versteck, das König Salomon unterhalb des Salomonischen Tempels anlegen ließ, um im Falle eines Angriffs durch die Babylonier, die Bundeslade und den Tempelschatz dort zu verstecken.
- In der Krypta der Kathedrale von Chartres weist die Schwarze Madonna auf den Kult um die Jungfrau Maria hin. Insbesondere Ochsen und Bullen spielen bei der Ikonographie eine besondere Rolle.
- Die Ochsen weisen französischen und spanischen Sagen aus dem 11. bis 13. Jahrhundert den Weg zum Versteck, wo die Jungfrau verborgen ist.
- Der felsige Untergrund der Krypta von Chartres ist vermutlich von Hohlräumen durchzogen.
- Der Apostel Petrus und die Bundeslade, die in der Offenbarung des Johannes im himmlischen Tempel auftaucht, spielen eine wichtige Rolle.
- Die Mathematik der Kathedrale birgt Hinweise auf die Bundeslade und die mosaischen Gesetzestafeln.

In der Kapelle Notre-Dame de Sous-Terre in der Krypta der Kathedrale von Chartres befindet sich eine Nachbildung der Schwarzen Madonna aus dem 11./12. Jahrhundert. Schwarze Madonnen weisen in Verbindung mit Ochsen auf verborgene Schätze hin. © Tobias Daniel Wabbel

IV. Die Botschaften

»got ist stæt mit sölhen siten,
er strîtet iemmer wider sie,
die ich iu ze hulden nante hie.
swer sîns lônes iht wil tragn,
der muoz den selben widersagn.
êweclîch sint si verlorn:
die vlust si selbe hânt erkorn.
mich müet et iwer arbeit:
ez was ie ungewonheit,
daz den grâl ze keinen zîten
iemen möhte erstrîten:
ich het iuch gern dâ von genomn.
nu ist ez anders umb iuch komn:
sich hât gehœhet iwer gewin.
nu kêrt an diemuot iwern sin.«

Wolfram von Eschenbach, *Parzival,* Buch XVI, 798,16–30

1. Die Botschaft des Labyrinths

Am nächsten Morgen brechen wir alles andere als früh auf. Nachdem wir uns telefonisch für 10.00 Uhr vor dem Westportal verabredet haben, bleiben wir vor den Gewändeskulpturen des mittleren Nordportals stehen.

»Fällt dir etwas an Petrus auf?«, sagt Chmiel. Er schaut mich durch seine Sonnenbrille an und verzieht sein Gesicht. Offenbar hat er Kopfschmerzen.

»Nein«, gestehe ich. »Zumindest nichts weiter, als dass er den Priesterschurz mit den zwölf Steinen der israelitischen Stämme trägt.«

»Wenn Petrus ein Hinweis auf die himmlische Bundeslade in der Offenbarung des Johannes ist, dann könnte die Zahl Zwölf eine ebenso große Bedeutung spielen.«

Ich zucke ratlos die Achseln. »Sorry, das verstehe ich nicht.«

»Vieles in der Kathedrale weist die Zahl Zwölf auf. Zwölf Stämme Israels, zwölf Propheten, zwölf Apostel. Zwölf Wege ins Zentrum des Labyrinths.«

»Hier draußen ist es zu hell«, ächze ich. »Lass uns in die Kathedrale gehen und nachsehen.«

Wir betreten die Kathedrale durch das Nordportal. Tiefe Orgeltöne dröhnen durch das Langhaus. Immer mehr Touristen treffen ein.

»Muss dieser Lärm sein?«, zischt Chmiel. Auch ich reibe mir die Augen. Ich blicke mich um und entdecke die Zahl Zwölf im großen Rosenfenster des nördlichen Querhauses.

»Du hast Recht«, sage ich. »Die kleinen Propheten sind in zwölf Halbkreisen angeordnet. Danach folgen zwölf Vierpässe. Dann zwölf Rauten mit den Königen der zwölf Stämme Israels. Im Inneren Kreis sind zwölf Fenster mit Engeln und dem französischen Königshaus zu sehen.«

»Die Zahl Zwölf findet sich in den großen Rosenfenstern sowohl des nördlichen als auch des südlichen Querhauses«, sagt Chmiel. »Dieselbe Aufteilung – nur, dass es andere Heilige sind. Die Ältesten der Apokalypse sind in den Halbkreisen ganz außen untergebracht. Die Reihe der Vierpässe enthalten die Wappen der Stifter. Dann folgen wieder zwölf Kreise mit Ältesten, gefolgt von zwölf Fenstern mit Engeln und den vier Evangelisten.«

Ich zeige auf die Lanzettfenster unterhalb der Südrose. »Die fünf Fenster darunter sind auch interessant.« Ich verbinde das Teleobjektiv mit meiner Kamera, montiere sie auf das Stativ und blicke durch den Sucher. Was ich sehe, erstaunt mich.

Ich sage: »Ich sehe die Evangelisten Lukas, Matthäus und Johannes und Markus, die auf den Schultern der Propheten Jeremia, Jesaia, Hesekiel und Daniel sitzen. In der Mitte befindet sich die Jungfrau Maria. Offensichtlich bezieht sich diese Szene auf die Zwerge, die auf den Schultern der Riesen sitzen.«

»Wer sagte das noch?«

»Bernhard von Chartres, ein Kanzler der Schule von Chartres.«

»Wir haben hier also ein platonisches Motiv vor uns. Die Riesen sind die alten platonischen Philosophen und die Zwerge die Studenten der Schule von Chartres, die erst durch Pythagoras, Platon und Aristoteles die Wahrheit sehen.«

»Aber wir müssen es auch typologisch betrachten. So steht zum Beispiel der Evangelist Markus für den Propheten Daniel, der im babylonischen Exil in der Löwengrube landete.«

»Okay, verstehe«, sagt Chmiel. »Und Jesaja und Matthäus haben gemeinsam, dass sie beide die Vision von der Wurzel Jesse, also des israelitischen Stammbaums bis zu Jesus, hatten.«

Ich nicke. »Die Fenster des südlichen Querhauses wurden übrigens vom Enkel König Ludwig VI., des Dicken, Pierre Mauclerc, gestiftet. Also wieder von Kapetingern.«

Chmiel blickt mich erwartungsvoll an. Ich schweige. Dann sage ich: »Wenn diese Fenster unter der Südrose eine Aufforderung sind, die Kathedrale im Sinne von Pythagoras und Platons zu sehen, nämlich als Steine, die gemäß bestimmter mathematischer und zahlenmystischer Dimensionen übereinandergeschichtet wurden, dann sollten wir das auch so tun.«

»Soll heißen?«

»Dass wir die Weisheiten von Pythagoras und Platon *anwenden* müssen. Die Erbauer der Kathedrale waren Jünger von Pythagoras, Platon und Aristoteles.«

Chmiel hebt ratlos die Hände. »Aber wie sollen wir sie anwenden?«

Ich wende mich nach Westen. Eine Reisegruppe von zwanzig Touristen, die Audio-Guides an ihre Ohren halten, strömt durch den Eingang im Westportal ins Langhaus.

Ich untersuche die Westrose durch meine Kamera.

»Soweit ich weiß, ist …« Ich verstumme, denn ich habe durch den Sucher meiner Kamera etwas Merkwürdiges entdeckt. Ich zeige auf das linke obere Drittel der Westrose. »Siehst du das rote Kreuz dort oben? Ist schwer zu erkennen.« Chmiel beugt sich vor und schaut durch die Kamera. »Ein Templerkreuz. Mit verbreiterten Enden. Und ein Engel hält das Kreuz.«

Wir wechseln uns wieder ab. Dann entdecke ich noch etwas. »Der innere Fensterkreis um das Zentrum der Westrose mit Jesus Christus zeigt Cherubim, die Abraham flankieren.«

Chmiel schiebt mich beiseite und schaut wieder durch die Kamera. »Und auf neun Uhr vom Zentrum aus sehe ich Petrus. Er hält Schlüssel in der Hand.«

»Was?« Jetzt schiebe ich Chmiel beiseite. »Lass mich sehen.«

Und tatsächlich. Ein Apostel spricht mit Petrus, der zwei Schlüssel in der linken Hand hält. Insgesamt sind zwölf Apostel in sechs Fenstern zu sehen. In einem weiteren Ring von Achtpass-Fenstern sind Szenen aus der Apokalypse zu sehen. Auferstehende, Selige, die in den Himmel gelangen, und Verderbte, die geradewegs in der Hölle landen und dem Teufel bis in alle Ewigkeit Gesellschaft leisten dürfen.

»Hier haben wir also die Anspielung auf die Bundeslade, die gemäß der Offenbarung des Johannes im himmlischen Tempel erscheinen wird«, sage ich. »Die Westrose mit ihrer Petrus-Darstellung ist der Schlüssel.«

»Ja, die Fenster im Hochchor im Osten, die auf die Bundeslade hinweisen, sind also eine direkte Antwort auf das ältere Westrosenfenster.«

»Und wie geht es jetzt weiter?«

Chmiel zuckt die Achseln. Wir stehen nur wenige Meter vor dem Zentrum des Labyrinths entfernt.

Ich sage: »Lass mal überlegen. Das Labyrinth ist 12,885 Meter breit. Der Abstand des Mittelpunkts des Labyrinths zur Wand des Westportals beträgt 31,75 Meter.«

»Und wie groß ist die Entfernung des Mittelpunkts der Westrose zum Boden der Kathedrale?«

Ich blicke in meine Notizen. »Es sind auch 31,75 Meter.«

»Das ist kein Zufall«, sagt Chmiel.

»Nein«, pflichte ich bei. »Absolut nicht.«

Wir denken nach. Keiner von uns sagt etwas. Schließlich frage ich:»Wie groß ist dann der Abstand des Mittelpunkts der Westrose zum Mittelpunkt des Labyrinths?«

»Keine Ahnung«, gesteht Chmiel. »Aber das müsste leicht auszurechnen sein mit dem ...« Seine Augen weiten sich.

»Genau«, antworte ich. »Mit dem Satz des Pythagoras.«

Chmiel wühlt in seiner Stofftasche herum und fördert zunächst einen Kompass, eine Taschenlampe und noch einigen anderen Krempel hervor. Dann zieht er triumphierend den kleinen Casio-Taschenrechner hervor und sagt:»Wenn 31,75 Meter zum Quadrat die Entfernung von der Westfassade zum Zentrum des Labyrinths sind und die Entfernung vom Zentrum der Westrose bis zum Boden ebenfalls 31,75 Meter sind, ergibt sich folgende Rechnung ...«

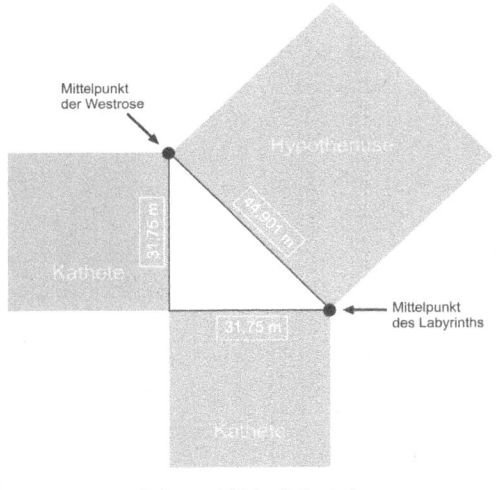

Seitenansicht der Kathedrale

Abb. 30: Der Mittelpunkt der Westrose befindet sich 31,75 Meter vom Boden aus. Das Zentrum des Labyrinths ist ebenso weit von der Wand der Westfassade entfernt. Sowohl die Westrose als auch das Labyrinth weisen annähernd den gleichen Durchmesser auf. Die Hypothenuse beträgt: 44,90 Meter.
© Tobias Daniel Wabbel

Kathete: a^2 = (Entfernung Westrose-Boden): 31,75 m
Kathete: b^2 = (Entfernung Labyrinth-Westfassade): 31,75 m

demnach also gemäß dem Satz des Pythagoras
$31,75^2 + 31,75^2 = 1008,0625 + 1008,0625 = 2016,125$

Hypotenuse:
c^2 = (Zentrum des Labyrinths–Zentrum der Westrose) =
$\sqrt{2016.126}$

Chmiel hält mir das Display des Taschenrechners vor die Nase.
»Die Entfernung vom Zentrum des Labyrinths bis zum Zentrum
der Westrose beträgt genau 44,90128061 Meter.«

Ich schreibe mir den Wert auf und sage: »Wenn wir schon den
Satz des Pythagoras benutzt haben und die Fenster in der Südrose und die Skulptur der Dialektik am Südportal uns auffordert,
pythagoreisch und platonisch zu denken, dann müssen wir sehen, dass wir hier in der Kathedrale nach dem goldenen Schnitt
Ausschau halten.«

Ich krame in meinen Unterlagen einen Grundriss der Kathedrale hervor, den ich vor meiner Abreise ausgedruckt hatte. »Wo
in der Kathedrale finden wir den goldenen Schnitt? Wie wir gesehen haben, ist er bereits von Baumeister Anonymus in der Vierung angewandt worden in Gestalt des goldenen Dreiecks, das
auf den platonischen Körper und dem Zwölfeck basiert. Aber auch
bei den Skulpturen der sieben freien Künste am Königsportal.«

Ich lege den Ausdruck der Kathedrale auf einen der Stühle,
als wir uns setzen. Ständig gehen Besucher an uns vorbei und
schauen sich das Labyrinth auf dem Boden an.

»Der goldene Schnitt findet sich im Bauplan der Kathedrale«,
sage ich. »Genau genommen unterteilte der Baumeister die Kathedrale in einen oberen (östlichen) und einen unteren (westlichen) Teil. Die Länge der Kathedrale ergab sich aus der Aufteilung durch die Vierung. Die Querhäuser wiederum, die bei der
alten Fulbertus-Kathedrale von 1020 nur angedeutet waren, ba-
sierten nun auf dem goldenen Schnitt und auf der Lage der neuen
Vierung.«[414]

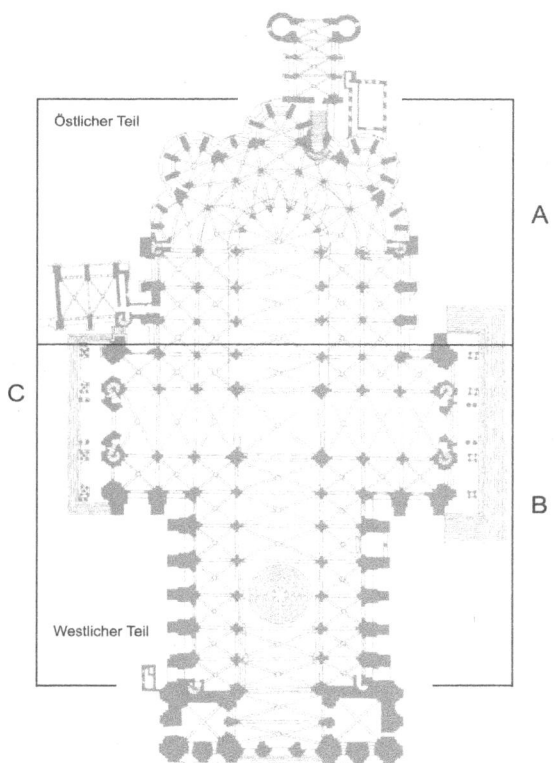

Abb. 31: Baumeister Anonymus von Chartres teilte den Grundriss der Kathedrale in einen oberen östlichen und einen unteren westlichen Teil auf. So fällt auf, dass die gesamte Kathedrale nach dem goldenen Schnitt geplant wurde.
© Tobias Daniel Wabbel

Chmiel sagt: »Du meinst also, Baumeister Anonymus von Chartres vermaß die Kathedrale so, dass sie von der Scheitelkapelle in der Apsis bis zur östlichen Wand des südlichen und nördlichen Querhauses eingeteilt ist?«

»Ja, den zweiten Abschnitt vermaß der Baumeister von der östlichen Wand des südlichen und nördlichen Querhauses bis zur Wand der Westfassade. Dabei schneidet der Kreis, den der Baumeister um die Vierung zog, zwei imaginäre diagonale Linien, die beide bei den Westtürmen auskommen. Außerdem entsteht in den beiden Jochen, in denen das Labyrinth zu sehen ist, ein exaktes Dreieck, so wie wir er es bei der Planung durch den Baumeister bereits gesehen haben.«

All das kann kein Zufall sein, denke ich, denn der erste Abschnitt des *Clocher vieux*, des südlichen Glockenturms an der Westfassade, ist ebenso groß wie die Breite des Langhauses: 16,44 Meter.[415] Die Breite der Vierung korrespondiert also mit der Höhe des ersten Bauabschnitts des alten Glockenturms auf der Südseite. Somit huldigte Baumeister Anonymus der alten Westfassade und seinen Erbauern.

Baumeister Anonymus von Chartres vermaß die Kathedrale so, dass sie von der Scheitelkapelle in der Apsis bis zur östlichen Wand des südlichen und nördlichen Querhauses eingeteilt ist. Den zweiten Abschnitt vermaß der Baumeister von der östlichen Wand des südlichen und nördlichen Querhauses bis zur Wand der Westfassade. Dabei schneidet der Kreis, den der Baumeister um die Vierung zog, zwei imaginäre diagonale Linien, die beide bei den Westtürmen auskommen. Außerdem entsteht in den beiden Jochen, in denen das Labyrinth zu sehen ist, ein Dreieck, so wie wir er es bei der Planung durch den Baumeister bereits gesehen haben.

Der erste Abschnitt des *Clocher vieux*, des südlichen Glockenturms an der Westfassade, ist ebenso groß wie die Breite des

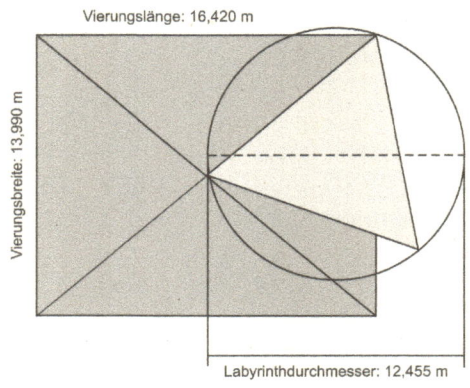

Vierungslänge: 16,420 m

Vierungsbreite: 13,990 m

Labyrinthdurchmesser: 12,455 m

Abb. 32: Im Labyrinth ist die gesamte Kathedrale verschlüsselt. Zieht man eine Diagonale durch die Vierung, zeichnet ein gleichschenkliges Dreieck vom Mittelpunkt aus und zieht einen Kreis herum, dann erhält man den Durchmesser des Labyrinths, den John James abzüglich der Zähne, auf 12,455 Meter maß.
© Tobias Daniel Wabbel

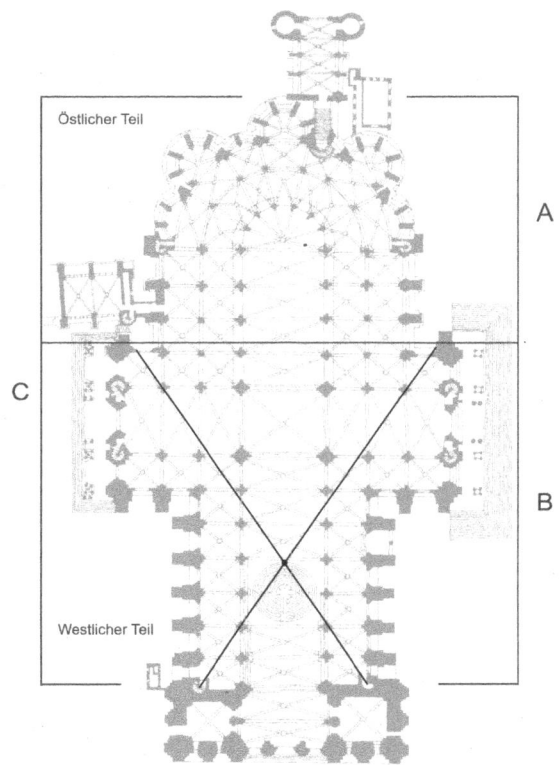

Abb. 33: *Zwei von den nördlichen und südlichen Querhäusern ausgehende Diagonalen treffen sich im westlichen Bereich des goldenen Schnitts vor dem Labyrinth. Es ist eine räumliche Markierung.*
© *Tobias Daniel Wabbel*

Langhauses: 16,44 Meter.[416] Die Breite der Vierung korrespondiert also mit der Höhe des ersten Bauabschnitts des alten Glockenturms auf der Südseite. Nicht nur in der Vierung, sondern auch im Labyrinth wird deutlich, wie der Baumeister die Kathedrale geplant hat.

»Im Labyrinth ist eigentlich die gesamte Kathedrale verschlüsselt«, sage ich. »Sogar die Vierung. Zieht man eine Diagonale durch die Vierung, legt ein gleichschenkliges Dreieck an diese Diagonale vom Mittelpunkt an und zieht einen Kreis herum, dann ...«

»Erhält man den Durchmesser des Labyrinths«, ergänzt Chmiel.
Ich zeichne die Konstruktion auf die Rückseite des Plans der
Kathedrale.

Chmiel wendet das Papier, zeigt auf den Schnittpunkt der
Diagonalen vor dem Labyrinth und sagt: »Dieser Schnittpunkt
hier ist aber noch wichtiger.«

»Darf ich?« Ich nehme Chmiel den Taschenrechner aus der
Hand. »Es geht wohl nicht um das Zentrum des Labyrinths, sondern um die Frage, wo am Labyrinth der Wert des goldenen
Schnitts zutrifft. Wenn wir die Hälfte des Durchmessers des Labyrinths zu der Entfernung zwischen dem Zentrum der Westrose
und dem Zentrum des Labyrinths hinzufügen, also …« Ich tippe:

44,90128061 Meter + 6,4425 Meter (halber Durchmesser des
Labyrinths) =

Ich halte Chmiel das Display hin. »Dann erhalten wir …«
51,34378061 Meter

Ich fahre fort und tippe: »Und dann teilen wir 51,34378061 Meter
durch die 31,75 Meter und erhalten …«

Ich erschauere. Chmiel fragt: »Was erhalten wir dann?«

Ich zeige ihm den Wert:
1,617126948

»Fast exakt den Wert des goldenen Schnitts«, flüstert Chmiel. Über
sein Gesicht huscht immer wieder ein erstauntes Grinsen. »Okay,
dann ist der Punkt, auf den wir uns nun konzentrieren müssen,
nicht das Zentrum des Labyrinths, sondern dort, wo der Kreis
des Labyrinths beginnt, also am vierten Joch des Langhauses.«

»Genau. Es ist …«

Ich sehe Chmiel mit weit geöffneten Augen an. »Das Kreuz«,
sage ich.

»Was? Welches Kreuz?«

»Das Templerkreuz, das in den 1970er Jahren bei Restaurierungsarbeiten im zweiten Gewölbe entdeckt wurde …«

»Was ist damit?«

»Es befand sich im Joch WVI, also West 6, bevor es entfernt wurde.«

Wir stellen uns hin und schauen ins Gewölbe. Dann sehen wir beide uns an – und wir verstehen plötzlich. Wir prüfen den Grundriss der Kathedrale und betrachten den Punkt, an dem der Wert des goldenen Schnitts vor dem Labyrinth zutrifft.

Ich zeichne das Templerkreuz im Gewölbe WVI ein. »Das Kreuz war also bei 1,5 Jochen im Gewölbe aufgemalt.«

Chmiels rechte Hand beginnt zu zittern, als er mir den Stift aus der Hand nimmt und den Punkt vor dem Labyrinth einzeichnet. »Und der goldene Schnitt ist hier. Dann haben wir 1,5 Joche und 2,5 Joche.«

»Exakt. Die Erbauer der Kathedrale teilten das Langhaus der Kathedrale in ein unsichtbares Zentrum ein. 1,5 × 2,5 sind die Maße ...«

»Ja«, sagt Chmiel.

Wir sehen wieder nach oben und können es kaum glauben. Mit den Jochen 1,5 und 2,5 wurde die Bundeslade unsichtbar verschlüsselt, denn die Bundeslade wies die Maße von 1,5 Ellen × 2,5 Ellen auf. Eine biblische Elle der Bundeslade entspricht hier einem Joch.

»Teilen wir 2,5 durch 1,5 erhalten wir ebenso den Wert von 1,666666667, der sich an den goldenen Schnitt nähert«, sage ich.

»Dann ist die Bundeslade hier direkt unsichtbar über uns«, merkt Chmiel an.

Ich zeige auf den Boden. »Und vielleicht unter uns.«

»Was befindet sich hier unter uns?«, fragt Chmiel. »Gab es irgendwelche Bodenradarmessungen oder archäologische Ausgrabungen?«

Ich zucke die Achseln. »Keine Ahnung. Ich ...«

Mir fällt plötzlich das französische Buch von Charles Stegeman ein, das ich nach dem Kryptabesuch im Souvenirgeschäft gegenüber der Apsis gekauft habe. Ich hole es aus dem Rucksack und gebe es Chmiel.

Chmiel blättert und liest einige Minuten in dem Buch. Seine Stimme ist nicht mehr als ein Flüstern, als er mir schließlich sagt:

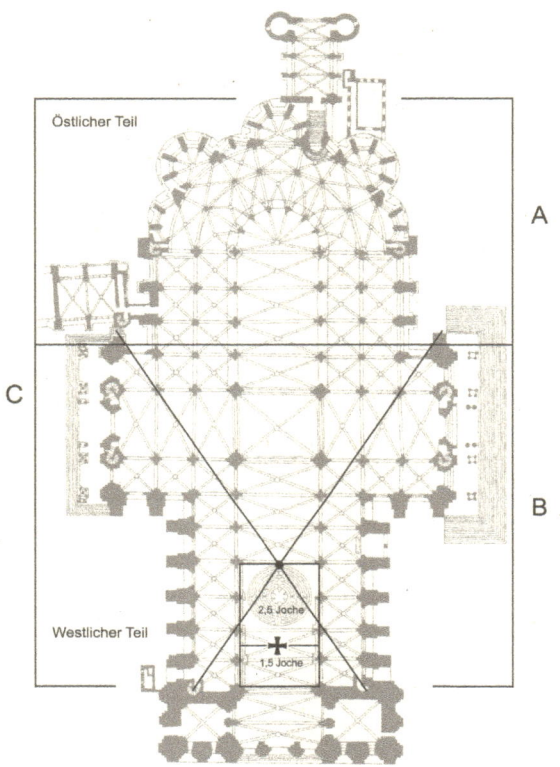

Abb. 34: Das an die Templer erinnernde Kreuz im Gewölbe West VI und der Schnittpunkt am Labyrinth bilden einen Raum von 1,5 × 2,5 Jochen, was mit der Breite, Länge und Tiefe von 1,5 × 2,5 × 1,5 Ellen der Bundeslade korrespondiert. © Tobias Daniel Wabbel

»Hier in diesem Buch ist eine Abbildung von einer Bodenradarmessung zu sehen.«

»Was hat man gefunden?«, will ich wissen.

»Archäologen haben herausgefunden, dass wohl unter dem Labyrinth eine Treppe hinabführt und vor der Vorhalle endet. Unterhalb der Vorhalle hat man bereits im 19. Jahrhundert unter Jean-Baptiste Lassus Baureste gefunden. Es existiert also ein Hohlraum unter dem Labyrinth.«[417]

Chmiel zeigt mir die Darstellung.

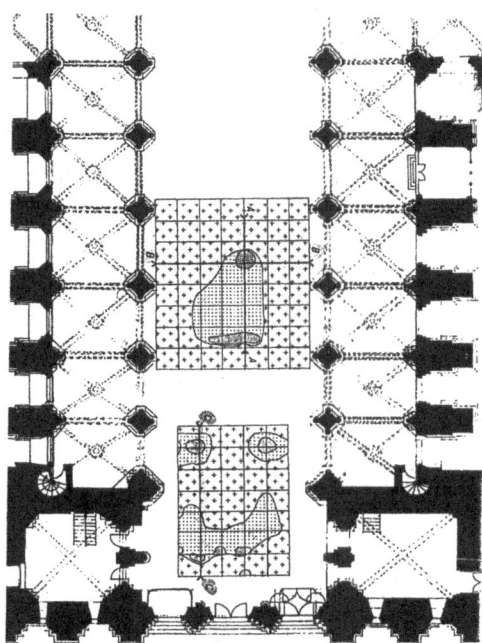

*Abb. 35: Eine Bodenradar-
messung aus dem Jahr
1994 ergab, dass sich
unterhalb des Labyrinths
eine Treppe befindet, die
zum Westportal
hinabführt. Unterhalb der
Vorhalle der Kathedrale
befindet sich ein
Hohlraum.*
*© Société Archéologique
d'Eure-et-Loir, Chartres*

Wir starren ehrfürchtig auf das Labyrinth, dann auf das Gewölbe, wo sich das an die Tempelritter erinnernde Kreuz, das
Restauratoren entfernten, befand – und wieder zum Labyrinth.
Keine der vielen Touristen, die an uns vorbeigehen, scheinen sich
der unsichtbaren Bundeslade bewusst zu sein.

Ich stoße Chmiel mit dem linken Ellenbogen an. »Fällt dir
noch etwas auf? Die unsichtbare Bundeslade befindet sich im
Westen, also vor dem Westportal. Im Salomonischen Tempel befand sich das Allerheiligste auch im Westen.«

»Was hat all das zu bedeuten?«, fragt Chmiel. »Ist unsere Arbeitshypothese richtig, dass die Templer die echte Bundeslade
fanden und sie hier in Chartres war? Oder ist Chartres nur eine
Art Wegweiser, die letzte Etappe zum Ziel?«

»Das werden wir sehen«, sage ich.

2. Der zweite Tempel

Während Chmiel nach weiteren Hinweisen an und in der Kathedrale sucht, gehe ich zum Hotel zurück, um im Internet Recherchen anzustellen. Insbesondere die Frage, warum Ochsen eine besondere Rolle in Verbindung mit der Jungfrau spielen, lässt mir keine Ruhe. Nach einigen Stunden rufe ich Chmiel an und wir verabreden uns für ein Treffen vor dem Westportal. Ich bin aufgeregt ob der neuen Erkenntnisse.

»Hast du was entdeckt?«, fragt Chmiel.

Durch die Tür des rechten Westportals strömen Touristen hinein und hinaus. Wir treten einen Schritt zurück, um Platz zu machen.

»Komm mit«, sage ich. Wir geben einem Bettler, der einen Blumenstrauß in der linken und einen Plastikbecher in der Rechten hält, jeweils einen Euro und passieren den Eingang zur Kathedrale. Wir durchqueren die Vorhalle und steuern direkt auf das Labyrinth zu, in dem über ein Dutzend Touristen wie im Gänsemarsch den Weg ins Zentrum abschreiten. Es ist interessant zu beobachten, dass einige von ihnen schamerfüllt kichern, weil sie sich bei ihrem Gang offenbar beobachtet fühlen. Andere wiederum sind tief in Gedanken versunken.

Ich ziehe das Buch von Carl F. Barnes über das Portfolio von Villard de Honnecourt aus dem Rucksack, blättere zu Villards Zeichnung vom Labyrinth auf Seite 7v und zeige sie Chmiel. »Villard hätte jedes andere Detail in Chartres zeichnen können, angefangen beim imposanten Westportal bis über die Querhausportale oder die Bleiglasfenster mit ihren biblischen Szenen. Stattdessen zeichnet er das Labyrinth ...« Ich blättere weiter. »Und die Westrose hier auf folio 15v.«

»Hast du jetzt eine Idee, was Villard hier in Chartres gesucht hat?«

Ich grinse Chmiel an. »Er hat das gleiche gesucht, was wir hier suchen. Er hatte den Auftrag, den tieferen Sinn in Chartres, Laon und anderen Kathedralen Nordfrankreichs zu untersuchen. Carl Barnes ging davon aus, dass er im Auftrag des Bischofs von

Cambrai unterwegs war.[418] Demzufolge war Villard ein Kund-schafter oder sogar Agent, der durch die Zisterzienser angelernt wurde.«

»Ein komischer Kauz war das.« Chmiel zieht zischend die Luft durch die Nase ein und räuspert sich. Er grinst. »So wie wir. Fand er, was er suchte?«

»Die Frage ist ja, was wir hier suchen?«, sage ich. »Ist es nicht normal, dass die Erbauer von Chartres ikonographische Hin-weise auf den Alten Bund mit Gott in und an der Kathedrale un-terbrachten, um auf den Neuen Bund mit Gott in Gestalt von Maria und ihren Sohn Jesus Christus hinzuweisen?«

»Normal ist das schon. Aber normal ist es nicht, Dinge so zu verbergen, dass nur die Eingeweihten unter der Klerikern die israelitischen Bezüge erkennen.«

»Eben.«

»Kleriker, die sich mit der Bibel und des Buches der Heiligen, der *Legenda Aurea,* auskannten, werden die vielen Gestalten und Figuren anhand ihrer Eigenschaften erkannt haben. Aber die wenigsten werden sich einer unsichtbaren Bundeslade über dem Labyrinth, der Bundeslade im Hochchor oder des Siegels des Salomons bewusst gewesen sein.

»Also«, folgere ich, »wird Villard mit Leuten gesprochen ha-ben müssen, die eingeweiht waren in die israelitischen Hinter-gründe der Kathedrale von Chartres. Ich denke also schon, dass Villard das fand, was er suchte. Aber dazu gleich mehr.«

Ich zeige auf das Labyrinth im Boden vor uns. »Zwar gibt es eine Deckungsgleichheit mit der Westrose, aber die Informatio-nen, die das Labyrinth uns mitteilt, gehen viel tiefer als die Bilder zur Apokalypse in der Westrose.«

Chmiel tritt an den Rand des Eingangs, geht jedoch etwas zur Seite, damit die Touristen hineingehen können. Zwillings-Mäd-chen im Teenageralter drücken sich kichernd an uns vorbei.

Ich sage: »Erinnere dich daran, dass die Priester an Ostern sangen, ›Ich bin das Alpha und Omega, gemäß der Apokalypse.‹ Die Hinweise auf den Stier, den Minotaurus und das Labyrinth des Daedalos decken sich mit dem griechischen Buchstaben Al-pha. Alpha ist der Eingang des Labyrinths, Omega das Ende.«

»Schon klar. Und weiter?«

»Alpha (α) deckt sich aber auch mit Aleph (א), dem ersten Buchstaben des hebräischen Alphabets. Der Buchstabe Aleph stammt ab vom Protosinaitischen, dem Vorläufer der phönizischen Schrift. Er hat die Form eines Ochsenkopfs.[419] Sogar der Buchstabe A unseres westlichen Alphabets, das sich vom phönizischen und später griechischen Alphabet ableitet, verdeutlicht das: ein umgedrehtes ∀ mutet wie ein Stier- oder Ochsenkopf mit zwei Hörnern an. Aleph heißt also: Der Name und die Gegenwart Gottes ist in Gestalt eines Ochsen dargestellt. Hier im Labyrinth von Chartres.«[420]

Chmiel horcht auf. Er blickt mich durchdringend an und sagt: »Der Gnadenthron der Bundeslade, in dem die Israeliten gemäß des Alten Testaments die Steintafeln mit den Zehn Geboten herumschleppten, zierten zwei Cherubim.«

Er reibt sich das Kinn und beobachtet die Touristen im Labyrinth. »Das Wort Cherubim leitet sich vom Akkadisch-Babylonischen *ilu kāribu* ab. Cherubim werden oft als geflügelte Bullen dargestellt, so wie es auch auf dem Sühnedeckel der Bundeslade war. Minotaurus, Aleph, Cherubim. Alles Ochsen oder Bullen. Alles nur Zufall?«[421]

»Nein«, sage ich rundheraus. »Die Israeliten spielen hier in Chartres eine herausragende Rolle.« Ich zeige auf das Labyrinth. »Als die Kathedrale eingeweiht wurde, lasen Priester während des achttägigen Einweihungsfestes Sermone über das 1. Buch der Könige und auch aus dem 1. Buch der Könige selbst vor. Genau genommen lasen sie die Stellen vor, in denen der Bau und die Einweihung des Salomonischen Tempels beschrieben wird.«

»Was?« Chmiel blickt mich fassungslos an.

Ich mache eine bedeutungsschwangere Pause und füge dann hinzu: »Und Texte aus dem 1. Buch der Könige, wie die Bundeslade in den Tempel gebracht wird.«[422,423]

Chmiel schüttelt den Kopf. »Nein. Das ist kein Zufall mehr. Wieso las man bei der Einweihung der Kathedrale aus dem 1. Buch der König die Stellen, in denen beschrieben wird, wie die Bundeslade in den Tempel gebracht wird?«

»Es geht noch weiter«, sage ich. »Die Zehn Gebote auf den Gesetzestafeln fangen mit dem Buchstaben Aleph an. Da Jesus ja kein Grieche war, sondern Jude, wird er gesagt haben: Ich bin das Aleph und das Tav.«

»Aleph und Tav! Natürlich!«

»Genau genommen ist diese Aussage gleichbedeutend mit dem Hebräischen Wort *emet*«, erkläre ich.

»*emet*? Was bedeutet das?«

»Das Wort *emet* bedeutet *Wahrheit*. Es wird aus drei Buchstaben geformt: אמת, dem ersten, dem mittleren und dem letzten Buchstaben des hebräischen Alphabets:[424] Aleph, Mem und Tav.[425] Außerdem ist *emet* gleichbedeutend mit einem Kreis und einem Punkt im Zentrum, wie hier mit dem Labyrinth. JHWH ist der Kreis.[426] Da Buchstaben im Hebräischen auch einen sogenannten gematrischen Wert haben, bedeutet das: Aleph entspricht 1, Mem entspricht 40 und Tav 400. Die Israeliten irrten 40 Jahre durch die Wüste Sinai ...«

»Moses blieb 40 Tage auf dem Berg Horeb im Sinai, während der er die Zehn Gebote von JHWH erhielt!«, fällt mir Chmiel aufgeregt ins Wort.

Ich nicke. »Und Tav entspricht der Zahl 400. Die Torah beginnt mit dem letzten Buchstaben Tav.«

»400 ist der göttlich vollkommene Zeitraum«, sagt Chmiel. »Gott schließt den Bund mit Abraham. Er offenbart ihm, dass seine Leute 400 Jahre in einem fremden Land in Pein leben würden. Wenn die 400 Jahre vorüber sind, werden sie nach Kanaan kommen.«[427]

»Das ist natürlich alles nur Zufall«, spotte ich.

Chmiel schnaubt belustigt. »Natürlich.«

»Das Wort *emet* für *Wahrheit* hat auch die folgende Bezeichnung ...«, sage ich.

Chmiel sieht mich mit großen Augen hinter seinen Brillengläsern an. »Welche?«

»*emet* ist gemäß Talmud gleichbedeutend mit dem Siegel des Salomon.«[428]

»Das Hexagramm?«

Ich zeige auf das Zentrum des Labyrinths. »Erinnerst du dich an die Fäden, die wir in dem Sechspass im Zentrum des Labyrinths ausgelegt haben und die das Siegel des Salomon bilden? Es steht für den Bund mit Gott, das göttliche Gesetz. Noch eine unsichtbare Sache, die erst sichtbar wird, wenn man die israelitischen Hintergründe kennt.«

Chmiel wird bleich im Gesicht. »Was kommt jetzt noch? Dass *emet* bedeutet, dass Gott hier in Chartres allgegenwärtig ist?«[429]

»Es bedeutet auch, dass hier ein Bund mit Gott geschlossen wurde.«

»Das passt zu der unsichtbaren Bundeslade von 1,5 und 2,5 Jochen im Gewölbe über dem Labyrinth.«

»Der Kopf des Ochsen, das Aleph, passt zu der Mythologie des Minotaurus im Labyrinth. Platon und die griechische Philosophie und Mythologie von Kreta sind Hilfskonstruktionen zwischen der christlichen und der israelitischen Auslegung der Kathedrale, also Altem und Neuem Testament.«

»Wie das?«

»Minos hatte eine Tochter«, sage ich, »Europa genannt. Sie wird mit einem Bullen dargestellt. Zeus ließ den Feuergott Hephaistos einen bronzenen Wächter namens Talos herstellen, der Europa auf Kreta bewachen sollte. In seinen Händen hielt Talos die Gesetzestafeln des Minos. Und soll ich dir was sagen? Er war ein Bulle oder Ochse.«[430]

Chmiel klatscht sich mit der rechten Hand gegen die Stirn. »Ich habe davon gelesen. *Minos* ist ein Dialog von Platon, in dem sich Sokrates Gedanken macht, ob die Gesetze von den Göttern kommen. Minos hat die Gesetzestafeln aus Messing im Gebirge von Kreta empfangen.«[431]

»Eine erstaunliche Parallele zu Moses, der die Gesetze im Sinai empfing, oder?«

»Der Zufall wird inzwischen zu stark strapaziert«, sagt Chmiel. »Aber was hat das wieder alles zu bedeuten?«

»Komm, wir gehen zum Westportal«, sage ich. Ich packe meine Fotoausrüstung und den Rucksack und gehe voran.

Als wir vor der linken Archivolte des rechten Westportal stehen, zeige ich ihm wieder die Figur der Dialektik als Jungfrau mit einem Drachen und einer Blume in den Händen.

»Die Dialektik?«, fragt Chmiel. »Schon wieder?«

»Und darunter Platon oder Aristoteles«, antworte ich. »So weit
so gut. Aber daneben befinden sich zwei Sternzeichen.«

Chmiel blinzelt naserümpfend gegen das helle Licht des Nachmittags. »Rechts neben der Dialetik ist das Sternbild Fische«,
murmelt er. »Rechts neben Aristoteles befinden sich die Zwillinge. Sie tragen zwei Schilde.«

Chmiel zuckt die Achseln. »Fische steht für die Frühlings-Tag-
und-Nacht-Gleiche. Die Zwillinge stehen für die Sommerson-
nenwende. Was ist daran so besonders?«

»Siehst du an diesem rechten Portal noch weitere Sternzeichen?«, frage ich.

Chmiel prüft die Skulpturen und Darstellungen. »Negativ.
Merkwürdig.«

Er sucht flüchtig das mittlere und das linke Portal ab. »Da hinten!«, sagt er schließlich. »Am linken Portal sind die restlichen
Sternzeichen. Warum sind nur Fische und Zwillinge hier rechts
und der Rest dahinten?«

»Die Zwillinge stehen in der jüdischen Astrologie für die beiden Zwillingssäulen Jachin und Boas, die Baumeister Hiram-Ab-
iff vor den Salomonischen Tempel setzen ließ.«[432]

Chmiel schüttelt ungläubig den Kopf. »Nicht zu fassen.«

»Und 50 Tage nach dem Pessachfest, das dem Auszug der Israeliten aus Ägypten gedenkt, feiern die Juden im Juni, also im
Monat Siwan, das Fest Shavuot.«

»Sternbild Zwillinge. Siwan. Juni. Jachin und Boas. Shavuot.
Hat Moses nicht ...« Chmiel schweigt plötzlich. »Das kann kein
Zufall mehr sein. Die Juden feiern an Shavuot, dass Moses von
JHWH das göttliche Gesetz am Sinai erneut empfängt.«[433]

»Und das Sternbild Fische im März steht für den Monat Adar«,
sage ich. »Am 3. Adar feiern die Juden die Fertigstellung des
Zweiten Tempels im Jahr 516 v. Chr., nachdem die Babylonier
587 v. Chr. Jerusalem zerstört hatten.«

Chmiel blickt mich einige Sekunden an, als ob ich ein Geist
wäre. Er hustet aufgeregt und sagt dann: »Das heißt also, vor uns
hier in Chartres sehen wir einen Zweiten Tempel, finanziert vom
Königshaus, den Grafen der Champagne und Blois und einigen
wenigen anderen Adelshäusern.«

Chmiel räuspert sich wieder. »Kein Wunder, dass sich das Königshaus in den Hochchorfenstern und in der Sainte-Chapelle in Paris als neue Israeliten darstellen ließen. Aber die Tatsache, dass all das hier erst zutage kommt, wenn man sich mit der jüdischen Religion befasst, sagt mir, dass da mehr als nur Machtpolitik im Spiel war. Das ging nur in Zusammenarbeit mit Rabbinen.«

Ich lächele Chmiel an. »Die Dialektik. Drache und Jungfrau«, sage ich. »Klingelt da etwas bei dir?«

»In der Offenbarung des Johannes besiegt die Jungfrau den Drachen und dann erscheint die Bundeslade im Himmlischen Tempel, die Petrus aufschließt.«

»Richtig«, sage ich. »Erinnerst du dich daran, dass die Stephanus-Kathedralen, projiziert auf die Landkarte von Frankreich mehr oder weniger das Sternbild der Jungfrau darstellen?«[434]

Chmiels Augen blitzen im Sonnenlicht. »Und die Kathedralen Nordfrankreichs, die der Jungfrau geweiht sind, formen in Nordfrankreich das Sternbild des Drachen.« Er kratzt sich am Kopf. »Wenn ich mich richtig erinnere, bildet die Kathedrale von Laon auf die Landkarte von Frankreich projiziert den Kopf des Sternbilds Drache mit dem Stern Etamin.«

Ich nicke. »Die Skulptur des Moses zeigt hier in Chartres am Nordportal auf den Kopf des Drachen. Zufälligerweise wird die Bundeslade auch so dargestellt, dass sie von Ochsen gezogen wird. Darunter steht ARCHA CEDERIS. Die Lade, die hier in Chartres verhüllt/verschwinden wird.«

»Okay«, sagt Chmiel. »War es nicht auch so, dass das Wort ARCA für Bundeslade am Westportal von Laon auch falsch geschrieben war, mit einem H?«

»Das kommt nur in Chartres und Laon vor. Sonst nirgendwo«, sage ich.

»Und was denkst du jetzt?«

Ich ziehe das Buch über das Portfolio des Villard de Honnecourt aus dem Rucksack und blättere zur Seite, wo eine Zeichnung Villards von den Türmen der Kathedrale von Laon zu sehen ist.

»Siehst du das?«, frage ich. Ich zeige auf ein Detail in der Zeichnung Villards.

Chmiel blinzelt über seine Brillengläser hinweg. »Eine Hand?«

»Ja, eine Hand. Der Zeigefinger zeigt nach unten rechts. Selbst Carl F. Barnes konnte sich keinen Reim darauf machen. Denn es gibt an den Türmen der Kathedrale von Laon keine Handskulptur. Villard hat sie einfach hinzugefügt.«

»Das ist ein Hinweis«, sagt Chmiel. »Die Hand zeigt in die gleiche Richtung, in die die Ochsen vom Turm hinabblicken. Nach rechts unten.« Er beobachtet nachdenklich zwei japanische Touristen, ein ergrautes Ehepaar mittleren Alters, das andächtig die Skulpturen des Westportals bewundert. »Ist im Nordosten von der Kathedrale von Laon aus gesehen nicht die Templerkapelle?«

»Ja, wenn man die Perspektive rekonstruiert, dann blicken die Ochsen hinab in Richtung der Templerkapelle von Laon. Sie ist nur ein paar hundert Meter von der Kathedrale entfernt und wurde 1134 unter dem Amt von Bischof Bartholomée du Jur errichtet, der eng mit Bernhard von Clairvaux befreundet war.[435] Vierzehn Jahre nach der Gründung der Templer. Das Problem hiermit ist, dass die Templer erst nach der Bulle *Omne Datum Optimum* von Papst Innozenz II. ab dem Jahr 1139 ihre eigenen Kirchen bauen durften. Also wieso durften die Templer in Laon vorher ihre Kapelle bauen? In Laon ging etwas Außergewöhnliches vor.«

»Du willst mir damit sagen, dass die Zeichen in und an der Kathedrale von Chartres eigentlich auf die Kathedrale von Laon hinweisen?«

Ich nicke. »Die Ochsen an den Türmen der Kathedrale von Laon. Laon als Kopf des Sternbilds Drachen. Aleph als Ochsenkopf im Labyrinth von Chartres. Aber da ist noch etwas.«

»Was?«

»Die Erbauer der Fulbertus-Kathedrale, also des Westportals von Chartres, waren astronomisch hoch versiert.«

Ich gehe zum Mittelportal und winke Chmiel zu mir herüber. Er folgt mir. Ich zeige auf den Scheitelpunkt der linken und rechten Archivolte. »Siehst du diese Engel?«

»Ja, einige von ihnen haben einen runden Gegenstand in den linken Händen. Der Engel auf der rechten Seite des Scheitelpunkts hat den runden Gegenstand in der rechten Hand.«

»Diese runden Gegenstände sind Astrolabien«, sage ich. »Die Kunsthistoriker sind sich einig. Es sind sieben Engel mit sieben Astrolabien.«[436]

Ich rufe mir die Funktion des Astrolabiums ins Gedächtnis. Auf einer Messingscheibe war der Erdhorizont in Bezug zu einer horizontalen Einteilung eingraviert oder eingeritzt. Innerhalb dieser Scheibe war eine drehbare kleinere Scheibe, die sogenannte Rete, auf der die hellsten Sterne und die Ekliptik, die Bahnebene der Erde um die Sonne, aufgezeichnet waren. Auf der Rückseite des Astrolabiums befand sich das Diopter, ein Visier, mit dem Astronom:innen den Höhenwinkel eines Sterns messen konnten. Die horizontale und vertikale Messung mit dem Astrolabium ermöglichte es, eine irdische Position und eine Zeit anhand der anvisierten Sternenkonstellationen zu bestimmen. Es ermöglichte ihnen aber auch, anhand der irdischen Position und der anvisierten Sterne, zukünftig sichtbare Sternenkonstellationen vorherzusagen. Das erste Astrolabium soll der griechische Astronom Eratosthenes um 250 v. Chr. entwickelt haben. Er war es auch, der den Umfang der Erde erstaunlich exakt berechnete und somit indirekt vorhersagte, dass die Erde keine Scheibe ist.

Wir können konstatieren, dass die geodätischen und astronomischen Vermessungstechniken im Mittelalter des 11. und 12. Jahrhunderts, zur Zeit Fulberts, als die Kathedrale von Chartres errichtet wurde, erstaunlich weit fortgeschritten waren. Fulbertus von Chartres trug die hellsten acht Sterne, wie etwa Aldebaran im Sternbild Taurus (Stier) von seinem Astrolabium in die bekannten Sternbilder der Tierkreiszeichen ein. Er legte ein Glossar mit lateinischen und arabischen Namen der Sterne an. Das führte dazu, dass Bischof Fulbert den Grundstein legte für die Akzeptanz arabischer Sternennamen und Wissenschaftskonzepte, die in Frankreich bis dahin völlig unbekannt waren.[437] Noch heute tragen die hellsten Sterne arabische Namen, wie Beteigeuze im Orion, Wega in der Leier, Deneb im Schwan oder Etamin im Sternbild Drache.

Doch Fulbert wird sich den Umgang mit dem Astrolabium nicht anhand von schriftlichen Gebrauchsanweisungen angeeignet haben. Er benötigte einen Experten, der ihm den Gebrauch zeigte, um damit Sternen- und Zeitmessungen anzustellen. Der Lehrer der Lütticher Domschule, Radulphus von Lüttich, sagte zum Gebrauch des Astrolabiums: »Ein Astrolabium lediglich zu sehen, wird nicht mehr nützen als Gemälde einem Triefäugigen, warme Kompressen einem Gichtkranken.«[438]

Vielmehr wird Bischof Fulbert seinen Freund Gerbert von Aurillac, den Mathematiker, Bischof von Reims, Magister an der dortigen Kathedralschule und späteren Papst Silvester II., um Hilfe gebeten haben.[439] Mit Sicherheit wird Fulbert auch andere Expert:innen konsultiert haben, die ihm bei der Vermessung geholfen oder diese Vermessung selbst vorgenommen haben.

»Aber warum erscheinen nun die sieben Engel mit den Astrolabien hier in den Archivolten des mittleren Westportals?«, fragt Chmiel.

»Kunsthistorische Deutungen gehen dahin, dass die Engel den Weg mithilfe der Astrolabien durch den Sternenhimmel ins Jenseits deuten sollen.«[440]

Chmiel schmunzelt. »Das halte ich doch für abwegig.«

»Ja, wahrscheinlicher ist es«, sage ich, »dass der eingeweihte Betrachter des Westportals darauf aufmerksam gemacht werden soll, dass hier die Astronomie, die Königin der Wissenschaften der sieben freien Künste, wortwörtlich eine besondere Rolle spielt und nicht das Jenseits.«

Chmiel kneift geblendet vom Sonnenlicht ein Auge zu. »Gibt es denn Hinweise dafür?«

Dann scheint er zu verstehen, denn er ruft: »Nein, du meinst durch die Westrose…«

»Doch. Ein spanisch-amerikanisches Team von Geographieexperten um Albert Samper hat den Sternenhimmel für das Jahr 1200 und die Stadt Chartres unter der Berücksichtigung aller nötigen astronomischen Daten sowie der Anpassung des julianischen an den gregorianischen Kalender mit Computern berechnet. Sie kamen zu dem Schluss, dass das Sternbild Taurus, also Stier oder Ochse, zur Zeit der Errichtung der Westrose direkt dort erschien, wo…«

Chmiel sieht mich mit geweiteten Augen an. »Wo das Labyrinth ist?«

»Genau genommen erschien im Jahr 1200 der Stern Elthor, der fünfthellste Stern des Sternbilds Stier im Zentrum des Labyrinths. Wenn man im Zentrum des Labyrinths stand und durch das Westrosenfenster geblickt hat, ist im Zentrum der Stern Elthor erschienen.«[441]

»Unglaublich. Aber warum ausgerechnet dieser Stern?«

»Weil der arabische Name *Elthor* auf Lateinisch *inpectore* und auf Deutsch *auf der Brust* bedeutet. Er befindet sich auf der Brust des Stiers, also in der Mitte. Samper und sein Team schließen daraus, dass die Schöpfer der Westrose und des Westportals dieses astronomische Kunststück als Bezug auf das Labyrinth und den Minotaurus schufen. Ich denke, das verweist auf den Salomonischen Tempel, der im Zeitalter des Sternbilds Stier errichtet wurde.«

»Das heißt, wir haben hier wieder einen Verweis auf den Ochsen, den Bullen oder Stier.«

Ich nicke. »Stamper fand in einer anderen Studie noch etwas Erstaunliches heraus.«

»Was?«, ruft Chmiel.

»Eine mathematisch-astronomische Projektion zeigte, dass, durch die Westrose beobachtet, das Sternbild Jungfrau über den Grundriss der Kathedrale lief. Aber nicht nur das, auch das Sternbild Stier. Doch Stamper und Kollegen weisen darauf hin, dass das Sternbild Stier vor einigen tausend Jahren als Jungfrau angesehen wurde.«[442]

»Die Schwarze Madonna«, sagt Chmiel. »Und der Ochse oder Stier. Der Stier oder Ochse bewacht die Jungfrau.«

»Das heißt…«, sage ich. »Der Ochse bewacht die Bundeslade.«

»Wie war das noch mit Villards de Honnecourt Zeichnung von der Hand an einem Turm der Kathedrale von Laon mit den Ochsen?«

Aufgewühlt setze ich mich mit Chmiel auf eine Bank auf dem Vorplatz der Kathedrale und fasse die wichtigsten Erkenntnisse im Notizbuch zusammen:

• Der Baumeister von Chartres legte die Dimensionen der Bundeslade mit Hilfe der pythagoreischen und euklidischen Mathematik in der Kathedrale von Chartres an.

- Anonymus von Chartres teilte die Kathedrale bei der Planung in einen oberen östlichen und einen unteren westlichen Teil ein.
- Diese Aufteilung erfolgte nach dem goldenen Schnitt.
- Durch diese goldene, diagonale Aufteilung von den Querhäusern bis zu den Westtürmen aus ergibt sich ein Schnittpunkt vor dem Kreis des Labyrinths.
- Dieser Punkt und das Kreuz im Gewölbe der Kathedrale korrespondieren miteinander.
- Daraus entsteht eine Aufteilung mit den Maßen von 1,5 Jochen zu 2,5 Jochen.
- Die Bundeslade der Israeliten maß $1,5 \times 1,5 \times 2,5$ Ellen.
- Das Alpha und Omega des Labyrinths bezieht sich auf den Buchstaben Aleph des hebräischen Alphabets. Es bedeutet Ochsenkopf und steht für die Anwesenheit JHWHs.
- Alpha und Omega bedeutet auf Hebräisch *emet*, für »Wahrheit«. Es ist stellvertretend für das sechszackige Siegel des Salomon. Verbindet man die sechs Kreise im Zentrum des Labyrinths, entsteht das Siegel des Salomon.
- Das Symbol für das Sternbild Zwillinge war in der hebräischen Astrologie gleichbedeutend mit den Säulen Jachin und Boas des Salomonischen Tempels.
- Bodenradarmessungen aus dem Jahr 1994 ergaben, dass sich unterhalb des Labyrinths eine Treppe befindet, die zu einem unterirdischen Raum auf der Höhe der Vorhalle des Westportals führen. Sie stammt aus der Bauzeit der gotischen Kathedrale.
- Zwischen ihren Gängen sind große Teile der Krypta archäologisch noch unerforscht.
- Spanisch-amerikanische Geodäsie-Experten stellten fest, dass das Sternbild Stier (Taurus) und insbesondere der Stern Elthor im Jahr 1200 vom Zentrum des Labyrinths aus durch die Westrose sichtbar war.
- Auch das Sternbild der Jungfrau passierte im Jahr 1200 den Grundriss der Kathedrale von der Westrose aus betrachtet.

- Die Schwarzen Madonnen, die im Zusammenhang mit Ochsen oder Stieren stehen, bilden hier in Chartres eine dramatische Erscheinung durch die Westrose für das Jahr 1200.
- Der Ochse weist auf das Versteck der Jungfrau. Typologisch betrachtet entspricht die Jungfrau der Bundeslade.
- Die Symbolik der Kathedrale von Chartres weist auf die Kathedrale von Laon hin.

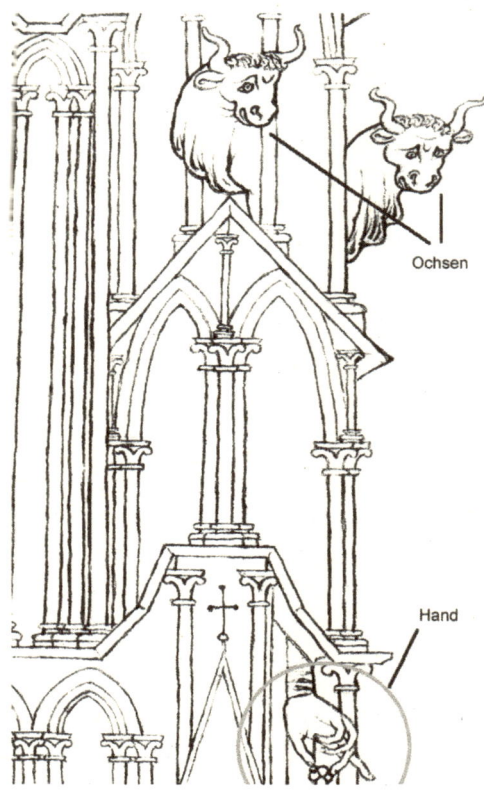

Abb. 36: Folio 10r aus dem Portfolio des Villard de Honnecourt zeigt eine Hand, die auf einen Punkt in der Nähe der Kathedrale von Laon mit seinen 16 Ochsen deutet.

© *gemeinfrei, unter Verwendung von wikicommons*

Zwei der insgesamt 16 Ochsen an den Türmen der Kathedrale von Laon.
© Tobias Daniel Wabbel

Epilog
Die Ochsen und die Jungfrau

»wan ein burc diu stêt al ein.
diu ist erden wunsches rîche.
swer die suochet flîzeclîche,
leider der envint ir niht.
vil liute manz doch werben siht.
ez muoz unwizzende geschehen,
swer immer sol die burc gesehen.
Ich wæn, hêr, diust iu niht bekant.
Munsalvæsche ist si genant.«

Wolfram von Eschenbach, *Parzival*, Buch V, 250,24–251,1

Wir sitzen vor dem Café *La Reine de Saba*. Morgen führt uns der Weg nach Laon. Ich zeige auf die Südfassade der Kathedrale von Chartres vor uns. »Ziehen wir eigentlich die falschen Schlüsse aus unseren Erkenntnissen?«, frage ich. »Oder ziehen nur diejenigen die falschen Schlüsse, die sich neuen unbequemen Erkenntnissen verschließen?«, sage ich.

Chmiel schüttelt den Kopf. Sein Gesicht rötet sich zunehmend, als er sagt: »Unsere Arbeitshypothese ist korrekt! Wir haben gesehen, dass Ludwig IX, der Heilige, sich den Templern anschloss. Er ließ die Sainte-Chapelle für seine Reliquien, inklusive Gesetzestafeln, bauen und sich selbst am Nordportal von Chartres verewigen. Wir finden Hinweise, dass die Bundeslade dort verschwunden ist. Wir finden jüdische Botschaften an und in der Kathedrale. Bei der Einweihung der Kathedrale zitierte man Szenen, in denen die Bundeslade in den Tempel gebracht wurde. Nachfahren des Templergründers Hugo I. von Champagne und die Kapetinger finanzierten große Teile der Kathedrale. Chartres ist eine Templerkathedrale. *Eine!*« Er flüstert: »Was ist mit Laon?«

»Man muss unverkrampft über den Tellerrand hinaussehen«, sage ich. »Muss Kunstgeschichte, Geschichtsforschung und Literatur miteinbeziehen.«

Ich schnippe mit den Fingern. »Apropos Laon. Es gibt einen anonymen altfranzösischen Gralsroman mit dem Titel *Queste del Saint Graal,* der in dem sogenannten Vulgata-Zyklus enthalten ist. Er entstand um das Jahr 1220. Ein oder mehrere Zisterzienser verfassten ihn, offenbar weil viele zisterziensische Eigenschaften im Text enthalten sind. Darin befindet sich die Gralsburg an einem Ort namens *Corbenic*.«[443]

»Corbenic?« Chmiel zuckt die Achseln. »Nie gehört.«

»In seinem Parzival nannte Wolfram von Eschenbach die Gralsburg *Munsalvaesche*«, sage ich, während Chmiel die Speisekarte aufschlägt. »Unseren Erkenntnissen zufolge ist das der Kopf des Sternbilds Drache, also die Stadt Laon.«

»*Munsalvaesche* heißt nichts anderes als *Mont Saintes-Vaches*, Berg der Heiligen Kühe oder Ochsen«, fahre ich fort. »Die Kathedrale von Laon auf dem Berg mit ihren 16 Ochsen an den Türmen. Aber Wolfram schreibt über die *Stadt* Laon in seinem Versroman *Willehalm,* in dem er sogar den Gral und die Gralsburg *Munsalvaesche* erwähnt. Im *Willehalm* nennt er Laon *Munlêûn.*[444] Die Stadt spielt dort eine wichtige Rolle. Die Betonung liegt auf der Vorsilbe *Mun* für Berg. *Leun* für Laon. Wolfram meinte also Munsalvaesche in Munlêûn. Wenige Verse vor Munlêûn erwähnt Wolfram im *Willehalm* den Gral.«[445]

»Allmächtiger. Gibt es außer Chartres die Möglichkeit einer Gegenprobe für Laon als Gralsburg Munsalvaesche?«

Ich drücke mit dem rechten Zeigefinger die Speisekarte herunter, die Chmiel hochhält und sehe ihn an. »Ja, die gibt es«, sage ich. »Was glaubst du, wo *Corbenic* aus dem Gralsroman der *Queste del Saint Graal* liegt?«

Chmiel lässt die Speisekarte sinken. »Jetzt sag bloß nicht …«

»Doch. Der Ort *Corbeny* liegt sechsundzwanzig Kilometer südöstlich von Laon, unweit des Zisterzienserklosters Vauclair, das Bernhard von Clairvaux 1134 gründete. Früher war Corbeny eine wichtige Pfalz der Karolinger.[446] Karl der Große war dort. Wolframs *Willehalm* basiert auf dem Chanson d'Aliscans, in dem es um eine fiktive Schlacht christlicher Ritter gegen islamische Krieger bei Orange in der Provence geht. Wolfram bezichtigt den ihm wohlbekannten Christian von Troyes, Verfasser des ersten Gralsromans *Li Contes del Graal* im *Willehalm* bei der Beschreibung der Kleider des Königs einen Fehler begangen zu haben.[447] Er sei falsch verhüllt worden. Erst trug er eine Rüstung und dann einen Hermelinpelz darüber.«

»Falsch verhüllt?« Chmiel lehnt sich aufgeregt vor. »In Chartres wurde auch etwas verhüllt …«

»Christian von Troyes hat das Chanson d'Aliscans nie geschrieben. Wieso bringt Wolfram von Eschenbach also Christian von Troyes absichtlich mit dem *Willehalm* in Verbindung und vor allem den Gral indirekt mit Laon? Literaturwissenschaftler gehen davon aus, dass es eine absichtliche Anspielung Wolframs war, ein Trick.«[448]

»Alles nur Zufall«, spottet Chmiel. »So wie der Wert 1,6176470 für den Goldenen Schnitt, den wir in der Kathedrale gefunden haben als Hinweis auf die unsichtbare Bundeslade über dem Labyrinth.«

»Wieso?«, frage ich überrascht. »Was ist damit?«

»1,6176470 entspricht dem Verhältnis von 55:34. Die Quersumme aus 5 + 5 und 3 + 4 ist die Zahl 17.«

»Okay?« Ich drehe mit meinen Fingern das Benzinfeuerzeug. Das Labyrinth darauf blitzt in der Sonne. »Was ist mit der 17?«

»Die originalen Zehn Gebote bestehen im Hebräischen aus 17 Versen«, kichert Chmiel.

»Alles Zufall«, lache ich. »Wir suchen nur Muster im Chaos und wollen nur unser Belohnungszentrum im Gehirn füttern.«

»Sicher. Darum haben Archäologen noch nicht in Chartres oder Laon gebuddelt«, unkt Chmiel.

»Ihr Stab ist zu lang«, zitiere ich Indiana Jones aus *Jäger des verlorenen Schatzes*. »Und jetzt graben sie an der falschen Stelle!«

Chmiel grinst und studiert wieder die Speisekarte. »Ja, so wie Carter und Schliemann. Die sind natürlich auch nur Hirngespinsten nachgejagt und haben an den falschen Stellen gegraben. Das Ergebnis kennen wir.«

Er winkt dem Kellner. »Deux pressions, s'il vous plaît!«

Als das Bier kommt, prostet Chmiel mir zu: »Auf die echte Bundeslade aus dem Salomonischen Tempel. Auf Chartres und Laon. Auf Villard de Honnecourt und den alten Zausel Wolfram von Eschenbach. Und von mir aus auch Umberto Eco.« Er lacht herzlich. »Ich hätte nicht gedacht, dass wir mit Charles Peirce und Umberto Eco so weit kommen würden. Wir sollten eine *Prioré de raison* gründen.«

»Diez vliegende bîspel ist tumben liuten gar zu snel«, sage ich. »sine mugens niht erdenken, wand ez kann vor in wenken, recte alsam ein schellec hase.«[449]

Chmiel legt die Stirn in Falten. »Was heißt das?«

»Wolfram meinte damit: Auf der Suche nach dem Gral muss man so viele Haken schlagen wie ein Hase. Die Suche ist so wendungsreich wie der Weg durchs Labyrinth. Und der Tumbe wird die Hinweise nicht zu deuten wissen. Denn der Tumbe wird sie nicht erkennen können oder wollen.«

»Du wirst kein anderes Ziel mehr haben, als die Suche nach dem heiligen Gral, prophezeien Monty Python in *Ritter der*

Kokosnuss«, kommentiert Chmiel. »Aber so wie die Gefangenen in Platons Höhle, die dem Bericht des Entkommenen von der Außenwelt lauschen und es nicht glauben wollen, wird man unsere Arbeitshypothese ignorieren oder Schlimmeres. Was bleibt, ist Freundschaft. Gepriesen sei der Gral.«

»Und die Skifahrer.«

Abb. 37: Mein Freund Émile S. Chmiel einen Tag vor unserem Aufbruch nach Laon vor der Bar La Reine de Saba gegenüber des Südportals der Kathedrale von Chartres.
© *Tobias Daniel Wabbel*

Register

Anmerkungen

1   Rodin, Auguste: Die Kathedralen Frankreichs, Essen: Emil Vollmer Verlag, 1995, S. 182
2   Ramm, Benjamin: A controversial restoration that wipes away the past. In: The New York Times, 1. September 2017. Online: www.nytimes.com/2017/09/01/arts/design/chartres-cathedral-restoration-controversial.html
3   Ebd.
4   Rodin, Auguste: Die Kathedralen Frankreichs, Essen: Emil Vollmer Verlag, 1995, S. 182
5   Halfen, Roland: Chartres – Architektur und Glasmalerei, Band 3, Stuttgart: Verlag Johannes M. Mayer, 2006, S. 636
6   James, John: Chartres – Les constructeurs, Vol. 3, Chartres: Societé Archéologique d'Eure-et-Loir, 1983, S. 507
7   Fawcett, Jane: Historic Floors, London: Taylor & Francis, 2007, S. 22
8   Nolan, Kathleen und Sandron, Dany (Hrsg.): Arts of the Medieval Cathedrals, London: Routledge, 2015, S. 123
9   James, John: Chartres – Les constructeurs, Vol. 3, Chartres: Societé Archéologique d'Eure-et-Loir, 1983, S. 507
10 Kern, Hermann: Through the labyrinth: Designs and meanings over 5,000 years, New York: Prestel, 2000, S. 105
11 Ebd., S. 105
12 Jeremia 50:4–6
13 5. Mose 29:5
14 Wright, Craig M.: The maze and the warrior, Cambridge, MA: Harvard University Press, 2001, S. 210. Vergl. Kern, Hermann: Through the labyrinth: Designs and meanings over 5,000 years, New York: Prestel, 2000, S. 148
15 Ebd., S. 129–158
16 Ebd., S. 57. Vergl.: Kern, Hermann, 2000, S. 240
17 Reims, Bibliotheque municipal, MS 330, (aus dem Jahr 1358), fol. 40
18 Offenbarung 1:8, 21:6, und 22:13
19 Knäble, Philip: Eine tanzende Kirche, Wien: Böhlau, 2016, S. 301
20 Wright, Craig M.: The maze and the warrior, Cambridge, MA: Harvard University Press, 2001, S. 129–158
21 Jesaja 48:12
22 Wright, Craig M.: The maze and the warrior, Cambridge, MA: Harvard University Press, 2001, S. 80. Vergl. Reed Doob, Penelope: The idea of the labyrinth from classical antiquity through the middle ages, Ithaca, NY: Cornell University Press, 2019, S. 185

23 Das Labyrinth von Saint-Omer befand sich ursprünglich in der Abteikirche Saint-Bertin. Ein weiteres Labyrinth befindet sich in der Maria-Magdalena-Kapelle der Kathedrale St. Maurice in Mirepoix, Okzitanien. Diese Kathedrale wurde jedoch erst ab 1298 gebaut.

24 Lethaby, William R.: Architecture, Mysticism and Myth, Percival Publishers, 2. Auflage, London: Percival & Co., 1892, Reprint, Mineola, NY: Dover Publications, 2004, S. 148–150

25 »Labyrinth des Salomon«, Blatt 102, Griechische Sammelhandschrift, Bibliothek Marciana, Venedig, in: Ploss, Emil Ernst: Alchimia: Ideologie und Technologie, München: Heinz Moos Verlag, 1970, S. 18–19

26 1. Könige 6:8

27 Pieper, Jan: Das Labyrinthische – Über die Idee des Verborgenen, Rätselhaften, Schwierigen in der Geschichte der Architektur, Basel: Birkhäuser, 2009, S. 296–297

28 Jerusalem-Karte von 1200, KB 76 F 5, fol. 1r., Koninklijke Bibliotheek, Den Haag, NL

29 Blick, Sarah: Art and architecture of late medieval pilgrimage in Northern Europe and the British isles, Vol. 1: Texts, Leiden: Brill, NL, 2022, S. 297–298. Vergl. Norman, Alex: Journeys and destinations, Cambridge: Cambridge Scholars Publishers, 2013, S. 100

30 Villette, Jean: Das Rätsel des Labyrinths, in: Kathedrale von Chartres, Chartres, Eure-de-Loir, 1998, S. 7

31 Millgram, Abraham Ezra: Jerusalem curiosities, Philadelphia: Jewish Publication Society, 1990, S. 105–106. Vergl. Flavius Josephus, Jüdische Kriege VII, 2.2

32 Wright, Craig M.: The maze and the warrior, Cambridge: Harvard University Press, 2001, S. 57

33 Matthews, William H.: Mazes and Labyrinths, Mineola, NY: Dover Publications, 1970, S. 17–19. Reprint von 1921

34 Kern, Hermann: Through the labyrinth: Designs and meanings over 5,000 years, New York: Prestel, 2000, S. 128–130

35 Josia 6:1–21

36 Codex 2687, fol. 1r., Österreichische Nationalbibliothek Wien. Vergl. Kern, Hermann: Through the labyrinth: Designs and meanings over 5,000 years, New York: Prestel, 2000, S. 105–106

37 Der Originaltext auf dem Flachrelief lautet: Hic quem Creticus edit Daedalus est laberinthus de quo nullus vadere quivit qui fuit intus ni Theseus gratis Ariane stamine jutus.

38 Eco, Umberto: Im Labyrinth der Vernunft, Leipzig: Reclam, 1989, S. 105

39 Diodor: Bibliothek 4,61; Plutarch: Theseus 19; Hyginus: Fabulae 42

40 Platon: Euthyphron 11b9–11d; Menon 97d6–10; Hippias Maior 282a1–5; Ion 533a7; Republic 529d8–530a2; Nómoi 677d1–6

41 Smith, Albert C. und Schank, Kendra: The architect as magician, London: Routledge, 2020, S. 73

42 Platon: Euthyphron 11b9–11d

43 Perez-Gomez, Arthur: The myth of Daedalus, in: AA Files, Annals of the Architectural Association School of Architecture, Vol. 10, Nr. 1, 1985, S. 49–52

44 Wright, Craig M.: The maze and the warrior, Cambridge: Harvard University Press, 2001, S. 57

45 Chevard, Vincent, Histoire de Chartres, Vol. IX, Band II, Chartres, S. 63. Vergl. Villette, Jean: Quand Thésée et le Minotaure ont-ils disparu du labyrinth de la cathédrale de Chartres?, in: Mémoires de la Société Archéologique d'Eure-et-Loir, Chartres, 3me trim., 1971, S. 265–270

45 Doublet de Boisthibault, Jules: Notice sur le labyrinthe de la cathédrale de Chartres, in: Revue Archéologique, Vol. 8, Nr. 2, Oktober 1851–März 1852, Paris: Leleux, 1851, S. 437–447

47 Alemany, Véronique: La Cathédrale d'Amiens, Catalogue de l'exposition tenue au Musée de Picardie, Amiens, 1980–1981, S. 124

48 Flavius Josephus: Jüdische Altertümer, 8, 41–49

49 Babylonischer Talmud: Gittin 68a–b

50 Doublet de Boisthibault, Jules: Notice sur le labyrinthe de la cathédrale de Chartres, in: Revue Archéologique, Vol. 8, Nr. 2, Paris: Leleux, Oktober 1851–März 1852, S. 441. Vergl. Fresson, Gilles: A propos du labyrinthe, in: Zeitschrift Notre-Dame de Chartres, Nr. 82, Chartres, Eure-de-Loir, April 1990, S. 16 ff.

51 Doublet de Boisthibault, Jules: Notice sur le labyrinthe de la cathédrale de Chartres, S. 441

52 Ebd., S. 441

53 Eco, Umberto: Im Labyrinth der Vernunft, Leipzig: Reclam, 1989, S. 72

54 van der Meulen, Jan und Hohmeyer, Jürgen: Chartres – Biographie der Kathedrale, Köln: Dumont Buchverlag, 1984, S. 228

55 Halfen, Roland: Chartres – Das Königsportal, Band 1, Stuttgart: Verlag Johannes M. Mayer, 2001, S. 29 ff.

56 Sauerländer, Willibald: Das Königsportal in Chartres, Frankfurt a. M.: S. Fischer Verlag, 1991, S. 59

57 Halfen, Roland: Chartres – Das Königsportal, Band 1, Stuttgart: Verlag Johannes M. Mayer, 2001, S. 30

58 Eco, Umberto: Il segno iconico, in: Aa.Vv.: Atti del convegno »Stati e tendenze attuali della ricerca sulle comunicazioni di massa, con partico- lare riferimento al linguaggio iconico« (9–10 ottobre 1970), Milano: Istituto »Agostino Gemelli« per lo studio sperimentale di problemi sociali dell'informazione visiva, 1970, S. 247–248

59 Eco, Umberto: La struttura assente. Introduzione alla ricerca semiologica, Milano: Bompiani, 1968, B.1.II.8

60 Halfen, Roland: Chartres – Das Königsportal, Band 1, Stuttgart: Verlag Johannes M. Mayer, 2001, S. 46. Vergl. van der Meulen, Jan und Hohmeyer, Jürgen: Chartres – Biographie der Kathedrale, Köln: Dumont Buchverlag, 1984, S. 232

61 Offenbarung 4,7: »Und die erste Gestalt war gleich einem Löwen, und die zweite Gestalt war gleich einem Stier, und die dritte Gestalt hatte ein Antlitz wie ein Mensch, und die vierte Gestalt war gleich einem fliegenden Adler.«

62 Mâle, Émile: Religious art in France of the 13th Century, Mineola, NY: Dover Publications, 2012, Reprint von 1891, S. 88–99

63 Martianus Capellas Schrift trägt eigentlich den Titel: De nuptiis Philologiae et Mercurii (Über die Hochzeit zwischen Philologia und Merkur), vergl. Stahl, William Harris, Johnson, Richard and Burge, E. L., Martianus Capella and the Seven Liberal Arts, Vol. 1: The Quadrivium of Martianus Capella: Latin Traditions in the Mathematical Sciences, 50 B.C.–A.D. 1250, in: Records of Civilization: Sources and Studies, 84, Columbia University Press, New York, 1971, S.21–22

64 Meiser, Karl (Hrsg.): Anicii Manlii Severini Boethii commentarii in librum Aristotelis ΠΕΡΙ ΕΡΜΗΝΕΙΑΣ. Teile 1 und 2, Leipzig: Teubner, 1877–1880, S. 79 f.

65 Halfen, Roland, Chartres – Das Königsportal, Band 1, Stuttgart: Verlag Johannes M. Mayer, 2001, S. 104

66 Halfen, Roland, Chartres – Die Kathedralschule und ihr Umkreis, Band 4, Stuttgart: Verlag Johannes M. Mayer, 2011, S. 34

67 Szlezák, Thomas A.: Platon, München: C.H. Beck, 2021, S. 34–88

68 Arneth, Arthur: Die Geschichte der reinen Mathematik in ihrer Beziehung zur Geschichte der Entwicklung des menschlichen Geistes, Stuttgart: Franckh, 1852, S. 84

69 James, John: The Mystery of the Great Labyrinth, Chartres Cathedral, in: Studies in Comparative Religion, Vol. 11, No. 2, Frühjahr 1977, S. 92–115, Fußnote 28

70 Platon: Politeia, Buch 6, 509d–511e

71 Platon: Politeia, Buch 7, 514a–515b

72 Platon: Politeia, Buch 7, 514a–541b

73 Jaspers, Karl: Die großen Philosophen, München: Piper Verlag, 2007, S.274 f.

74 ebd., S. 276 f.

75 ebd., S. 278

76 ebd., S. 278

77 Staudacher, Peter: Dialektik, in: Schäfer, Christian (Hrsg.), Platon-Lexikon, Darmstadt, 2007, S. 81.

78 Büchsel, Martin: Die Geburt der Gotik, Freiburg i. Br.: Rombach Verlag, 1997, S. 73. Vergl. Suger: De Administratione 995

79 Halfen, Roland, Chartres – Das Königsportal, Band 1, Stuttgart: Verlag Johannes M. Mayer, 2001, S. 103 f.

80 1. Mose 3,1

81 Martinek, Manuela: Wie die Schlange zum Teufel wurde, Wiebaden: Otto Harrassowitz Verlag, 1996, S. 49

82 Jeremias 51:34

83 Offenbarung 12:9

84 Dochdorn, Jan: Schriftgelehrte Prophetie, Band 268,Wissenschaftliche Untersuchungen zum Neuen Testament, Tübingen: Verlag Mohr Siebeck, 2011, S. 92

85 Offenbarung 11:19

86 Waltner-Kallfelz, Isolde: Die Schatzsuche als religiöses Motiv: Schatz, Pretio-

sen, Kostbarkeiten, in: Studies in Oriental Religion, Band 28, Wiesbaden: Otto Harrassowitz Verlag, 1993, S. 45. Vergl. auch: Wild, Friedrich: Drachen im Beowulf und andere Drachen, Wien: Kommissionsverlag der österreichischen Akademie, 1962, S. 20

87   Beowulf-Lied, Der Kampf mit dem Drachen – Beowulfs Tod, in: Engelmann, Emil: Nordland-Sagen, Stuttgart: Paul Neff Verlag, 1895, S. 200

88   ebd., S. 46, vergl. Martinek, Manuela: Wie die Schlange zum Teufel wurde, Wiesbaden: Otto Harrassowitz Verlag, 1996, S. 48

89   Beowulf-Lied, in: Engelmann, Emil: Nordland-Sagen, Stuttgart: Paul Neff Verlag, 1895, S. 205

90   Esteve Ramos, María José, et al. (Hrsg.): Textual reception and cultural debate in medieval English studies, Cambridge: Cambridge Scholars Publishing, 2018, S. 137. Vergl.: Littleton, C. Scott: Theseus as an Indo-European Sword Hero, with an Excursus on Some Parallels between the Athenian Monster-Slayer and Beowulf, in: Heroica Age, Vol. 11, 2008

91   Protoevangelium des Jakobus 6,2

92   Böttrich, Christfried, Eissler, Friedemann und Ego, Beate: Jesus und Maria in Judentum, Christentum und Islam, Ausgabe 2, Göttingen: Vandenhoeck & Ruprecht, 2009, S. 105 f.

93   Lukas 1:26–32

94   Lukas 1:43–44

95   Lukas 1:45

96   Lukas 1:68–80

97   Matthäus 1:18–21

98   Matthäus 2:1–2

99   Markus 13:22

100   Schreiner, Klaus: Maria – Leben, Legenden, Symbole, München: C.H. Beck, 2003, S. 24

101   Wambsganz, Ludwig: Vom Mythos zu Kult und Dogma, Norderstedt: BOD, S. 24 f.

102   Schreiner, Klaus: Maria – Leben, Legenden, Symbole, München: C. H. Beck, 2003, S. 78

103   Homilie I in annunt. (PG 10, 1152 D), Homilie II (PG10, 1169 C)

104   2. Mose 19:6

105   2. Homilie, De Laudibus Mariae, in der Übersetzung von Wiser, Thomas: Vollständiges Lexikon für Prediger und Katecheten: in welchem die katholischen Glaubens- und Sitten-Lehren ausführlich betrachtet sind, Band 12, Regensburg: Verlag Georg Joseph Manz, 1857, S. 561 f.

106   Zier, Marc: Fulbert of Chartres, in: Emmerson, Richard K. (Hrsg.): Key figures in medieval Europe, Milton Park, Abingdon, UK: Taylor & Francis, 2013, S. 240

107   Ebd., S. 240

108   Wittig, Frank: Maschinenmenschen – zur Geschichte eines literarischen Motivs im Kontext von Philosophie, Naturwissenschaft und Technik, Königshausen und Neumann, Würzburg, 1997, S. 26–27

109 Brown, Nancy Marie: The abacus and the cross: The story of the pope who brought the light of science to the dark ages, New York: Basic Books, 2010, S. 147

110 Richeri Historiarum libri IIII, Kapitel 3, 43, Hannover, 1839. Vergl. neue Ausgabe: Hoffmann, Hartmut (Hrsg.): Richer von Saint-Remi. Historiae, Hannover: MGH Scriptores 28, 2000, S. 192

111 Vogel, Kurt, Gerbert von Aurillac als Mathematiker, in: Acta historica Leopoldina, Bd. 16, Halle/Saale, 1985, S. 9–23

112 Wabbel, Tobias Daniel: Der Templerschatz – Eine Spurensuche, München: Bassermann Verlag, 2020, S. 183–187

113 Favier, Jean: Geschichte Frankreichs, Vol. I, Stuttgart: Deutsche Verlagsanstalt DVA, 1989, S. 462

114 Halfen, Roland: Chartres – Das Königsportal, Stuttgart: Verlag Johannes M. Mayer, 2001, S. 107

115 Aus: De signis et mensibus et diebus et horis compendium computi. Vergl. Brown, Nancie Marie: The abacus and the cross: The story of the pope who brought the light of science to the dark ages, New York: Basic Books, 2010, S. 143

116 Kobusch, Theo: Timaios in Chartres, in: Leinkauf, Thomas und Steel, Carlos (Hrsg.): Plato's *Timaeus* and the foundations of cosmology in Late Antiquity, the Middle Ages and Renaissance, Leuven: Leuven University Press, 2005, S. 245 ff.

117 Rolker, Christof: Canon Law and the Letters of Ivo of Chartres, Cambridge: Cambridge University Press, 2010, S. 5–46

118 Southern, Sir Richard William: Medieval Humanism and Other Studies, Kapitel 5, Humanism and the School of Chartres, Oxford: Blackwell, 1970, S. 61 ff.

119 Hugo von St. Victor: Didascalion I.9., II,21ff.

120 Châtillion, Jean: Les écoles de Chartres et de St. Victor, in: Setimane di Studio del Centro Italiano di Studi sull' Alto Mediœvo, Vol. 19. Vergl. Dronke, Peter: New approaches to the School of Chartres, in: Anuario de Estudios Medievales, Vol. 6, 1969, S. 117 ff.

121 Burnett, Charles, (Hrsg.): Adelard of Bath – Conversations with his Nephew, Cambridge: Cambridge University Press, 1998, S. XV

122 Haskins, Charles H.: Adelard of Barth, in: The English Historical Review, Oxford Journals, XXVI (CIII), Oxford, 1911, S. 491 ff.

123 Haskins, Charles, H.: England and Cicily in the Middle Ages, in: The English Historical Review, Oxford Journals, XXVI (CIII), Oxford, 1911, S. 433 ff.

124 Johannes von Salisbury: Metalogicon 3,4,46–50, in: Ball, John B. (Hrsg.): Ioannis Saresberiensis metalogicon, Turnhout, 1991, S. 116

125 von Simson, Otto: Die gotische Kathedrale, Darmstadt: Wissenschaftliche Buchgesellschaft, 1968, S. 211

126 Prologues Eptateuchon: ad cultum humanitatis, in: Jeauneau, Edouard (Hrsg.): Note sur l'école de Chartres, StMed 3, Ser.5, S. 821–865, 1964. Vergl. Jeauneau, Edouard: Le prologus in Eptateuchon de Thierry de Chartres, in: Medieval Studies, Vol. 16, 1954, S. 171–175

127 Jeauneau, Edouard: Le prologues in Eptateuchon de Thierry de Chartres, in: Medieval Studies, Vol. 16, 1954, S. 171–175

128 Godechot, Nicole-Lévis: Chartres im Lichte seiner Skulpturen und Fenster, Würzburg: Echter Verlag, 1988, S. 24

129 Châtillion, Jean: Les écoles de Chartres et de St. Victor, in: La scuola nell'Occidente latino, 15–21. April 1971 (Ausgabe 1972), S. 795–839. In der Reihe: Setimane di Studio del Centro Italiano di Studi sull' Alto Mediœvo, Vol. 19

130 Petrus Abaelardus: Tractatus de unitate, III, 2, 248

131 ebd., 2, 255

132 Hugo von St. Victor: Didascalion, III.7

133 Platon: Timaios, 29e–37c

134 Speer, Andreas: Lectio Physica, Anmerkungen zur Timaios-Rezeption im Mittelalter, in: Leinkauf, Thomas und Steel, Carlos (Hrsg.): Plato's *Timaeus* and the foundations of cosmology in Late Antiquity, the Middle Ages and Renaissance, Leuven: Leuven University Press, 2005, S. 213–234

135 Johannes von Salisbury: Metalogicus 2, 10 (PL 199, 867), in: Lane Poole, Reginald (Hrsg.): Ioannis Saresberiensis historiae pontificalis quae supersunt, Oxford: Clarendon Press, 1927

136 Johannes von Salisbury: Metalogicus 4, 35 (PL 199, 938), ebd.

137 Le Goff, Jacques: Ludwig der Heilige, Stuttgart: Klett-Cotta, 2000, S. 71

138 Eph, 3,17–21

139 Leclercq, Jean: La Spiritualité de Pierre de Celle, (1115–1183), Paris: J. Vrin, 1946, S. 9

140 Haseldine, Julian P. (Hrsg.): The Letters of Peter of Celle, Oxford: Oxford University Press, 2001, S. XXX, vergl. Briefe Nr. 146 und Nr. 150. Vergl. von Simson, Otto: Die gotische Kathedrale, Darmstadt: Wissenschaftliche Buchgesellschaft, 1968, S. 269

141 Haseldine, Julian P. (Hrsg.), 2001, Brief Nr. 71, S. 326-327. Vergl. Haseldine, Julian P.: Thomas Becket – Martyr, Saint – and Friend?, in: Mayr-Harting, Henry, Leyser, Henrietta und Gameson, Richard: Belief and culture in the Middle Ages, Oxford: Oxford University Press, 2001, S. 212 ff.

142 von Simson, Otto: Die gotische Kathedrale, Darmstadt: Wissenschaftliche Buchgesellschaft, 1967, S. 269

143 Peter von Celle, Brief 174, in: Haseldine, Julian P. (Hrsg.): The Letters of Peter of Celle, Oxford: Oxford University Press, 2001, S. 606–607

144 Manuskript 1602, fos. 71v–72r, Kopialbuch von Saint Thierry, Reims B.M., vergl. Haseldine, Julian P.: The Letters of Peter of Celle, Oxford: Oxford University Press, 2001, XXXI

145 Le Goff, Jacques: Ludwig der Heilige, Stuttgart: Klett-Cotta, 2000, S. 357

146 Es existieren verschiedene Deutungen des Begriffes JHWH. So interpretierte der Theologe Hans Küng JHWH mit »Ich werde da sein.«. Vergl. Hans Küng: Existiert Gott?, München: Piper, 1995, S. 680

147 2. Mose 19:3–6.

148 2. Mose 20:1–21

149 2. Mose 24:12–18

150 2. Mose 22:1–7

151 2. Mose 22:8–9

152 2. Mose 25:20

153 2. Mose 25:10–22

154 2. Mose 25:23–40

155 2. Mose 26:1–37

156 Peter von Celle, Mosaici Tabernaculi Mystica et Moralis Expositio, Liber I., in Migne, Jacques, Paul (Hrsg.): Patrologiæ cursus completus: sive bibliotheca universalis, integra, uniformis, commoda, oeconomica, omnium SS. patrum, doctorum, scriptorumque ecclesiasticorum. Series latina, Band 202, Paris: Apud Garnieri Fratres, editores et J.-P. Migne successores, 1851, S. 1064 f.

157 von Simson, Otto: Die gotische Kathedrale, Darmstadt: Wissenschaftliche Buchgesellschaft, 1967, S. 270

158 1. Samuel 4:1–18

159 2. Chronik 2:13–14

160 1. Könige 6:38

161 2. Chronik 3:1–17

162 Ohly, Friedrich: Die Säulen des Salomonischen Tempels und die Doppelturmfassade, in: Frühmittelalterliche Studien, Vol. 32, 1998, S. 1–27

163 Abt Suger: De Consecratione, II, 218. Vergl.: von Simson, Otto: The Gothic Cathedral, Princeton: Princeton University Press, 2020, S. 95–96

164 1. Könige 7:44. Vergl. Bieberstein, Klaus: Im Zentrum das Leben – den Tod in der Peripherie, Jerusalem kultursemiotisch gelesen, in: »uni.vers«, Nr. 6, 2004, Universität Bamberg, S. 28

165 1. Könige 6:4

166 1. Könige 6:5–10

167 Vergl. Bieberstein, Klaus: Im Zentrum das Leben – den Tod in der Peripherie, Jerusalem kultursemiotisch gelesen, in: »uni.vers«, Nr. 6, 2004, Universität Bamberg, S. 29

168 1. Könige 7:21. Vergl. von Naredi-Rainer, Paul: Salomons Tempel und das Abendland, Ostfildern: Dumont, S. 50–51, aber auch Corsepius, Katharina: Notre-Dame-en-Vaux, Band 18, Forschungen zur Kunstgeschichte und christlichen Archäologie, Stuttgart: Franz Steiner Verlag, 1997, S. 137

169 Suger, De Consecratione, 18,133. Vergl. Panofsky, Erwin: Abbot Suger on the abbey church of St. Denis and its art treasures, Princeton: Princeton University Press, 1979, S. 123

170 von Simson, Otto, Die gotische Kathedrale, Darmstadt: Wissenschaftliche Buchgesellschaft, 1967, S. 271. Vergl. Peter von Poitiers, 69,110, in: Moore, James A. und Corbett, Philip S. (Hrsg.), Petri Pictaviensis Allegoriae super Tabernaculum Moysi, Notre-Dame, IN: University of Notre-Dame Press, 1938

171 Haseldine, Julian P.: The Letters of Peter of Celle, Oxford: Oxford University Press, 2001, S. XXXI

172 ebd., S. XXIX

173 Peter von Celle: Brief 82, in: Haseldine, Julian (Hrsg.): The letters of Peter of Celle, Oxford: Oxford University Press, 2001, S. 357–359

174 Gesta Innocentii III papae, XLV, anno 1200. Vergl. Powell, James M.: The Deeds of Pope Innocent III, Washington, DC: Catholic University of America Press, 2004, S. XXVI; S. 61

243

173 Descriptio Lateranensis Ecclesiae Absätze XX–XXI, XLIX und LII. Vergl. Oftestad, Eivor Andersen: The Lateran Church in Rome and the Ark of the Covenant, Woodbridge (Suffolk): The Boydell Press, 2019, S. 227–228

175 Nicolaus Maniacutius, BAV, Fondo S. Maria Maggiore 2, fols 233–244; vergl. Auch Wolf, Gerhard, Salus Populi Romani, Die Geschichte römischer Kultbilder im Mittelalter, Weinheim: VCH Verlagsgesellschaft, 1990, S. 64. Vergl auch: De Sacra Imagine SS. Salvatoris in Palatio Lateranensi, Ex Codice MS Tabularii Sacrosanctae Basilicae Liberaniae, Roma, Camera Apostolica, 1709. Nach Johann Albert Fabricius war Nicolaus Maniacutius später auch Canonicus in der Lateranbasilika unter Papst Alexander III., siehe: Bibliotheca latina mediae et infimae aetatis, Band 5, Florenz: Edition Mansi, 1754, S. 118. Vergl. auch: Ehrle, Franz: Archiv für Literatur- und Kirchengeschichte des Mittelalters, Band 4, Leipzig: Weidmannsche Buchhandlung, 1956, S. 271

177 Singer, Michael A. (Hrsg.): The Itinerary of Benjamin of Tudela: Travels in the Middle Ages, Malibu, Los Angeles: Joseph Simon/Pangloss Press, 1983, (Reprint 1993), S. 63 f.

178 2. Makkabäer 2:5–7

179 Descriptio Lateranensis Ecclesiae, Absätze XLIX und LII

80 Keyssler, John George: Travels through Germany, Bohemia, Hungary, Switzerland, Italy, and Lorrain, Vol. II, London: o. V., 1760, S. 192

181 Champagne, Marie Thérèse und Boustan, Ra'anan S.: Walking in the shadows of the past: The Jewish experience of Rome in the twelfth century, in: Medieval Encounters, Vol. 17, Januar 2011, S. 464–494

182 De Khitrowo, B. de: Itinéraires russes en orient I., I., Société de l'orient latin, o. V., Genève, 1889, S. 93–94. Vergl. Scheja, Georg: Hagia Sophia und Templum Salomonis, in: Istanbuler Mitteilungen, Herausgegeben vom Deutschen Archäologischen Institut, Abteilung: Istanbul, Vol. 12, 1963, S. 49

183 Scheja, Georg: Hagia Sophia und Templum Salomonis, in: Istanbuler Mitteilungen, Herausgegeben vom Deutschen Archäologischen Institut, Abteilung: Istanbul, Vol. 12, 1963, S. 50–51

184 Procoppi Caesariensis: Opera Omni, in: Haury, Jakob (Hrsg.): Vol. I. und II., De Bellis Libri I–IV und V–VIII, Leipzig: Teubner, 1962–1964

185 Jerusalemer Talmud: Shekalim, Pereq 6,1–2; Babylonischer Talmud: Yoma V, 53b bzw. Yoma V, 54a

186 Albert von Aachen, Buch VI., Kapitel 24 bzw. Fulcher von Chartres, Buch I., Kapitel XXVI,7. Vergl. auch Anonymus: Qualiter sita est civitas Hierosolymitana, 1103, in: Tobler, T. und Molinier, A. (Hrsg.): Itinera Hierosolymitana, Genf, Vol. I, 1879, S. 347 ff.

187 von Simson, Otto: Die gotische Kathedrale, Darmstadt: Wissenschaftliche Buchgesellschaft, 1968, S. 220. Zum goldenen Schnitt in gotischen Kathedralen, siehe Moessel, Ernst: Die Proportion in Antike und Mittelalter, München: C. H. Beck, 1926

188 von Simson, Otto: Die gotische Kathedrale, Darmstadt: Wissenschaftliche Buchgesellschaft, 1968, S. 220

189 Claudius Ptolemaios: Almagest, Buch I, Kapitel 9
190 Burkert, Walter: Weisheit und Wissenschaft, Studien zu Pythagoras, Philolaos
     und Platon, Nürnberg: Verlag Hans Carl, 1962, S. 429
191 Platon: Timaios, 55, a–c, V, 177, in: Martin, Gottfried: Platon, Reinbek: Rowohlt,
     1969, S. 45
192 Euklid: Die Elemente, Buch II, § 11, in: Euclidis Elementa, edidit et latine inter-
     pretatus est J.L. Heiberg, Vol. I., Leipzig: Teubner, 1883–1888, S. 152 ff.
193 von Naredi-Rainer, Paul: Architektur und Harmonie, Köln: Dumont Buchver-
     lag, 2001, S. 186
194 Jantzen, Hans: Kunst der Gotik, Berlin: Dietrich Reimer Verlag, 1987, S. 80.
     Vergl. Gimpel, Jean: Die industrielle Revolution des Mittelalters, Zürich: Arte-
     mis, 1980, S. 121
195 Alemany, Véronique, La Cathédrale d'Amiens, Katalog der Ausstellung
     1980–1981, Amiens: Musée De Picardie, 1981, S. 124
196 Gimpel, Jean: Die industrielle Revolution des Mittelalters, Zürich: Artemis,
     1980, S. 120
197 James, John: Chartres – The Masons who built a legend, London: Routledge and
     Keagan, 1982, S. 5
198 Peter Cornelius Clausen: Kathedralgotik und Anonymität, in: Schmidt, Ger-
     hard (Hrsg.): Beiträge zur mittelalterlichen Kunst, Wiener Jahrbuch für Kunst-
     geschichte, Wien: Böhlau Verlag, 1993, S. 154
199 Thomas, Antoine: Les miracles de Notre-Dame de Chartres, XXVIII, Biblio-
     thèque de l'école des chartes, Vol. 42, 1881, S. 549. Vergl. Wely Carr, Annemarie:
     Threads of authority: The Virgin Mary's veil in the Middle Ages, in: Gordon,
     Stewart (Hrsg.): Robes and Honor: The medieval world of investiture, New
     York: Palgrave Macmillan, 2001, S. 71, 85–86
200 Bulteau, Marcel Joseph Abbé: Monographie de la Cathédrale de Chartres,
     Vol. I, Chartres: R. Selleret, 1888, S. 97 ff.
201 James, John: Chartres – The masons who built a legend, London: Routledge and
     Keagan, 1982, S. 53
202 auf Lateinisch: Miracula B. Mariae Virginis in Carnotensi ecclesia facta
203 Kurmann-Schwarz, Brigitte und Kurmann, Peter: Chartres – Die Kathedrale,
     Regensburg: Verlag Schnell & Steiner, 2001, S. 78
204 van der Meulen, Jan und Hohmeyer, Jürgen: Chartres – Biographie der Kathe-
     drale, Köln: Dumont Buchverlag, 1984, S. 12
205 Kurmann-Schwarz, Brigitte und Kurmann, Peter: Chartres – Die Kathedrale,
     Regensburg: Verlag Schnell & Steiner, 2001, S. 78
206 van der Meulen, Jan und Hohmeyer, Jürgen: Chartres – Biographie der Kathe-
     drale, Köln: Dumont Buchverlag, 1984, S. 12
207 Mâle, Emile: Notre-Dame de Chartres, Paris: Flammarion, 1983, S. 8
208 de Lépinois, Eugène de Buchére: Histoire de Chartres, Vol. I., Chartres: Imp.
     Garnier, 1854, S. 38 ff.
209 Molinier, Auguste (Hrsg.): Vie de Louis le Gros par Suger suivie de l'histoire du
     roi Louis VII: Publiées d'après les manuscrits, Paris: Alphonse Picard, 1887, 92 ff.
210 Miracula B. Mariae Virginis in Carnotensi ecclesia facta, 509 f.

211 von Simson, Otto: Die gotische Kathedrale, Darmstadt: Wissenschaftliche Buchgesellschaft, 1968, S. 231. Vergl. Miracula B. Mariae Virginis in Carnotensi ecclesia facta, 33. Vergl. Bulteau, Marcel Joseph Abbé, Monographie de la Cathédrale de Chartres, Vol. I, Chartres: R. Selleret, 1888, S. 97 f.

212 2. Samuel 6:1–23 bzw. 1. Chronik 13:1–14

213 Lecocq, Adolphe: Recherches sur les enseignes de pèlerinage et les chemisettes de Notre-Dame de Chartres, Chartres: Mémoires de la Société Archéologique d'Eure et Loir 6, 1873, S. 214–16

214 Ladwein, Michael: Chartres, Stuttgart: Urachhaus, 1998, S. 20

215 Lamerié, Joseph: La Sainte-Chasse du Voile de Notre-Dame dépouillée pendant la Revolution, Notre-Dame de Chartres, Nr. 78, Chartres, Eure-de-Loir, März 1989, S. 17

216 Miracula B. Mariae Virginis in Carnotensi ecclesia facta, 509 f.

217 Ladwein, Michael: Chartres, Stuttgart: Urachhaus, 1998, S. 25

218 Binding, Günter: Baubetrieb im Mittelalter, Darmstadt: Wissenschaftliche Buchgesellschaft, 1993, S. 40

219 ebd., S. 31

220 Miracula B. Mariae Virginis in Carnotensi ecclesia facta, 513 ff.

221 Ladwein, Michael: Chartres, Stuttgart: Urachhaus, 1998, S. 26

222 von Simson, Otto: Die gotische Kathedrale, Darmstadt: Wissenschaftliche Buchgesellschaft, 1968, S. 231

223 Kurmann-Schwarz, Brigitte und Kurmann, Peter: Chartres – Die Kathedrale, Regensburg: Verlag Schnell & Steiner, 2001, S. 79

224 Lecocq, Adolphe: Histoire du cloître Notre-Dame de Chartres, Chartres: Mémoires de la Société Archéologique d'Eure et Loir, 1858, S. 214–16

225 Hiestand, Rudolf: Zum Problem des Templerzentralarchivs, in: Archivalische Zeitschrift, Band 76, Wien: Böhlau Verlag, 1980, S. 17–38

226 Schöller, Wolfgang: Eine mittelalterliche Architekturzeichnung im südlichen Querhausarm der Kathedrale von Soissons, in: Zeitschrift für Kunstgeschichte, Vol. 43, München-Berlin: Deutscher Kunstverlag, 1980, S. 202

227 Toman, Rolf (Hrsg.), Die Kunst der Gotik, Köln: Könemann, 1998, S. 54. Vergl. auch Adenauer, Hannah: Die Kathedrale von Laon, Düsseldorf: L. Schwann Druckerei und Verlag, 1934, S. 27

228 Sauerländer, Willibald: Gotische Skultpur in Frankreich, 1140–1270, München: Hirmer Verlag, 1970, S. 113. Vergl. Jantzen, Hans: Kunst der Gotik, Berlin: Dietrich Reimer Verlag, 1987, S. 80. Vergl. Gimpel, Jean: Die industrielle Revolution des Mittelalters, Zürich: Artemis, 1980, S. 101

229 von Simson, Otto: Die gotische Kathedrale, Darmstadt: Wissenschaftliche Buchgesellschaft, 1968, S. 275

230 Corsepius, Katharina: Notre-Dame-en-Vaux, Band 18, Forschungen zur Kunstgeschichte und christlichen Archäologie, Stuttgart: Franz Steiner Verlag, 1997, S. 399

231 Frizot, Julien: Le grand sites templiers en France, Rennes: Édition Ouest-France, 2005, S. 20. Vergl. Frizot, Julien: Sur le pas de templiers en terre de France, Rennes: Édition Ouest-France, 2005, S. 32 f.

232 Rüffer, Jens: Orbis Cisterciensis, Berlin: Lukas Verlag, 1999, S. 373

233 Practica geometriae, in: Moore, Philip S. (Hrsg.), Hugonis de Sancto Victore, Opera propaedeutica, De geometriae, Notre-Dame, IN: University of Notre-Dame Press, 1966, S. 15–64

234 Dominicus Gundissalinus, De divisione philosophiae, S. 102–112

235 Ebd., S. 108–109

236 Hahnloser, Hans R.: Villard de Honnecourt – Kritische Gesamtausgabe des Bauhüttenbuches ms. fr 19093 der Pariser Nationalbibliothek, Graz: Akademische Druck- und Verlagsanstalt, 1973, S. 355, s. auch Tafeln 9, 44a, b, c, 45, 59

237 Binding, Günther: Was ist Gotik?, Darmstadt: Wissenschaftliche Buchgesellschaft, 2000, S. 71

238 Huber, Florian: Der Sankt Galler Klosterplan im Kontext der antiken und mittelalterlichen Architekturzeichnung und Messtechnik, in: Ochsenbein, Peter; Schmuki, Karl (Hrsg.): Studien zum St. Galler Klosterplan II., in: Mitteilungen zur Vaterländischen Geschichte, Nr. 52, St. Gallen: Historischer Verein des Kantons St. Gallen, 2002, S. 233–284

239 Duby, Georges: Der Heilige Bernhard und die Kunst der Zisterzienser, Stuttgart: Klett-Cotta, 1981, S. 107

240 Crosby, Sumner McKnight: The royal abbey of St. Denis from its beginnings to the death of Suger, in: Publications in the History of Art, New Haven, CT: Yale University Press, 1987, S. 32

241 Schlink, Wilhelm: Die Kathedralen Frankreichs, München: Heyne Verlag, 1978, S. 65

242 Speer, Andreas: Kunst und Liturgie – Abt Suger von Saint-Denis und die Entstehung der Gotik, in: Auf dem Weg zur Kathedrale, in: Barbara Schock-Werner (Hrsg.): Welt und Umwelt der Bibel, Stuttgart: Katholisches Bibelwerk, e. V., 1999, S. 74–75

243 Ben-Dov, Meir: In the Shadow of the Temple, New York: Harpercollins, 1985, S. 280

244 von Simson, Otto: Die gotische Kathedrale, Darmstadt: Wissenschaftliche Buchgesellschaft, 1968, S. 13

245 Fischer, Ulrich: Stadtgestalt im Zeichen der Eroberung: Englische Kathedralstädte in frühnormannischer Zeit (1066–1135), Köln und Weimar: Böhlau Verlag, 2009, S. 293. Vergl. Fernie, Eric: The Architecture of Norman England, Oxford: Oxford University Press, 2001, S. 139

246 Das heute sichtbare Strebewerk von Saint-Denis wurde erst 1231 bis 1241 erbaut. Vergl. Binding, Günter: Was ist Gotik?, Darmstadt: Wissenschaftliche Buchgesellschaft, 2000, S. 107 f.

247 Binding, Günther: Was ist Gotik?, Darmstadt: Wissenschaftliche Buchgesellschaft, 2000, S. 55

248 Gimpel, Jean: Die Kathedralbauer, Hamburg: Deukalion Verlag Uwe Hils, 1996, S. 42

249 ebd., S. 42

250 Binding, Günther: Was ist Gotik?, Darmstadt: Wissenschaftliche Buchgesellschaft, 2000, S. 56

251 ebd., S. 56

252 Schweizer, Stefan: Bauen als Kunst und historische Praxis: Architektur und Stadtraum im Gespräch zwischen Kunstgeschichte und Geschichtswissenschaft, Band 2, Göttingen: Wallstein Verlag, 2006, S. 115

253 Binding, Günther: Baubetrieb im Mittelalter, Darmstadt: Wissenschaftliche Buchgesellschaft, 1993, S. 2

254 von Simson, Otto: Die gotische Kathedrale, Darmstadt: Wissenschaftliche Buchgesellschaft, 1968, S. 97

255 Binding, Günther: Baubetrieb im Mittelalter, Darmstadt: Wissenschaftliche Buchgesellschaft, 1993, S. 2

256 Peter Cornelius Clausen: Kathedralgotik und Anonymität, in: Schmidt, Gerhard (Hrsg.): Beiträge zur mittelalterlichen Kunst, in: Wiener Jahrbuch für Kunstgeschichte, Wien: Böhlau Verlag, 1993, S. 150

257 Binding, Günther: Baubetrieb im Mittelalter, Darmstadt: Wissenschaftliche Buchgesellschaft, 1993, S. 6. Vergl. auch Willis, R.: The Architectural History of Canterbury Cathedral, London, 1845

258 Binding, Günther: Baubetrieb im Mittelalter, Darmstadt: Wissenschaftliche Buchgesellschaft, 1993, S. 2

259 Binding, Günther: Was ist Gotik?, Darmstadt: Wissenschaftliche Buchgesellschaft, 2000, S. 61

260 Otte, Heinrich: Handbuch der kirchlichen Kunstarchäologie des deutschen Mittelalters, 5. Auflage, 2. Bände, Leipzig: T. O. Weigel, 1884, S. 483

261 Binding, Günther: Baubetrieb im Mittelalter, Darmstadt: Wissenschaftliche Buchgesellschaft, 1993, S. 102

262 ebd., S. 4

263 Gall, Ernst: Die gotische Baukunst in Frankreich und Deutschland, Handbücher der Kunstgeschichte, 2 Bände, Vol I., Braunschweig: Klinkhardt & Biermann, 1955, S. 15

264 von Simson, Otto: Die gotische Kathedrale, Darmstadt: Wissenschaftliche Buchgesellschaft, 1968, S. 258–260

265 van der Meulen, Jan und Hohmeyer, Jürgen: Chartres – Biographie der Kathedrale, Köln: Dumont Buchverlag, 1984, S. 53

266 Binding, Günter: Was ist Gotik?, Darmstadt: Wissenschaftliche Buchgesellschaft, 2000, S. 72

267 Zupko, Ronald Edward: French weights and measures before the revolution: A dictionary of provincial and local units, Bloomington: Indiana University Press, 1978

268 Fernie, Eric: Historical metrology and architectural history, in: Art History, Vol. 1, Nr. 4, Dezember 1978, S. 383–99

269 Shortell, Ellen M.: The plan of St. Quentin: Pentagon and square in the genesis of high gothic design, in: Wu, Nancy Y.: Ad Quadratum, The practical application of geometry in medieval architecture, Aldershot, UK; Ashgate Publishing, 2002, S. 132–136

270 von Simson, Otto: Die gotische Kathedrale, Darmstadt: Wissenschaftliche Buchgesellschaft, 1968, S. 292

271 Villette, Jean: Le Plan de la Cathédrale de Chartres – Hasard ou Stricte Géome-
trie?, 3me Édition, Chartres: Éditions Jean-Michel Garnier, 1991, S. 6 ff.

272 van der Meulen, Jan und Hohmeyer, Jürgen: Chartres – Biographie der Kathedrale, Köln: Dumont Buchverlag, 1984, S. 53

273 Halfen, Roland: Chartres – Die Kathedralschule und ihr Umkreis, Band 4,
Stuttgart: Verlag Johannes M. Mayer, 2011, S. 164

274 Charte CCIV, 1192. Vergl. Pouillé du diocèse de Chartres, ou Recueil des ab-
bayes, chapelles, chapitres, colleges, commanderies [...]. Chartres: Nicolas
Doublet, 1738, S. 26

275 Charte XXXV. Mars 1201 ou N.-S. 1202, Archives Nationales, Paris, S 4999 A, Nr. 3

276 Binding, Günther: Was ist Gotik?, Darmstadt: Wissenschaftliche Buchgesellschaft, 2000, S. 62

277 Kurmann, Peter und Kurmann-Schwarz, Brigitte: Chartres Cathedral as a Work
of Artistic Integration, in: Raguin, Virginia, Brush, Kathryn und Draper, Peter
(Hrsg.): Artistic Integration in Gothic Buildings, Toronto: University of Toronto Press, 1995, S. 138

278 Conrad, Dietrich: Kirchenbau im Mittelalter, Leipzig: Edition Leipzig, 1990,
S. 156

279 van der Meulen, Jan und Hohmeyer, Jürgen: Chartres – Biographie der Kathedrale, Köln: Dumont Buchverlag, 1984, S. 50

280 ebd., S. 51

281 ebd., S. 51

282 Kurmann-Schwarz, Brigitte und Kurmann, Peter: Chartres – Die Kathedrale,
Regensburg: Verlag Schnell & Steiner, 2001, S. 79

283 ebd., S. 81

284 James, John: Chartres – The Masons who built a legend, London: Routledge and
Keagan, 1982, S. 26

285 ebd., S. 27

286 ebd., S. 169

287 James, John: The Contractors of Chartres, in: Architectural Association Quar-
terly, IV, 1972, S. 42–43

288 Kurmann-Schwarz, Brigitte und Kurmann, Peter: Chartres – Die Kathedrale,
Regensburg: Verlag Schnell & Steiner, 2001, S. 86

289 Dietz, Helen: The eschatological dimension of church architecture – The biblical roots of church orientation, in: Sacred Architecture, Journal of the Institute
of Sacred Architecture, Nr. 10, 2005, S. 12

290 Matthäus 24:27: »Denn wie der Blitz ausgeht vom Osten und leuchtet bis zum
Westen, so wird auch das Kommen des Menschensohns sein.«

291 1. Mose, 2:8: »Dann pflanzte Gott, der HERR, in Eden, im Osten, einen Garten
und setzte dorthin den Menschen, den er geformt hatte.«

292 1. Mose 2:8

293 2. Mose 16:1–36

294 2. Mose 16:33–34

295 Heb 9,4

296 2. Mose, 3 und 2. Mose, 4:1–17

292 Manelli, Stefano: Biblische Mariologie, Regensburg: Verlag Friedrich Pustet, 2018, S. 86

293 Ball, Philip: Universe of stone: Chartres Cathedral and the invention of the gothic, New York: Harper Perennial, 2009, S. 8

299 Ebd., S. 271

300 Rauch, Ivo: Die Bundeslade und die wahren Israeliten, Anmerkungen zum mariologischen und politischen Programm der Hochchorfenster der Kathedrale von Chartres, in: Scholz, Hartmut (Hrsg.), Glas – Malerei – Forschung, Internationale Studien zu Ehren von Rüdiger Becksmann, Berlin: Deutscher Verlag für Kunstwissenschaft, 2004, S. 69–71

301 D'Angreville, M. J. E.: Armorial historique du Canton du Vallais, 1868. Vergl. Morend, Jean-Claude, et al.: Walliser Wappenbuch, Historischer Verein des Kantons Wallis, 1946, S. 120

302 Wenzler, Claude: Genealogie der französischen Könige und der königlichen Gemahlinnen, Rennes: Éditions Ouest-France, 2003, S. 20

303 Halfen, Roland: Chartres – Architektur und Glasmalerei, Stuttgart: Verlag Johannes M. Mayer, 2006, S. 570

304 1 Samuel 4:1–17 bzw. 1 Samuel 5:6

305 Hesekiel 40:1–48; 41:1–26

306 Büchsel, Martin: Die Geburt der Gotik, Freiburg i. Br.: Rombach Verlag, 1997, S. 73

307 2. Mose 25:10–22

308 Daniel 14:23–27

309 2. Makkabäer 2:4–7.

310 Grierson, Roderick und Munro-Hay, Stuart: Der Pakt mit Gott – Auf der Suche nach der verschollenen Bundeslade, Bergisch-Gladbach, Luebbe, 2001, S. 167 ff.

311 Rauch, Ivo: Die Bundeslade und die wahren Israeliten, in: Scholz, Hartmut (Hrsg.), Glas – Malerei – Forschung, Berlin: Deutscher Verlag für Kunstwissenschaft, 2004, S. 62

312 Halfen, Roland: Chartres – Architektur und Glasmalerei, Band 3, Stuttgart: Verlag Johannes M. Mayer, 2006, S. 569

313 Tolan, John: Of Milk and Blood: Innocent III and the Jews, Revisited. In: Baumgarten, E., Galinsky, J.D. (Hrsg.): Jews and Christians in Thirteenth-Century France. New York: Palgrave Macmillan, 2019, S. 139–149

314 4. Mose 2:1

315 4. Mose 2:2–36

316 Wenzler, Claude: Genealogie der französischen Könige und der königlichen Gemahlinnen, Rennes: Éditions Ouest-France, 2003, S. 20–21

317 DelPlato, Joan: On Jews and the Old Testament Precedent for Sacred Art Production – the Views of some Twelfth-Century Abbots, in: Comitatus: A Journal of Medieval and Renaissance Studies, Vol. 18, Article 3, 1987, S.35 f.

318 Mt 16,19. Vergl. Kurmann-Schwarz, Brigitte und Kurmann, Peter: Chartres – Die Kathedrale, Regensburg: Verlag Schnell & Steiner, 2001, S. 185

319 Peter von Celle: Mosaici Tabernaculi Mystica et Moralis Expositio, Liber I., in

Migne, Jacques, Paul (Hrsg.), Patrologiæ cursus completus, 1851, Spalte 1054

320 Rauch, Ivo: Die Bundeslade und die wahren Israeliten, in: Scholz, Hartmut (Hrsg.), Glas – Malerei – Forschung, Berlin: Deutscher Verlag für Kunstwissenschaft, 2004, S. 62

321 ebd., S. 62

322 Off, 11,19

323 Off, 12,1–5

324 Rauch, Ivo: Die Bundeslade und die wahren Israeliten, in: Scholz, Hartmut (Hrsg.), Glas – Malerei – Forschung, Berlin: Deutscher Verlag für Kunstwissenschaft, 2004, S. 68

325 Sapritchian Dimotheos: Deux Ans de Séjours en Abyssinie, Jerusalem, 1871, S. 135 ff.. Vergl. Grierson, Roderick und Munro-Hay, Stuart: Der Pakt mit Gott, Bergisch-Gladbach: Lübbe-Verlag, 2001, S. 400 ff.

326 Cline, Eric H.: From Eden to Exile – Unraveling mysteries of the Bible, National Geographic Society, Washington, DC, 2012, S. 113–114. Vergl. Hiltzik, Michael A.: Documentary: Does Trail to Ark of Covenant End Behind Aksum Curtain?, in: Los Angeles Times, 9. Juni 1992. www.latimes.com/archives/la-xpm-1992-06-09-wr-237-story.html

327 Parfitt, Tudor: Die Jagd nach der verschollenen Bundeslade, München: DTV, 2009, S. 174 f.

328 Trabant, Jürgen: Semiologie/Semiotik/Sematologie, in: Schilling, Erik (Hrsg.): Umberto Eco Handbuch, Heidelberg/Stuttgart: J.B. Metzler bei Springer International, 2021, S. 354–357

329 Peirce, Charles Sanders: Collected Papers, 5.171

330 Hofer, Stefan: Chrétien de Troyes, Leben und Werk, Graz-Köln: Verlag Hermann Böhlau, 1954, S. 41

331 ebd., S. 41

332 Weinraub, Eugene J.: Chrétien's Jewish Grail: A new investigation of the imagery and significance of Chrétien de Troyes's Grail episode based on Medieval Hebraic sources, Chapel Hill, NC: The University of North Carolina Press, 1976, S. 51 ff.

333 Johnson, Flint: Origins of Arthurian romances, Jefferson, NC: McFarland, 2012, S. 198

334 Barber, Richard: Der Heilige Gral, Geschichte und Mythos, Düsseldorf: Verlag Artemis & Winkler, 2004, S. 209

335 Wolfram von Eschenbach: Parzival 468, 28

336 Wolfram von Eschenbach: Parzival 251,1

337 Apg 6:1–7

338 Apg 6:8–15

339 Apg 7:1–53

340 2. Mose 19:6

341 Apg 7:54–60

342 Barber, Malcolm: The Origins of the Order of the Temple, in: Studia Monastica 12, 1970, S. 221–224

343 Dinzelbacher, Peter: Bernhard von Clairvaux, Darmstadt: Wissenschaftliche Buchgesellschaft, 1998, S. 22. Vergl. Auberger, Jean-Baptiste: L'Unanimité Cis-

tercienne Primitive – Mythe Ou Réalité, Achel, BE: Administration de Cîteaux, Commentarii Cistercienses, 1986, S. 327; Zaluska, Yolanta: L'Enluminure et le Scriptorium De Cîteaux au XIIe Siècle, Cîteaux, 1989, S. 274 f.

344 Stephen Harding: The admonition of Stephen Harding, in: The Cistercian World: Monastic writings of the twelfth century, übersetzt und herausgegeben von Pauline Matarasso, London: Penguin Books, 1993, S. 11 f.

345 Hiestand, Rudolf: Kardinalbischof Matthäus von Albano, das Konzil von Troyes und die Entstehung des Templerordens, in: Zeitschrift für Kirchengeschichte 99, 1988, S. 295 ff.. Rudolf Hiestand glaubt, nachgewiesen zu haben, dass die Templer sich im Jahr 1120 formierten. Viel wahrscheinlicher ist es, dass die Templer bereits 1114 existierten, als Hugo von Payns und Graf Hugo I. von Champagne nach Jerusalem reisten. Eine »Militia Christi« wird bereits 1114 erwähnt.

346 Bulst-Thiele, Marie-Louise: The influence of St. Bernard of Clairvaux on the formation of the order of the Knights Templar, in: The Second Crusade and the Cistercians, New York: St. Martin's Press, 1992, S. 57

347 Fulcher von Chartres: Historia, I., 26, S. 291

348 Auf Lateinisch: »Pauperes commilitones Christi templique Salomonici Hierosalemitanis«

349 Wilcke, Ferdinand: Die Geschichte des Ordens der Tempelherren, Wiesbaden: Marix Verlag, 2005, S. 44

350 Ebd., S. 43

351 Barber, Malcom: Die Templer, Düsseldorf: Patmos Verlag, 2005, S. 18

352 Wilcke, Ferdinand: Die Geschichte des Ordens der Tempelherren, Wiesbaden: Marix Verlag, S. 44

353 Ritmeyer, Leen and Kathleen, The Secrets of Jerusalem's Temple Mount, Washington, D.C., Biblical Archeology Society, 1998, S. 91 ff.

354 Dokument CG, Nr. 141, in Barber, Malcolm: Die Templer, Düsseldorf: Patmos Verlag, 2005, S. 99

355 Johannes von Würzburg: Descriptio Terrae Sanctae, Kapitel 5

356 Fulcher von Chartres, Historia, 1. 26, S. 291

357 Der Tunnel ist im sogenannten »Cambria-Manuskript« aus dem 12. Jahrhundert verzeichnet. Hier wird eine Tür mit der Bezeichnung »poterna« erwähnt.

358 Ben-Dov, Meir: In the Shadow of the Temple, New York: Harpercollins, 1985, S. 346 f. Vergl. Gibson, Shimon und Jacobsen, David M.: Below the Temple Mount in Jerusalem, Oxford: Tempus Reparatum, 1996 (BAR International Series 637); Palestine Exploration Fund, London bzw. Wilson, Charles: Ordnance Survey of Jerusalem, Authority of the Lord's Commissioners of her Majesties Treasurers, London, 1886

359 Bernhard von Clairvaux: Liber ad milites templi, de laude novae militiae, veröffentlicht in: Bernhard von Clairvaux, Sämtliche Werke, Band I, Innsbruck: Tyrolia-Verlag, 1990, S. 269

360 Weiss, Daniel H.: Architectural symbolism and the decoration of the Ste.-Chapelle, in: The Art Bulletin, Vol. 77, No. 2, Juni 1995, S. 308

361 Le Goff, Jacques: Ludwig der Heilige, Stuttgart: Klett-Cotta, 2000, S. 126

362 ebd., S. 126

363 Demurger, Alain: Der letzte Templer, München: C.H. Beck, 2005, S. 39

364 ebd., S. 39

365 Le Goff, Jacques: Ludwig der Heilige, Stuttgart: Klett-Cotta, 2000, S. 121. Vergl. Bauer, Helmut: Der Apostelzyklus der Sainte-Chapelle in Paris, Studien zur Ortung eines Bildmotivs, Dissertation, Ludwigs-Maximilians-Universität, München, 1983, S. 26

366 Wessel, Ruth: Die Sainte-Chapelle in Frankreich, Genese, Funktion und Wandel eines sakralen Raumtyps, Dissertation, Heinrich-Heine-Universität, Düsseldorf, 2003, S. 16

367 Ehlers, Joachim, Müller, Heribert, Schneidmüller, Bernd: Die französischen Könige des Mittelalters: von Odo bis Karl VIII., 888–1498, München: C. H. Beck, 1996, S. 184

368 Demurger, Alain: Der letzte Templer, München: C.H. Beck, 2005, S. 30

369 Weiss, Daniel H.: Architectural symbolism and the decoration of the Ste.-Chapelle, in: The Art Bulletin, Vol. 77, No. 2, June 1995, S. 308

370 Das Manuskript befindet sich in der Morgan Library, New York: MS 639, folio 39v.

371 Weiss, Daniel H.: Architectural symbolism and the decoration of the Ste.-Chapelle, in: The Art Bulletin, Vol. 77, Nr. 2, Juni 1995, S. 308–320

372 Codex Vindobonensis 2554, Österreichische Nationalbibliothek, folio 50v.. Vergl. Haussherr, Reiner: Templum Salomonis und Ecclesia Christi. Zu einem Bildvergleich der Bible moralisée, in: Zeitschrift für Kunstgeschichte, Vol. 31, Nr. 2, 1968, S. 101

373 Brenk, Beat: The Sainte-Chapelle as Capetian Political Program, in: Raguin, Virginia Chieffo (Hrsg.); Brush, Kathryn (Hrsg.); Draper, Peter (Hrsg.): Artistic integration in Gothic buildings, Toronto: University of Toronto Press, 1995, S. 202

374 Le Goff, Jacques, Ludwig der Heilige, Stuttgart: Klett-Cotta, 2000, S. 343

375 Brenk, Beat: The Sainte Chapelle as Capetian political program, in: Raguin, Virginia Chieffo (Hrsg.); Brush, Kathryn (Hrsg.); Draper, Peter (Hrsg.): Artistic integration in Gothic buildings, University of Toronto Press, Toronto, 1995, S. 195–209

376 Keyssler, John George: Travels through Germany, Bohemia, Hungary, Switzerland, Italy, and Lorrain, Vol. II, London: A. Linde, 1760, S. 192

377 Inventarliste der Chapelle du Marché, 1346, in Coulton, George Gordon: Life in the Middle Ages, Vol. I., Cambridge: Cambridge University Press, 1968, S. 168 ff.. Vergl. Durant, Will: The Age of Faith, The story of civilization, Vol. IV., New York: Simon & Schuster, 1950, S. 743–744. Zu Reliquien allgemein siehe Frazer, M.E.: Medieval Church Treasures, The Metropolitan Museum of Art Bulletin, 43.111, New York, 1986, S. 45

378 2. Mose, 32:1–35; 5. Mose 9:21–29

379 1. Könige 12:1–33

380 Ladwein, Michael: Chartres, Stuttgart: Urachhaus, 1998, S. 148. Vergl. Halfen, Roland: Chartres – Architektur und Glasmalerei, Band 3, Stuttgart: Verlag Johannes M. Mayer, 2006, S. 618

381 4. Mose 2:1

253

382 1. Samuel 6:1–18

383 Sauerländer, Willibald: Gotische Skulptur in Frankreich, München: Hiermer Verlag, 1970, S. 119

384 Bulteau, Marcel Joseph: Monographie de la Cathédrale de Chartres, Band I., Chartres: R. Selleret, 1901, S. 119. Die königlichen Schenkungen für Chartres werden in Chédeville, André, Chartres et ses campagnes, Chartres, Garnier, 1991, S. 518–519, behandelt.

385 ebd., Tafel 185

386 van der Meulen, Jan und Hohmeyer, Jürgen: Chartres – Biographie der Kathedrale, Köln: Dumont Buchverlag, 1984, S. 206

387 Ebd., S. 186

388 Bulteau, Marcel Joseph: Monographie de la cathédrale de Chartres, Vol. I., Chartres: R. Selleret, 1887, S. 12; vergl. den Bericht des Mönchs Paulus, verfasst zwischen 1060 und 1088, CSPC, Band I., S. 5 und S. 45

389 van der Meulen, Jan und Hohmeyer, Jürgen: Chartres – Biographie der Kathedrale, Köln: Dumont Buchverlag, 1984, S. 192 ff.

390 Ebd., S. 186

391 Ebd., S. 187

392 van der Meulen, Jan und Hohmeyer, Jürgen, Chartres – Biographie der Kathedrale, Köln: Dumont Buchverlag, 1984, S. 189–190

393 Begg, Ean: The cult of the Black Virgin, London: Penguin Publishing, 1996, S. 258

394 Ebd., S. 226–227. Vergl. Marés, Francesc: Histoire del ermitage de Notre-Dame de Nuria et de principaux miracles qui s'y sont apérés, Toulouse: Imp. Rouget Frères et Delahaut, 1867, S. 5–81

395 Begg, Ean: The cult of the Black Virgin, London: Penguin Publishing, 1996, S. 287

396 Ebd., S. 222, S. 189, S. 203, S. 212, S. 196–197

397 Ebd., S. 182

398 van der Meulen, Jan und Hohmeyer, Jürgen: Chartres – Biographie der Kathedrale, Köln: Dumont Buchverlag, 1984, S. 190

399 Vacandard, Elphège: Vie de Saint Bernard – Abbé de Clairvaux, Band II, Paris: Librairie V. Lecoffre, 1895, S. 78–79

400 Salvadó, Sebastián: Interpreting the altarpiece of Saint Bernard: templar liturgy and conquest in 13th century Majorca, in: Iconographica, Vol. 5, 2006, S. 48–63

401 Bauer, Doron: Milk as Templar apologetics in the St. Bernard of Clairvaux altarpiece from Majorca, in: Studies in Iconography, Vol. 36, 2015, S. 79–98

402 Regel 306, in: Upton-Ward, Judith Mary: The rule of the Templars, Woodbridge (Suffolk): Boydell Press, 1997, S. 87

403 Hamilton, Bernard: Our Lady of Saidnaiya: An orthodox shrine revered by muslims and knights Templar at the time of the crusades, in: Swanson, E. (Hrsg.): The Holy Land, Holy Lands, and Christian History, London: Ecclesiastical History Society, 2000, S. 207–215

404 Gaius Iulius Caesar: De Bello Gallico, 5,25

405 Gaius Iulius Caesar: De Bello Gallico, 6,13,10

406 Titus Livius; Ab Urbe Condita Libri, 5:34:5

407 Claudius Ptolemaios: Geōgraphikḗ Hyphḗgēsis, 2:8:10

408 Papst Gregor der Große: Epistola 76, PL 77: 1215–1216

409 de Lépinois, Eugène und Merlet, Lucien: Cartulaire de Notre-Dame de Chartres, Société de Archéologique de D'Eure-et-Loir, Band I., Chartres: Garnier, 1862, S. XXX

410 Bulteau, Marcel Joseph: Monographie de la Cathédrale de Chartres, Band I., Chartres: Librairie de Selleret, 1887, S. 109

411 van der Meulen, Jan und Hohmeyer: Jürgen, Chartres – Biographie der Kathedrale, Köln: Dumont Buchverlag, 1984, S. 199. Van der Meulen und Hohmeyer bezeichneten den Hohlraum unterhalb der Lubinus-Gruft als »Schatzkammer«.

412 le Marchant, Jehan: Les miracles de Notre-Dame de Chartres, Manuskript Chartres, 1027, in: Kunstmann, Pierre: Bulletin de la Société Archéologique d'Eure-et-Loir, Nr. 48–50, Chartres, 1973, S. 68. Vergl. Halfen, Roland: Chartres – Architektur und Glasmalerei, Band 3, Stuttgart: Verlag Johannes M. Mayer, 2006, S. 44

413 van der Meulen, Jan und Hohmeyer, Jürgen: Chartres – Biographie der Kathedrale, Köln: Dumont Buchverlag, 1984, S. 194

414 von Simson, Otto, Die gotische Kathedrale, Darmstadt: Wissenschaftliche Buchgesellschaft, 1968, S. 293

415 ebd., S. 291

416 ebd., S. 291

417 Stegeman, Charles: Les Cryptes de la Cathédrale de Chartres, Chartres: Société Archéologique d'Eure-et-Loir, 2001, S. 202 ff.

418 Gustafson, Erik: Through a glass, darkly: Villard's notebook, the liberal arts, and the problem of architectural meaning, in: Brooks, George und Hutterer, Maile: The Worlds of Villard de Honnecourt: The Portfolio, Medieval Technology, and Gothic Monuments, Brill, Leiden, 2022, S. 161–163. Vergl. Barnes, Jr, Carl F.: The portfolio of Villard de Honnecourt, London: Routledge, 2009, S. 229–230

419 Danesi, Marcel: The semiotics of Emoji: The rise of visual language in the age of the Internet, London: Bloomsbury, 2016, S. 9

420 Audlin, James David: The Gospel of John: The Original Version Restored and Translated, Vol. 2, Seattle: Amazon Publishing, 2012, S. 860–861

421 Schmidt, Heinrich und Schmidt, Margarethe: Die vergessene Bildersprache christlicher Kunst, München: C.H. Beck, 1981, S. 160–167

422 Fassler, Margot Elsbeth: The Virgin of Chartres – Making history through liturgy and the arts, New Haven, CT: Yale University Press, 2010, S. 173

423 1. Könige 8:1–9, vergl. 2. Chronik 5:2–10

424 Hastings, James: A dictionary of Christ and the Gospels, Vol. I., Forest Grove, OR: University Press of the Pacific, 2004, S. 44

425 Shabbos 55a

426 Miletto, Gianfranco und Veltri, Giuseppe: Judah Moscato Sermons, Band 3, Leiden: Brill, 2013, S. 69–72. Vergl. Psalm 93:1

427 1. Mose 15:13–14

428 Yomá 69b:7–8; Shabbat 55a:12; Bereishit Rabbah 81:2

429 Daniel 10:21

430 (pseudo-)Apollodorus, Bibliothēkē, 1.9.26

431 Ziolkowski, Theodore: Minos and the Moderns, Oxford: Oxford University Press, 2008, S. 5

432 Lehner, Ernst und Johanna: Astrology and Astronomy – A pictorial archive of signs and symbols, (Reprint von 1964), Mineola, NY: Dover Publications, 2005, S. 101–102

433 2. Mose 19:1–25 bzw, 2. Mose, 20:1–17

434 Wabbel, Tobias Daniel: Der Templerschatz – Eine Spurensuche, München: Bassermann, 2020, S. 183–187

435 Frizot, Julien: Le grand sites templiers en France, Rennes: Édition Ouest-France, 2005, S. 20. Vergl. Frizot, Julien: Sur le pas de Templiers en Terre de France, Rennes: Édition Ouest-France, 2005, S. 32 f.

436 Halfen, Roland: Chartres – Das Königsportal, Band 1, Stuttgart: Verlag Johannes M. Mayer, 2001, S. 160

437 Lyons, Jonathan: House of Wisdom – How the Arabs transformed Western Civilization, London: Bloomsbury, 2009, S. 39

438 Hor. Epist. I,2,52. Radulfus, Leodiensis magister, ep. 5 ad Ragimboldum, magistrum Coloniensem, in: Tannery, Paul (Hrsg.): Abbé Clerval, Une correspondance d'écolâtres du onzième siècle, in: Notices et extraits 36/2, 1901, S. 529

439 Lyons, Jonathan: House of Wisdom – How the Arabs transformed Western Civilization, London: Bloomsbury, 2009, S. 39

440 Halfen, Roland: Chartres – Das Königsportal, Band 1, Stuttgart: Verlag Johannes M. Mayer, 2001, S. 160

441 Herrera, Blas, Samper, Albert und Seguí, Joan M.: Justification about the existence and location of Chartres' cathedral labyrinth based on astronomy and geometry, in: Cogent Arts & Humanities, 6:1, 2019, 1631021, DOI: 10.1080/23311983.2019.1631021

442 Seguí, Joan M., Samper, Albert und Herrera, Blas: Correlation between Chartres cathedral and the catasterism of the ancient virgin goddesses, in: European Journal of Science and Theology, Vol. 12, Nr. 6., 2016, S. 55–72

443 Bowden, Sarah (Hrsg.) et al.: Arthurian Literature XXXVI – Sacred space and place in Arthurian romance, Boydell & Brewer, Martlesham (Suffolk), UK, 2021, S. 141. Zu den zisterziensischen Eigenschaften des Prosa-Lancelots vergl. Pratt, K.: The Cistercians and the Queste del Saint Graal, in: Reading Medieval Studies, 1995, XX, S. 69–96

444 Wolfram von Eschenbach: Willehalm, Buch 6, Kapitel 281, Vers 30

445 Wolfram von Eschenbach: Willehalm, Buch 6, Kapitel 279, Vers 16

446 Roger, P.: Archives historiques et ecclésiastiques de la Picardie et de l'Artois, Amiens, 1842, S. 13

447 Wolfram von Eschenbach: Willehalm, Buch 6, Kapitel 125, Verse 20–30

448 Greenfield, John: Would I lie to you? A mistake and a fake mistake in Wolfram's Willehalm, in: CEM Cultura, Espaço & Memória, Nr. 9, 2018, S. 221–226

449 Wolfram von Eschenbach: Parzival, Buch 1, Kapitel 1:15–20